Peter Gomez

Wertmanagement

Peter Gomez

Wertmanagement

Vernetzte Strategien
für Unternehmen im Wandel

ECON Verlag
Düsseldorf · Wien · New York · Moskau

Für Monika, Claudia und Isabelle

Inhaltsverzeichnis

Vorwort

Steigerung des Unternehmenswertes – dies wird eine der großen Herausforderungen der Unternehmensführung in den neunziger Jahren sein. Und immer mehr Führungskräfte werden in Zukunft an der Erreichung dieses Zieles gemessen werden. In den siebziger und achtziger Jahren stand die Erringung von Wettbewerbsvorteilen im Mittelpunkt der strategischen Führung, und die Führungskräfte wurden vor allem nach ihrem Erfolg im Markt beurteilt. Heute lautet die Devise: Ausschöpfung aller internen und externen Potentiale des Unternehmens zur Erhöhung seines Wertes. Natürlich wird das Marktpotential auch in Zukunft eine entscheidende Rolle spielen. Zunehmend wichtiger werden aber die Potentiale auf den Gebieten der Beschaffung, der Informatik, der Finanzen, der Human Ressources, der Kooperationen und Übernahmen, der Organisation und andere mehr. Und die Strategien der Markterschließung werden ergänzt durch Strategien der Diversifikation, der Desinvestition, der Restrukturierung und des Financial Engineering.
Ein wichtiger Maßstab des Erfolges werden auch in Zukunft die gewonnenen Marktanteile und die erzielten Gewinne sein. Aber die Kapitalgeber werden stärker darauf pochen, daß sich der Erfolg im Markt auch im Wert des Unternehmens niederschlägt, daß die erzielten und verfügbaren Cash-flows einer dem eingegangenen Risiko angemessenen Rendite entsprechen. Wertsteigerung soll aber nicht nur für die Kapitalgeber, sondern für alle Anspruchsgruppen des Unternehmens erzielt werden: für das Management, die Mitarbeiter, die Kunden, die Lieferanten, den Staat und die Gesellschaft. Ein Unternehmen ist dann erfolgreich, wenn alle diese Anspruchsträger nachhaltig zu ihrem Recht kommen.

Wertmanagement ist der umfassende Strategieansatz zur Integration dieser vielfältigen neuen Anforderungen an die Unternehmensführung. Es ist einerseits eine Denkhaltung, andererseits aber auch der konzertierte Einsatz verschiedener Strategiekonzepte. Es ist zwar kein neues Paradigma – wie Denkansätze, die mit der Tradition radikal brechen, heute gerne genannt werden. Es ist aber auch keine Neuauflage altbekannter Strategiekonzepte in leicht abgewandelter oder verbesserter Form. Das Wertmanagement und die entsprechende Strategiemethodik integrieren eine Vielzahl praxiserprobter und neuartiger Strategieansätze auf der Basis des vernetzten Denkens und weisen den Weg zu einer nachhaltigen Wertsteigerung des Unternehmens.

Um die Komplexität des heutigen Unternehmensgeschehens bewältigen zu können, reichen unsere herkömmlichen analytischen Denkansätze nicht mehr aus. Diese greifen einzelne Bereiche oder Funktionen des Unternehmens heraus, um sie nach allen Regeln der Kunst zu optimieren. Eine solche Denkweise widerspiegelt sich beispielsweise in der funktionalen Gliederung von Unternehmen nach Einkauf, Produktion, Verkauf, Finanzen, Personal, aber auch in der Abgrenzung der Lehrstühle an den Wirtschaftsfakultäten unserer Universitäten. Die Unternehmenspraxis aber lehrt, daß das Zusammenspiel dieser Bereiche und Funktionen viel wichtiger ist als das Funktionieren der einzelnen Teile. Oder anders ausgedrückt, optimal arbeitende Teile ergeben noch kein funktionstüchtiges Ganzes. Deshalb ist gerade für Strategiefragen ein ganzheitlicher Ansatz unentbehrlich. Er wird im Wertmanagement durch die Methodik des vernetzten Denkens eingebracht. Vernetzt denken heißt, das Unternehmensgeschehen in den Kreisläufen seiner Abhängigkeiten zu erfassen und Gestaltungsmaßnahmen unter Berücksichtigung dieser Wirkungsverläufe und ihrer Eigendynamik zu entwickeln.

Ausgangspunkt dieses Buches ist die Vision eines Unternehmens, das ganzheitliches oder vernetztes Denken ernst genommen und zu seiner Leitmaxime gemacht hat. Wirtschaftlicher Erfolg, Umweltverträglichkeit und soziale Verantwortung bestimmen gleichgewichtig sein unternehmerisches Handeln. Dies bedeutet aber, daß die bisher dominierende Wettbewerbsorientierung zugunsten der Ausschöpfung der vielfältigen weiteren Potentiale des Unternehmens an Gewicht verliert. Darüber hinaus sollen die Interessen der verschiedenen Anspruchsgruppen des Unternehmens einbezogen werden. Doch letztlich entscheidet der wirtschaftliche Erfolg über die gesunde weitere Entwicklung. Vor dem Hintergrund dieser Überlegungen werden im ersten Teil des Buches die wichtigsten Strategiekonzepte der siebziger und achtziger Jahre vorgestellt. Die Diskussion und die Illustration dieser Ansätze in ihren Stärken und Schwächen machen deutlich, warum ein umfassendes Wertmanagement notwendig ist.

Im zweiten Teil werden die Bausteine eines ganzheitlichen Wertmanagements vorgestellt: das Unternehmenskonzept, der Strategieansatz und der Erfolgsmaßstab. Bezugsrahmen für das Unternehmenskonzept ist einerseits das vernetzte Denken und andererseits das neue St. Galler Management-Konzept. Das vernetzte Denken schafft die methodischen Voraussetzungen, um das unternehmerische Geschehen in seinen vielfältigen Wirkungsbeziehungen erfassen zu können. Das St. Galler Management-Konzept stellt ein Koordinatensystem zur Erfassung und Klassifizierung von Führungsproblemen bereit. In Kombination bilden diese beiden Ansätze ein hervorragendes Instrument zur praktischen Umsetzung des ganzheitlichen Denkens, was am Beispiel der Gestaltung eines »multilokalen« Unternehmens illustriert wird.

Beim Wertmanagement unterscheidet man grundsätzlich zwischen drei Typen von Strategien, die in gegenseitiger Abstimmung entwickelt und umgesetzt werden müssen: Geschäfts-, Unternehmens- und Eignerstrategien. Es wird daher aufgezeigt, wie jeder einzelne Strategietyp entwickelt werden kann und welches die wichtigsten Instrumente zu seiner Realisierung sind. Im Mittelpunkt stehen dabei – wie auch bei allen weiteren Ausführungen dieses Buches – Praxisbeispiele. Damit soll nicht nur dokumentiert werden, daß die vorgestellten Vorgehensweisen und Instrumente ihren Praxistest bereits bestanden haben, sondern es sollen dem Leser auch Anregungen für die eigene praktische Arbeit gegeben werden. Dies ist vor allem in puncto Unternehmens- und Eignerstrategien notwendig, beginnen sich doch die entsprechenden Ansätze erst jetzt langsam in der Praxis durchzusetzen.

Des weiteren soll gezeigt werden, wie sich der Erfolg von Strategien messen läßt. Daß der Gewinn als Maßstab Unzulänglichkeiten aufweist, wird schnell deutlich. An seine Stelle müssen die künftigen, durch die Strategien zu erzielenden freien Cashflows treten, deren Ermittlung im Mittelpunkt der Ausführungen stehen wird.

Herzstück des Buches ist der dritte Teil mit der Vorstellung der Strategiemethodik eines ganzheitlichen Wertmanagements. Sie wird in acht Schritten präsentiert, wobei für jeden Schritt Strategiegrundsätze entwickelt und viele Praxisbeispiele aufgeführt werden. Zudem begleitet eine Strategiestudie DELTA den Leser durch die ganze Methodik. Der erste Schritt besteht in der Identifikation der Strategiebereiche. Hier geht es um die Bestimmung der strategischen Geschäftseinheiten, die Abgrenzung des Unternehmens gegenüber seiner Umwelt und die Identifikation des Einflußbereiches der Eigner. Im zweiten Schritt wird die Vision entwickelt und werden die Ziele bestimmt. Bei der Entwicklung der Vision sollen die Interessen der Anspruchsgruppen explizit berücksichtigt werden, damit die Voraussetzungen für ein ausgewogenes Leitbild und eine umfassende Zielformulierung gegeben sind.

In einem nächsten Schritt geht es um die Unternehmens- und Umweltanalyse. Sie muß für Geschäfts-, Unternehmens- und Eignerstrategien getrennt vorgenommen werden, da jeweils völlig unterschiedliche Inhalte betroffen sind. Wichtigstes Instrument dieser Phase der Informationsbeschaffung sind Netzwerke, deren Einsatz für jeden einzelnen Strategietyp beispielhaft illustriert wird. Das Resultat der Analyse sind Chancen-Gefahren- und Stärken-Schwächen-Profile sowie mögliche Nutzenpotentiale des Unternehmens oder entsprechende Eignerpotentiale. Zur Entwicklung der Strategien wird für jeden einzelnen Strategietyp ein eigener Schritt der Methodik reserviert. Die Entwicklung der Geschäftsstrategien umfaßt die Bestimmung der strategischen Stoßrichtung mit Hilfe vielfältiger, praxiserprobter Instrumente und den anschließenden Entwurf alternativer Strategien. Die Konzeption von Unternehmensstrategien erfolgt in drei Teilen. Zuerst wird das Unternehmen als eigenständige Einheit geplant. Die angestrebten integralen Strategien bauen auf Nutzenpotentialen und Kernkompetenzen des Unternehmens auf. Als nächstes werden Restrukturierungsmöglichkeiten unter die Lupe genommen, wie beispielsweise Desinvestitionen, Reorganisationen oder eine Optimierung der Finanzierung und Steuern. Als letztes sind Kooperationsstrategien ins Auge zu fassen, wobei graduell nach Allianzen, Akquisitionen in verwandte Bereiche und Diversifikationen unterschieden werden muß. Bei der Entwicklung von Eignerstrategien schließlich stehen jene Potentiale des Unternehmens im Vordergrund, die außerhalb des Kompetenzbereiches des Managements liegen. Da den Eigner neben der Wertsteigerung seines Unternehmens auch die wert- und risikomäßige Optimierung seines Gesamtvermögens interessiert, ist hier von seiten des Managements ein besonderes Feingefühl vonnöten. Im folgenden werden die Geschäfts-, Unternehmens- und Eignerstrategien auf ihre Erfolgsaussichten hin beurteilt. Dies hat sowohl in qualitativer wie in quantitativer Hinsicht zu erfolgen. Qualitativ geht es um die Gegenüberstellung von Stärken und Schwächen der verschiedenen Alternativen, quantitativ um die zahlenmäßige Ermittlung der durch eine Strategie erzielbaren Wertsteigerung. Dies soll zur Auswahl einer erfolgversprechenden Kombination von Strategien führen. Sie werden im letzten Schritt der Methodik im Unternehmen umgesetzt und verankert. Umsetzen heißt, konkrete Maßnahmen auf operativer Ebene zu ergreifen. Verankern bedeutet, den anhaltenden Erfolg der Strategien sicherzustellen. Voraussetzung dafür sind die Entwicklung eines Frühwarnsystems zur rechtzeitigen Erkennung von Abweichungen und die Spezifikation eines strategischen Controllings zur Anpassung geänderter Prämissen der Strategie.

Den Abschluß des Buches bildet der vierte Teil mit einigen Überlegungen zur Positionierung des Wertmanagements im heutigen Strategiedenken. Die Frage »Back to basics oder Aufbruch zu einem neuen Paradigma?« wird dahingehend beantwortet, daß es sich um einen Mittelweg handelt, der herkömmliche Konzepte weiterentwickelt und diese auf einer höheren Ebene mit Hilfe des vernetzten Denkens integriert. Dabei wird größtes Gewicht auf einen stetigen Praxisbezug gelegt.

Zusammenfassend läßt sich die Absicht dieses Buches in drei Zielen festhalten:

- Bereitstellung eines auf dem vernetzten Denken basierenden, integrierten Bezugsrahmens zur Entwicklung von Geschäfts-, Unternehmens- und Eignerstrategien.
- Vorstellung einer Strategiemethodik des Wertmanagements, die nicht nur die Entwicklung von Strategien behandelt, sondern auch ein ganzheitliches Vorgehen bei der Informationsbeschaffung spezifiziert und den Weg zur kompetenten Beurteilung der Strategien weist.
- Illustration der vorgestellten Konzepte und Instrumente mit praktischen Beispielen, und dies in nachvollziehbarer Form und nicht mit den beliebten »Erfolgsgeschichten«.

Die gewählten Beispiele sind mit dem Firmennamen angeführt, wenn es sich um öffentlich zugängliche Informationen handelt. In einigen anderen Fällen wurde aus Vertraulichkeitsgründen eine Verallgemeinerung der tatsächlichen Zusammenhänge herbeigeführt. Es handelt sich aber immer um realisierte Projekte in der Unternehmenspraxis.

Zum Abschluß bleibt nur noch zu danken. Die einzelnen Bausteine des Wertmanagements sind das Resultat der langjährigen Zusammenarbeit mit geschätzten Kollegen aus der akademischen Welt und der Unternehmenspraxis. Das ganzheitliche Unternehmensverständnis entwickelte sich in vielen gemeinsamen Forschungs- und Praxisprojekten mit Hans Ulrich, Gilbert Probst und Knut Bleicher. Zum Baustein der Geschäfts-, Unternehmens- und Eignerstrategien war der intensive Gedankenaustausch mit Cuno Pümpin und Günter Müller-Stewens eine große Bereicherung. Und den Baustein der Wertsteigerung als Erfolgsmaßstab hat Bruno Weber entscheidend mitgeprägt. Ohne meine vielfältigen Praxiskontakte wäre dieses Buch nicht möglich geworden. Ich danke deshalb allen Führungskräften, von denen ich in den vergangenen Jahren lernen konnte. Anerkennung gebührt aber auch meinen Assistenten und Studenten, die mich durch ihre konstruktive Kritik herausgefordert haben. Frau Sabine Köhler danke ich für die sorgfältige und kompetente administrative Betreuung dieses Buches. Und meiner Frau Monica und meinen Töchtern Claudia und Isabelle verdanke ich ein harmonisches familiäres Umfeld, in dem Bücherschreiben Freude macht.

St. Gallen, im Sommer 1993   Peter Gomez

1 Strategische Führung: gestern – heute – morgen

»Wir wollen die Zukunft unseres Unternehmens über das Jahr 2000 hinaus sichern, indem wir ein ausgewogenes Verhältnis zwischen unserer wirtschaftlichen, gesellschaftlichen und ökologischen Verantwortung anstreben.« Mit diesem Bekenntnis zu einer ganzheitlichen Unternehmensführung leitet die Ciba-Geigy AG ihre Vision ein, die Ende der achtziger Jahre den Startschuß zu einem tiefgreifenden Wandel dieses führenden Chemiekonzerns gab. Mit ihrem breitgefächerten Angebot von chemischen und biologischen Spezialitäten erwirtschaftete die in der Schweiz domizilierte Unternehmung mit 90 000 Mitarbeitern 1992 einen Umsatz von über 22 Milliarden sFr.

Was bewegte Dr. Alex Krauer und Heini Lippuner, den Präsidenten des Verwaltungsrates und den Vorsitzenden der Konzernleitung, ihrem bereits in den siebziger und achtziger Jahren sehr erfolgreichen Unternehmen einen neuen Kurs zu geben? Auslöser waren sicher nicht nur die Großunfälle chemischer Unternehmen in Seveso, Bhopal und Schweizerhalle, die das Vertrauen der Öffentlichkeit stark untergraben hatten. Vielmehr stellten die Verantwortlichen einen tiefgreifenden Wertewandel in der Gesellschaft fest, der sich in einem Unbehagen gegenüber der modernen Großtechnologie und einer verbreiteten Skepsis gegenüber ungebrochenem technisch-wirtschaftlichem Fortschritt äußerte. Parallel dazu schwand der absolute Machbarkeitsglaube der siebziger und achtziger Jahre und machte einer Reflexion über die Grenzen und Möglichkeiten des eigenen Tuns Platz. Die Folge davon waren die Abkehr von der einseitigen Orientierung am wirtschaftlichen Erfolg und die gleichberechtigte Einbeziehung ökologischer und gesellschaftlicher Ziele. Damit einher ging ein neues Strategieverständnis. War das strategische Denken in den siebziger und achtziger Jahren vorzüglich auf die Erringung von Wettbewerbsvorteilen ausgerichtet, so werden in den neunziger Jahren die vielfältigen weiteren Nutzenpotentiale des Unternehmens gezielt ausgeschöpft und die Interessen der legitimen Anspruchsgruppen des Unternehmens bewußt mit einbezogen. Strategisch führen bedeutet dann aber mehr als nur Einsatz einer ausgereiften Technik der Positionierung im Wettbewerb, es heißt Wertsteigerung für alle Anspruchsgruppen durch Ausschöpfung aller internen und externen Möglichkeiten des Unternehmens. Daß dies ohne vernetztes Denken nicht möglich ist, hat Ciba-Geigy Ende der achtziger Jahre klar erkannt und entsprechend gehandelt.

1.1 Vision 2000: Wirtschaftlicher Erfolg – Umweltverträglichkeit – soziale Verantwortung

Was bedeutet vernetztes strategisches Denken für Ciba-Geigy, und wie wird dort versucht, dieses in die Praxis umzusetzen? Die Vision, der sich das Unternehmen verpflichtet fühlt (Abbildung 1.1), gibt uns erste Hinweise.
Natürlich ist eine solche Vision zu abstrakt formuliert, um 1:1 in Strategien umgesetzt werden zu können. Die Operationalisierung erfolgte in Form der »Strategischen Ausrichtung«, die synchron in verschiedenen Dimensionen durchgeführt wurde (Lippuner, 1991). Auf der Ebene der Basisstrategie will Ciba-Geigy die führende Stellung in chemischen und biologischen Spezialitäten behaupten. Erweiterungen gehen nur in angrenzende Gebiete, zum Beispiel von Pharma in Impfstoffe und Diagnostika, exotische Diversifikationen werden nicht gesucht. Wachstum von innen hat höchste Priorität; über 2 Milliarden sFr. fließen jährlich in Forschung und Entwicklung. Allianzen und Akquisitionen werden zur Abrundung der Sortimente und zum Ausbau der Marktstellung getätigt; Mega-Akquisitionen um der Größe willen werden jedoch ausgeschlossen. Wachstum wird von Ciba-Geigy als unabdingbar erachtet, jedoch strebt das Unternehmen umweltverträgliches Wachstum, das heißt eine gewinnbringende Weiterentwicklung von Produkten und Geschäftszweigen, an, die ein

Vision Ciba-Geigy		
Verantwortung für den wirtschaftlichen Erfolg auf lange Sicht	**Gesellschaftliche Verantwortung**	**Verantwortung für die Umwelt**
Wir erwirtschaften angemessene finanzielle Ergebnisse durch qualitatives Wachstum und ständige Erneuerung einer ausgewogenen Geschäftsstruktur, so daß wir das Vertrauen all jener rechtfertigen, die auf unser Unternehmen bauen – Aktionäre, Mitarbeiter/-innen, Geschäftspartner und Öffentlichkeit. Wir werden unsere langfristige Zukunft nicht durch die Maximierung des kurzfristigen Gewinns gefährden.	Wir sind ein vertrauenswürdiges, gegenüber der Gesellschaft offenes Unternehmen. Mit unserer Geschäftätigkeit wollen wir einen sinnvollen Beitrag zur Lösung globaler Probleme und zum Fortschritt der Menschheit leisten. Wir sind uns unserer Verantwortung bewußt, wenn wir neue Erkenntnisse in Wissenschaft und Technik zur kommerziellen Anwendung bringen. Wir wägen Nutzen und Risiko bei allen Aktivitäten, Verfahren und Produkten sorgfältig ab.	Rücksicht auf die Umwelt ist Teil all unseres Handelns. Wir entwickeln Produkte und Verfahren so, daß sie ihren Zweck sicher und mit geringstmöglicher Umweltbelastung erfüllen. Wir machen sparsamen Gebrauch von Rohstoffen und Energie und bemühen uns ständig, Abfälle in jeder Form zu reduzieren. Es ist unsere Pflicht, unvermeidbaren Abfall unter Einsatz neuester Technologien sicher zu entsorgen.

Abb. 1.1: Vision Ciba-Geigy

vorteilhaftes Verhältnis von Nutzen und Risiko aufweisen und weniger rohstoff- und abfallintensiv sind.

Für die einzelnen Divisionen von Ciba-Geigy führte dies zu bedeutenden Kurskorrekturen: noch konsequentere Ausrichtung auf die Marktbedürfnisse im jeweiligen Gebiet, Verbesserung der Sortimentsstruktur in Richtung hohe Wertschöpfung/Umweltverträglichkeit, geographische Konzentration auf die Triade Nordamerika, Europa und Ostasien, konsequente Ausrichtung des Mitteleinsatzes auf den Reifegrad des Geschäftes.

Im Zuge der strategischen Neuorientierung hat Ciba-Geigy konsequent auch ihre Organisationsstruktur und ihre Führungssysteme angepaßt. Die komplizierte dreidimensionale Tensororganisation wurde zu einer einfacheren, auf vierzehn Divisionen ausgerichteten Struktur umgestaltet. Die bisherigen zentralen funktionalen Tätigkeiten wurden, wo immer wirtschaftlich sinnvoll, in die Divisionen integriert. In den Märkten operieren die lokalen Divisionen unter dem Dach einer Konzerngesellschaft. Die Konzernleitung wird in ihrer weltweiten Führungsaufgabe durch eine Anzahl von kleinen Konzernbereichen und -stäben unterstützt, und gewisse funktionale Tätigkeiten, die sich nicht sinnvoll aufteilen lassen, werden ebenfalls zentral geführt. Diese grundlegende Änderung führte natürlich zu einer Vielzahl von Anpassungen in der Ablauforganisation und bei den Systemen, die zur Zeit noch in Umsetzung begriffen sind.

Zur Realisierung der gesellschaftlichen Verantwortung gehört im Verständnis von Ciba-Geigy auch, Möglichkeiten der Selbstverwirklichung für die Mitarbeiter zu schaffen. Unter den Stichworten »Empowerment« und »Directed Autonomy« wird ihnen ein größtmöglicher Freiheitsspielraum zugestanden und entsprechende Verantwortung delegiert. Unterstützt wird dieses Vorhaben durch eine regelmäßige Beurteilung des Führungsverhaltens, und dies auch durch die unterstellten Mitarbeiter. Besondere Bedeutung hat ein strategisches Anreizsystem, das unternehmerische Initiative belohnt.

Unter dem Motto »Making it work« ist Ciba-Geigy seit vier Jahren daran, diese Konzeption umzusetzen. Erste Erfolge zeichnen sich ab, doch wird es in den Augen der Verantwortlichen noch

einige Zeit dauern, bis dieser Wandel auch die äußersten Ver-
ästelungen des Unternehmens erfaßt hat.

Ist diese strategische Ausrichtung der Ciba-Geigy typisch für das
heutige Führungsverständnis fortschrittlicher Unternehmen? We-
niges spricht dafür. Für den Großteil der Unternehmen ist die
optimale Positionierung im Wettbewerb immer noch das A und O.
Einige haben bemerkt, daß sie den Aktionär bei ihren Überlegungen vermehrt mit einbeziehen müssen, und sie verfolgen
deshalb ein Aktionärsnutzen- oder Shareholder-Value-Konzept.
Doch Unternehmen mit einem ganzheitlichen Strategieansatz,
mit einem ausgereiften Anspruchsgruppen- oder Stakeholder-Va-
lue-Konzept, sind doch eher Mangelware.

1.2 Die strategische Wende – Abkehr von der einseitigen Wettbewerbsorientierung und vom Machbarkeitsdenken

Die siebziger und achtziger Jahre waren die Blütezeit eines am
Wettbewerb orientierten strategischen Denkens. Unter Führung
der bekannten Beratungsgesellschaften wurde das neu entwickelte
Instrumentarium des Portfolio-Managements und der Wettbewerbsstrategie flächendeckend eingeführt. Der klare Anspruch
dieser Ansätze bestand darin, daß eine sorgfältige Umwelt- und
Unternehmensanalyse sowie der gekonnte Einsatz des Positionie-
rungsmechanismus zwangsläufig zu erfolgreichen Strategien führen müßten. Klassisches Beispiel dafür ist der im folgenden Abschnitt vorzustellende Portfolio-Ansatz, der für jede Positionierung in einer Matrix sogenannte Normstrategien bereithält, die
ein Unternehmen einzuschlagen hat, um im Wettbewerb bestehen
zu können. Diese heute weitverbreiteten Strategieinstrumente
übten eine ungemeine Anziehungskraft aus, vor allem weil sie
die Komplexität der Zusammenhänge auf einige wenige Größen
reduzierten und einen klar definierten Lösungsweg vorschrieben.
Man glaubte, mit einer relativ einfachen Technik endlich den
komplizierten Prozeß der Strategiefindung in den Griff bekommen zu haben.

Die Erfahrung der vergangenen zwei Jahrzehnte hat in der Zwischenzeit gelehrt, daß der gestellte Anspruch nicht erfüllt werden konnte. Zwar verhalf das Instrumentarium den Firmen zu einer Vielzahl strategischer Erkenntnisse und brachte sie dazu, über ihre Zukunft systematisch nachzudenken. Aber der Automatismus von der Wettbewerbspositionierung zur erfolgreichen Strategie klappte in den wenigsten Fällen. Paradoxerweise ist gerade die weite Verbreitung des Instrumentariums daran schuld, daß es nicht funktionieren konnte. Hatten die Pioniere auf diesem Gebiet noch den Überraschungseffekt auf ihrer Seite, so wurden die Strategien der breiten Anwender zunehmend prognostizierbar und verloren dadurch entscheidend an Wirkung. Im Extremfall war jenes Unternehmen einer Branche, in der alle Anbieter nach dem Portfolio-Ansatz arbeiteten, am erfolgreichsten, das bewußt gegen die Spielregeln verstieß. Zur Ehrenrettung dieser Strategieansätze muß aber gesagt werden, daß sie zumindest grobe Fehler verhinderten und daß sie die Unternehmen dazu führten, sich selber, ihre Konkurrenten und den Markt genau zu analysieren.

Die Instrumente der Wettbewerbsstrategie förderten auch das Machbarkeitsdenken. Führen wurde nicht mehr als Kunst begriffen, sondern als die Durchsetzung analytisch erarbeiteter Maßnahmen. Die Überzeugung der hohen Qualität dieser Strategien führte dazu, daß sie in vielen Fällen mit der Brechstange eingeführt wurden und der Eigendynamik des Unternehmensgeschehens viel zuwenig Rechnung getragen wurde. Auch verfiel man einer gewissen Prognosegläubigkeit, indem man die aufgezeigten Entwicklungspfade als unverrückbare Tatsachen interpretierte.

Der vielleicht größte Schaden wurde aber dadurch angerichtet, daß die verantwortlichen Führungskräfte in der trügerischen Meinung, es gehe hier lediglich um die sorgfältige Anwendung einer Technik, die Aufgabe der strategischen Planung an Stäbe delegierten. Diese entwickelten ihre Strategien am Schreibtisch, ohne je mit den entsprechenden praktischen Problemstellungen in Kontakt gekommen zu sein. Andererseits betrachteten die Linienverantwortlichen die so entstandenen Strategien nicht als ihre eigene Idee und Leistung, und dementsprechend gering war das

Interesse an einer Umsetzung. So füllten in den siebziger und achtziger Jahren solche »Strategieübungen« Hunderte von Ordnern, die dann aber in den Regalen verstaubten.

Ein tiefgreifender Wandel begann sich, allerdings von vielen unbemerkt, gegen Ende der achtziger Jahre abzuzeichnen. Die Identifikation von strategischem Denken mit optimaler Positionierung im Wettbewerb wurde von verschiedenen Seiten in Frage gestellt. Hat nicht jedes Unternehmen eine Vielzahl weiterer Nutzenpotentiale, die sich mit Erfolg ausschöpfen lassen? Soll ein Unternehmen wie hypnotisiert auf den Wettbewerb schauen und in einem vielleicht gesättigten Markt noch marginale Anteile zu gewinnen versuchen, wenn seine bedeutenden weiteren Potentiale beispielsweise auf den Gebieten der Beschaffung, der Informatik, der Organisation, der Kooperationen, des Humanpotentials usw. noch wenig ausgeschöpft sind und sich dort mit bedeutend weniger Aufwand erfolgswirksame Möglichkeiten zeigen? Diese neue Sicht warf aber auch die Frage nach dem Maßstab unternehmerischen Handelns auf. War es das Ziel der Wettbewerbsstrategie, Wettbewerbsvorteile zu erzielen, so steht bei der Ausschöpfung der Nutzenpotentiale eines Unternehmens das Ziel der Steigerung des Unternehmenswertes im Vordergrund.

In den siebziger und achtziger Jahren war die strategische Unternehmensführung die alleinige Domäne des Managements. In der letzten Zeit meldeten sich die Kapitalgeber oder Aktionäre aber immer mehr zu Wort. Aus der Sicht des Aktionärs besteht die Aufgabe des Managements darin, den Wert der Unternehmung für den Kapitalgeber zu erhöhen. Daß die Wettbewerbsstrategie für sich allein in dieser Hinsicht nicht genug Hebelwirkung entfaltet, ist unmittelbar einsichtig. Hier zeigt sich also eine Konvergenz der Aktionärsinteressen mit der neuen strategischen Ausrichtung des Unternehmens auf seine Nutzenpotentiale. Daß aber die Shareholders nicht die einzige Anspruchsgruppe des Unternehmens sind und auch weitere Stakeholders zum Zuge kommen müssen, hat das Beispiel der Ciba-Geigy deutlich gezeigt. Deshalb gehen die neuesten Bestrebungen auf dem Gebiet des strategischen Denkens dahin, den Shareholder-Value-Ansatz zum Stakeholder-Value-Ansatz weiterzuentwickeln.

Diese Entwicklungen führen zu neuen Schwerpunkten auf dem Gebiete des strategischen Denkens, die in den folgenden Kapiteln umfassend abgehandelt werden sollen und die sich durch folgende Stichworte kurz charakterisieren lassen:

• Vom Wettbewerbsvorteil zur Steigerung des Unternehmenswertes.
• Von den strategischen Erfolgspotentialen im Markt zu den unternehmerischen Nutzenpotentialen.
• Vom Aktionärsnutzen- oder Shareholder-Value-Konzept zum Anspruchsgruppen- oder Stakeholder-Value-Ansatz.
• Von der Strategieentwicklung zur Strategieumsetzung.
• Von strategischen Patentrezepten zum vernetzten Denken.
• Von starren Strukturen zum organisatorischen Lernen.

Um diesen Wandel verstehen und beurteilen zu können, muß er vor dem Hintergrund der Entwicklung der Konzepte des strategischen Denkens in den letzten zwei Jahrzehnten diskutiert werden.

1.3 Stationen der Entwicklung des strategischen Denkens

Die tiefgreifenden strukturellen Veränderungen im unternehmerischen Umfeld zu Beginn der siebziger Jahre – Stichwort Ölkrise – waren die eigentlichen Auslöser einer systematischen strategischen Orientierung des Managements. Bis zu diesem Zeitpunkt war die Sicht der Unternehmensführung hauptsächlich nach innen gerichtet. Unter der Annahme einer relativ stabilen und vorhersagbaren Umwelt stand die Optimierung der eigenen Organisation im Mittelpunkt unternehmerischer Aktivität. Die schon in den zwanziger Jahren geborene Idee der Spartenorganisation wurde im Laufe der Zeit konsequent verfeinert und löste bei vielen Unternehmen die bewährte funktionale Gliederung ab. Die zunehmende unternehmensinterne Komplexität führte dann zu ersten Experimenten mit der Form der Matrixorganisation. Sie ergab sich fast zwangsläufig aus der Kombination einer divisional oder funktional gegliederten Primärorganisation mit den stürmisch aufkommenden Sekundärorganisationen des Produkt- und Projektmanagements. Management und Organisation waren bis Anfang der siebziger Jahre also fast synonyme Begriffe, von Strategie oder gar Unternehmenskultur sprach noch kaum jemand.

Die Erkenntnis, daß die Unternehmensumwelt turbulent und eben nicht in allen Fällen vorhersagbar sein kann, führte zu einer zunehmenden Ausrichtung des Managements auf das Umfeld des Unternehmens: Welchen wirtschaftlichen, gesellschaftlichen, technologischen und ökologischen Herausforderungen muß es sich stellen, wie können neue Märkte optimal erschlossen und gezielt Wettbewerbsvorteile erreicht werden? Die ersten Strategieansätze beschäftigten sich vornehmlich mit den einzelnen Geschäften eines Unternehmens und deren Möglichkeiten zur Gewinnung von Marktanteilen. Bis das Unternehmen als Ganzes in seinen vielfältigen Vernetzungen mit seiner Umwelt und in seinem Zusammenspiel mit den Anspruchsgruppen der Aktionäre, des Managements, der Mitarbeiter, der Konkurrenz, der Geschäftspartner und der Gesellschaft zum Interessenschwerpunkt des strategischen Denkens werden würde, sollte noch einige Zeit vergehen.

Die ersten in der Unternehmenspraxis verbreitet angewandten strategischen Konzepte waren die Produkt-Markt-Matrix, die Erfahrungskurve, die strategischen Geschäftseinheiten (SGE), die Portfolio-Matrix und die PIMS-Prinzipien. Der Übergang von den sechziger zu den siebziger Jahren war gekennzeichnet durch ein ausgeprägtes Wachstumsdenken. Ausdruck dieser Denkhaltung ist die *Produkt-Markt-Matrix*, wie sie von Ansoff bereits in den sechziger Jahren entwickelt wurde (Ansoff, 1965). Diese Matrix kombiniert heutige und neue Märkte mit heutigen und neuen Produkten, so daß sich vier Felder möglicher strategischer Optionen ergeben: Marktdurchdringung, Marktentwicklung, Produktentwicklung und Diversifikation. Besonders das vierte Feld faszinierte die Führungskräfte, da Wachstum lange Zeit mit Diversifikation gleichgesetzt wurde. Diese Matrix stellte erstmals einen umfassenden Rahmen zur systematischen Marktbearbeitung und Produktentwicklung vor, und sie ist auch heute noch ein beliebtes strategisches Instrument.

Als nächstes trat die *Erfahrungskurve* auf den Plan (Henderson, 1974). Sie brachte zum Ausdruck, daß ein steigender Marktanteil zu höheren Produktionsvolumen und damit zu tieferen relativen Kosten führt, was dem Wettbewerber jene Freiheiten bei der Preispolitik gibt, die wiederum zu Marktanteilsgewinnen und so letztlich zu höheren Erträgen führen. Funktionierte dieses Rezept anfänglich für die Pionierunternehmen, so löst es jedoch bei zunehmender Verbreitung eigentliche Preiskriege zur Gewinnung von Marktanteilen aus, was letztlich wenigen zum Vorteil gereichte. Trotzdem bewirkte das Konzept, daß sich das Management vermehrt auf Kosten und Marktanteile ausrichtete.

Den nun folgenden Entwicklungsschritt stellte die Konzeption der *strategischen Geschäftseinheiten (SGE)* dar (Gälweiler, 1979). Man ging davon aus, daß die Aktivitäten eines Unternehmens im Markt segmentiert und strategisch ausgerichtet werden müssen. Man suchte also nach »Unternehmen im Unternehmen«. Sehr oft waren diese nicht identisch mit den organisatorischen Einheiten, was zu neuen Grenzziehungen und zu einer Umverteilung der Ressourcen führte. Zweifellos förderte diese Konzeption die Autonomie und die Verantwortlichkeit des Managements, wenn auch oft bei dieser Konzentration auf die Teile die Unternehmung als Ganzes zu kurz kam. Die Identifikation strategischer Geschäftseinheiten ist auch heute noch eine tragende Säule jeder strategischen Ausrichtung, was in den folgenden Ausführungen deutlich zum Ausdruck kommen wird.

Eng verbunden mit den strategischen Geschäftseinheiten ist die *Portfolio-Planung* (Hinterhuber, 1977). Sie positioniert jede strategische Geschäftseinheit in einer Matrix mit den Dimensionen der Marktattraktivität und der relativen Wettbewerbsvorteile, und sie ordnet der jeweiligen Position eine strategische Stoßrichtung oder eine »Normstrategie« zu. Der ursprüngliche Portfolio-Ansatz der Boston Consulting Group wurde verschiedentlich verfeinert und um zusätzliche Dimensionen erweitert. Damit war der Weg bereitet für das beliebteste Strategieinstrument der siebziger und achtziger Jahre, das auch heute noch zum Rüstzeug eines jeden für Geschäftsstrategien Verantwortlichen gehört. Mit dem Verbreitungsgrad wuchs aber auch die Erkenntnis über die Grenzen dieser Konzeption, vor allem ihre einseitige Ausrichtung auf den Markt und den Wettbewerb sowie – wie bereits oben gezeigt – die beschränkte Wirksamkeit der Normstrategien.

Neben diesen vor allem theoriegeleiteten Konzepten entstand Mitte der siebziger Jahre mit dem *PIMS-Programm* ein erstes empirisches Konzept zur Entwicklung und Beurteilung von Strategien (Schoeffler/Buzzell/Heany, 1974). Das »Profit Impact of Market Strategies«-(PIMS-)Programm untersuchte auf der Basis der Daten von ursprünglich einigen hundert amerikanischen Unternehmen, die inzwischen auf Tausende, auch internationale Unternehmen erweitert wurden, die Erfolgsfaktoren der strategischen Ausrichtung. Ziel von PIMS ist es, Marktgesetze zu entdecken und Handlungsanweisungen bereitzustellen. Den Unternehmen soll es ermöglicht werden, den Einfluß bestimmter Faktoren auf den Return on Investment einer strategischen Geschäftseinheit zu erklären, die Entwicklung des Return on Investment bei Veränderungen bestimmter strategischer Schlüsselfaktoren vorherzusagen, eine optimale Allokation der Ressourcen zu erreichen sowie eine effiziente Methode für die Messung der Management-Dienstleistungen zu finden. Die PIMS-Prinzipien haben in der Praxis ebenfalls weite Verbreitung gefunden, obwohl die Kritik an der Übertragbarkeit der empirischen Erkenntnisse nie verstummte. Auch wird in neuerer Zeit zunehmend die Frage aufgeworfen, ob der Return on Investment eine geeignete Zielgröße zur Beurteilung von Strategien ist.

In den achtziger Jahren wurden die obigen Ansätze durch zwei neue Konzeptionen ergänzt und mit der Zeit auch teilweise abgelöst: durch die strategischen Erfolgspositionen (SEP) und die Wettbewerbsstrategie. *Strategische Erfolgspositionen (SEP)* sind Fähigkeiten, die es den Unternehmen erlauben, im Vergleich zur Konkurrenz auch längerfristig überdurchschnittliche Ergebnisse zu erzielen (Pümpin, 1982). Sie unterscheiden sich dadurch von operativen Wettbewerbsvorteilen, die über eine geschickte Marketingtaktik eine kurzfristige Profilierung ermöglichen. Die Konzeption der strategischen Erfolgspositionen orientiert sich zwar immer noch hauptsächlich am Markt, erweiterte aber die Palette strategischer Möglichkeiten durch die Einbeziehung anderer Potentiale wie der Beschaffung, der Finanzierung oder des Einsatzes der Human Ressources. Auch dieses Konzept erfreut sich heute ungebrochener Beliebtheit und wird in den folgenden Ausführungen eine wichtige Rolle spielen.

Der Ansatz der *Wettbewerbsstrategie* (Porter, 1980, 1985) lenkte die Aufmerksamkeit der Führungskräfte auf die Determinanten des Wettbewerbs und zeigte auf, wie bei konsequenter Befolgung der strategischen Stoßrichtungen der Kostenführerschaft, der Leistungsdifferenzierung und der Fokussierung auf Marktsegmente entscheidende Vorteile gegenüber der Konkurrenz erzielt werden können. Der Wettbewerbsansatz führte weiter zu eigentlichen Industriestrukturmodellen, die ein besseres Verständnis der Dynamik von Branchen oder Industrien bewirkten. Besonderes Gewicht erhält im Rahmen dieser Konzeption die Wertkette (Value Chain) des Unternehmens, die den unternehmerischen Prozeß in seine Einzelteile zerlegt und eine konsequente Ausrichtung der einzelnen Segmente auf die Wettbewerbsgegebenheiten fordert. Der Ansatz der Wettbewerbsstrategie gehört heute unabdingbar zum Repertoire einer strategisch denkenden Führungskraft und wird auch in unseren Ausführungen den entsprechenden Stellenwert erhalten.

1.4 Wertmanagement – Die neue Dimension der strategischen Führung

Bei aller Begeisterung für die bisherigen Konzeptionen der strategischen Führung wuchs gegen Ende der achtziger Jahre die Einsicht, daß der Markt und die Stellung im Wettbewerb nicht das alleinige Maß aller Dinge sein konnten. Jedes Unternehmen verfügt über eine Vielzahl weiterer Potentiale, die bei einer einseitigen Wettbewerbsorientierung brachliegen. Weiter hat das Unternehmen als Ganzes Kernkompetenzen, die aber erst beim Zusammenspiel der einzelnen Geschäfte und Geschäftseinheiten zum Tragen kommen. Und schließlich ist die Summe aller SGE-Strategien noch lange keine Unternehmensstrategie, die auch Fragen der Investition/Desinvestition, der Finanzierung, der Restrukturierung und der Steuern abdecken muß. Seit Ende der achtziger Jahre zeichnet sich deshalb eine Wende im strategischen Denken ab, die in den Konzepten der Nutzenpotentiale, der Kernkompetenzen und des Wertmanagements zum Ausdruck kommt.

Bei der Konzeption der *Nutzenpotentiale* und ihrer Multiplikation im Unternehmen (Pümpin, 1989) wird davon ausgegangen, daß mit der optimalen Positionierung der strategischen Geschäftseinheiten im Wettbewerb das Unternehmen zwar das Fundament für eine erfolgreiche Entwicklung und ein gesundes Wachstum gelegt hat, jedoch in Zeiten von nur noch gering wachsenden oder gar stagnierenden Märkten jede weitere, noch unausgenutzte Entwicklungsmöglichkeit ausschöpfen muß. Sie können auf den Gebieten der Beschaffung, der Logistik und Informatik, der Human Ressources, der Organisation, der Übernahme-, der Joint-venture- und Restrukturierungsfertigkeiten liegen. Gelingt es nicht nur, diese Potentiale zu erschließen, sondern auch die so gewonnenen Fähigkeiten im Unternehmen zu multiplizieren, dann erzeugt die Strategie jene Hebelwirkung, die für eine längerfristige organische Entwicklung unabdingbar ist.

Beim Konzept der *Kernkompetenzen* (Prahalad/Hamel, 1991) wird das Unternehmen aufgefordert, sich weniger auf die wettbewerbsbezogenen Fähigkeiten der einzelnen Geschäftseinheiten auszurichten, als sich darauf zu fokussieren, auf welchen Gebieten außerordentliche Kompetenz quer durch das Unternehmen hindurch vorhanden ist. So liegen beispielsweise die Kernkompetenzen von Canon in der Feinmechanik, in der Feinoptik und in der Mikroelektronik, was das Unternehmen befähigt, unterschiedliche neue Produkte zu entwickeln und der Konkurrenz immer eine Nasenlänge voraus zu sein. Kernkompetenzen sind Unternehmensressourcen, und zu ihrer Nutzung werden alle notwendigen Talente aus den strategischen Geschäftseinheiten projektweise abgezogen und eingesetzt. Mit dieser Ausrichtung auf die Kernkompetenzen hält aber eine ganzheitliche Sichtweise Einzug in das Unternehmen.

Dies trifft auch auf den Ansatz des *Wertmanagements* zu, wie er von Rappaport (Rappaport, 1986) konzipiert und von mir (Gomez/Weber, 1989) weiterentwickelt wurde. Das Wertmanagement führt das strategische und das finanzielle Management zusammen. Ausgangspunkt ist eine neue Zielsetzung für das Unternehmen: Nicht mehr die Erringung von Wettbewerbsvorteilen, sondern die Steigerung des Unternehmenswertes steht im Vordergrund. Wurde diese Wertsteigerung im ursprünglichen Konzept im Sinne eines erhöhten Aktionärsnutzens (Shareholder Value) begriffen, so steht in der Weiterentwicklung der Stakeholder Value im Vordergrund. Die Strategie soll Wert schaffen für alle Anspruchsgruppen des Unternehmens. Daß dies durch eine optimale Positionierung der Geschäftseinheiten im Wettbewerb allein nicht erreicht werden kann, leuchtet unmittelbar ein. Deshalb sind die Investitions-, die Finanzierungs-, die Restrukturierungs- und die Steuerplanung genauso mit einzubeziehen wie die Wettbewerbspositionierung. Diese Instrumente waren der strategischen Planung bisher meistens nachgelagert, und sie wurden von der finanziellen Führung punktuell eingesetzt. Aus der Sicht der Unternehmensstrategie sind sie aber integraler Bestandteil einer längerfristigen Ausrichtung.

Eine weitere Verfeinerung der Unternehmensstrategie wurde von Pümpin (Pümpin/Pritzl, 1991) mit der Unterscheidung der *Eignerstrategie* eingeführt. Sie umfaßt alle Maßnahmen, die außerhalb des Kompetenzbereiches des Managements, wohl aber im Ermessen des Eigners liegen, wie beispielsweise die »Zerschlagung« des Unternehmens, ein Going Public oder betriebsfremde Finanztransaktionen. Diese Möglichkeiten sind ebenfalls zu evaluieren, soll das Potential des Unternehmens voll ausgeschöpft werden.

Die neuen strategischen Denkansätze und Konzepte der beginnenden neunziger Jahre lassen sich zusammenfassend wie folgt charakterisieren: Einerseits wird die starke Markt- und Wettbewerbsorientierung zugunsten einer Ausschöpfung der vielfältigen weiteren Nutzenpotentiale und Kernkompetenzen des Unternehmens gelockert, und andererseits wechselt der Fokus von den einzelnen Geschäftseinheiten zum Unternehmen als Ganzes, wobei strategische und finanzielle Gesichtspunkte integriert werden. Leitidee sind dabei heute vor allem die Interessen der Shareholders oder Kapitalgeber. Aber auch hier zeigt sich ein neuer

Wandel, der allerdings noch nicht deutliche Konturen angenommen hat, der Wandel nämlich von einem Shareholder-Ansatz zu einem Stakeholder-Ansatz. Das Beispiel Ciba-Geigy illustriert diesen Trend eindrücklich. Welches sind nun aber die Voraussetzungen für ein solches strategisches Denken?

2 Bausteine eines ganzheitlichen Wertmanagements

Die Notwendigkeit einer strategischen Wende im bereits beschriebenen und am Beispiel Ciba-Geigy illustrierten Sinne wird in der Unternehmenspraxis von vielen Firmen erkannt. Von der Erkenntnis zur Umsetzung ist es aber oft ein weiter Weg, der vor allem durch zwei Faktoren zusätzlich erschwert wird. Zum einen sind die oben vorgestellten »traditionellen« strategischen Denkweisen und Instrumente in der Unternehmenspraxis weit verbreitet. Sie prägen über die einzelnen Hierarchiestufen des Unternehmens hinweg die Sprache und die Begriffe, mit denen strategische Fragen und Probleme diskutiert werden. Die dominierenden Begriffe sind hier strategische Geschäftseinheiten, Wettbewerbsvorteile und Return on Investment. Im Vokabular nicht zu finden sind Begriffe wie Kernkompetenzen, Steigerung des Unternehmenswertes oder Stakeholder Value. Deshalb muß das neue strategische Denken zuerst die Voraussetzungen für ein ganzheitliches Verständnis des Unternehmens und seines Umfeldes schaffen.

Was die neuen strategischen Denkweisen anbetrifft, so zielen sie grundsätzlich in die richtige Richtung. Nicht mehr die Geschäftseinheiten, sondern die Nutzenpotentiale und Kernkompetenzen des Unternehmens als Ganzes stehen im Mittelpunkt. Auch findet eine Neuorientierung weg vom Wettbewerbsvorteil und hin zur Wertsteigerung des Unternehmens statt. In der jetzigen Form ist dieses Denken jedoch allzu stark auf eine einzige Anspruchsgruppe ausgerichtet, auf den Kapitalgeber oder Shareholder. Die anderen Stakeholders werden nur implizit berücksichtigt, und die vom Ansatz her intendierte langfristige Betrachtungsweise weicht – vor allem bei amerikanischen Unternehmen – immer mehr wieder einer kurzfristigen Optimierung.

Voraussetzungen für eine strategische Wende sind also ein Bruch mit der bisherigen Strategietradition, die Ausrichtung der Strategie auf alle legitimen Anspruchsgruppen und die Entwicklung eines Maßstabes für die langfristige, gesunde Entwicklung des Unternehmens. Um diese Ziele zu erreichen, sind in drei Bereichen die notwendigen Grundlagen bereitzustellen:

- Entwicklung eines ganzheitlichen Unternehmensverständnisses unter Berücksichtigung der Anspruchsgruppeninteressen,
- klare Differenzierung zwischen Geschäfts-, Unternehmens- und Eignerstrategien und Bereitstellung einer entsprechenden Strategiemethodik,
- Entwicklung eines Maßstabes zur Erfolgsbeurteilung der Strategien im Sinne der Wertsteigerung des Unternehmens.

2.1 Ganzheitliches Unternehmensverständnis

Im vorindustriellen Zeitalter war jeder Handwerker ein Unternehmer. Er erfüllte sämtliche Funktionen, die für ein langfristiges Überleben seines Geschäftes erforderlich waren. In diesem Sinne mußte er zwangsläufig über ein ganzheitliches Unternehmensverständnis verfügen. Mit der Industrialisierung hielten auch die Spezialisierung und die Arbeitsteilung Einzug, und die heute noch bei der Mehrzahl von Unternehmen anzutreffende funktionale Organisationsform ist eine klassische Verkörperung dieser Entwicklung. Auch die Lehrstühle der betriebswirtschaftlichen Fakultäten unserer Universitäten sind nach Funktionen abgegrenzt: Produktionswirtschaft, Marketing, Finanz- und Rechnungswesen, Organisation, Personalwesen. War diese strikte Aufgabenteilung bei relativ homogenen Märkten und einer stabilen Umwelt durchaus sinnvoll, so entspricht sie den veränderten Rahmenbedingungen von heute nicht mehr. Die zunehmende Komplexität und der stete Wandel des Umfeldes verlangen eine unternehmerische, die verschiedenen Funktionen integrierende Denkweise. Dies stößt aber in vielen Unternehmen auf große Schwierigkeiten, was besonders bei jenen Reorganisationen augenscheinlich wird, die auf Divisionen, Sparten oder sogar rechtlich selbständige Einheiten innerhalb des Unternehmens abzielen. Hier fällt es schwer, geeignete Führungskräfte zu finden, da die Kandidaten bisher in der Funktion des Marketing-, Produktions- oder Finanzchefs tätig waren und nicht über ein gesamtunternehmerisches Verständnis verfügen. Auch die oben geforderte Zusammenführung von strategischem und finanziellem Denken läßt sich nur schwer verwirklichen, denn das eine war die Domäne der Linienverantwortlichen, das andere das Betätigungsgebiet des Finanzchefs, und diese haben sich bisher gegenseitig klar und deutlich abgegrenzt.

Erste Ansätze zu einer integrierten Sicht des Unternehmens und entsprechende Führungskonzepte finden sich anfangs der siebziger Jahre, also gleichzeitig mit der Entwicklung des strategischen Gedankenguts. Eine wesentliche Rolle spielte hier der Systemansatz, wie er von Ulrich (Ulrich, 1968) entwickelt und im St. Galler Management-Modell umgesetzt wurde (Ulrich/Krieg, 1974). In den vergangenen zwei Jahrzehnten wurden diese Ansätze und Konzepte stetig weiterentwickelt und in vielfältigen Anwendungen der Unternehmenspraxis erprobt. Zwei dieser Ansätze zu einem ganzheitlichen Unternehmensverständnis sollen die Grundlage der folgenden Ausführungen bilden, nämlich die Methodik des vernetzten Denkens und das St. Galler Management-Konzept.

Die *Methodik des vernetzten Denkens* (Gomez/Probst, 1987, Probst/Gomez, 1991, Ulrich/Probst, 1988) ist ein Denkansatz und ein Instrumentarium zur ganzheitlichen Erfassung komplexer Unternehmenszusammenhänge auf anschauliche und praktisch unmittelbar umsetzbare Weise. Sie fordert von der Führungskraft,

- die Problemsituation oder den Unternehmensbereich aus der Sicht der verschiedenen Anspruchsgruppen und unter Berücksichtigung ihrer Ziele und Interessen abzugrenzen,
- die Schlüsselfaktoren unternehmerischen Erfolges und ihre Bestimmungsgrößen zu ermitteln,
- die Vernetzung dieser Größen in Form von Kreisläufen verstärkender und stabilisierender Wirkung zu ermitteln,

- die Lenkbarkeiten in diesem Netzwerk festzustellen und damit Ansatzpunkte für Strategien zu finden,
- Strategien auf den Grad ihrer Nutzung der Eigendynamik des Unternehmens hin zu überprüfen und
- die Einführung von Strategien über ein Frühwarnsystem zu überwachen.

Das *St. Galler Management-Konzept* (Bleicher, 1992) stellt einen Bezugsrahmen für Führungskräfte bereit, die sich in einer Zeit zunehmender Veränderungen und unter dem Eindruck der Vielfalt angebotener Managementinstrumente häufig orientierungslos fühlen. Es ist modulartig aufgebaut (Modul Unternehmensentwicklung: Pümpin/Prange, 1991; Modul Organisation: Gomez/Zimmermann, 1992; Modul Strategie: Müller-Stewens/Krieg, 1993; Modul Managementsysteme: Schwaninger, 1993), vermittelt aber gleichzeitig einen Überblick über die Gesamtzusammenhänge des Managements. Grundlage des Konzeptes ist die Unterscheidung dreier Ebenen des Managements, nämlich des normativen, des strategischen und des operativen Managements. In einer weiteren Dimension wird unterschieden zwischen Strukturen, Aktivitäten und Verhalten auf diesen drei Ebenen. So bilden sich logisch voneinander abgrenzbare Problemfelder, die durch das Management zu bearbeiten sind. Im Sinne einer integrierten Managementbetrachtung ist dabei aber von der gegenseitigen Durchdringung aller Dimensionen auszugehen.

2.1.1 Vernetztes Denken im Management

1989 leiteten die obersten Verantwortlichen der Ciba-Geigy AG den Wandel ihres Unternehmens mit der Entwicklung einer Vision ein, die den Zielen des wirtschaftlichen Erfolges, der Umweltverträglichkeit und der sozialen Verantwortung den gleichen Stellenwert einräumte. So klar und überzeugend diese Vision war – ihre Umsetzung erfordert einen langwierigen Prozeß. In einem ersten Schritt entschloß sich die Konzernleitung, die hinter diesem Dreigestirn stehende komplexe Vernetzung mit Hilfe der Methodik des vernetzten Denkens transparent zu machen. Aus diesem

Grunde wurde mit der erweiterten Konzernleitung ein Workshop durchgeführt. Im folgenden werden einige Ergebnisse des Workshops in stark vereinfachter Form zusammengefaßt, um die grundlegenden Prinzipien dieses Denkansatzes zu veranschaulichen.

Zunächst ist in einem ersten Schritt abzuklären, welche Anspruchsgruppen und Interessen das Chemieunternehmen zu berücksichtigen hat. Wie Abbildung 2.1 zeigt, sind dies zum einen die Kapitalgeber, die Mitarbeiter, die Konsumenten, die Gesellschaft und der Staat. Weitere Anspruchsgruppen, die hier nicht mehr gesondert aufgeführt werden, wären beispielsweise die Geschäftspartner, die Konkurrenz oder die Standortgemeinden.

Welches sind nun die Ziele oder Interessen dieser Anspruchsgruppen? Die Kapitalgeber fordern (unter anderem, sei hier wie bei den anderen Anspruchsgruppen beigefügt) eine angemessene Rendite ihres eingesetzten Kapitals. Die Mitarbeiter des Unternehmens wünschen sich eine interessante Arbeit in einem »sau-

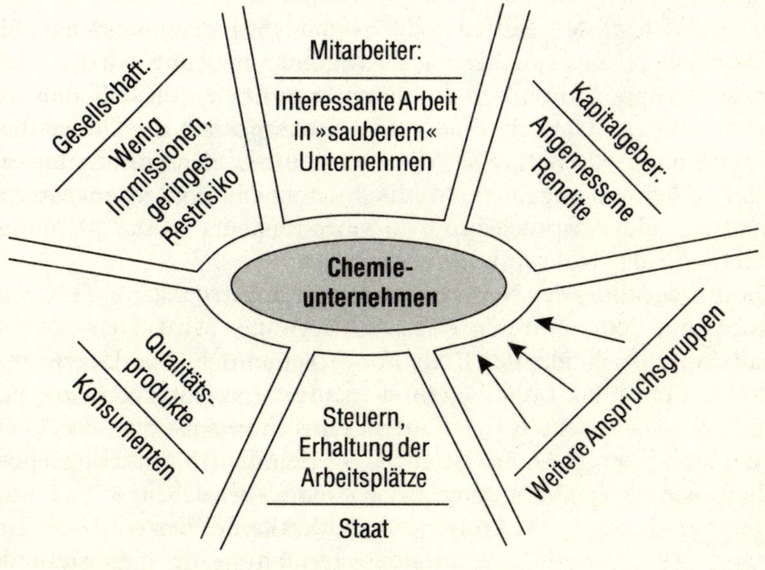

Abb. 2.1: Anspruchsgruppen und ihre Interessen

beren« Unternehmen. Der Kunde interessiert sich vorwiegend für Qualitätsprodukte und einen guten Service. Die Gesellschaft plädiert für möglichst wenig Immissionen und ein geringes Restrisiko. Und der Staat sieht sein Steueraufkommen und die Erhaltung der Arbeitsplätze im Vordergrund. Je nach Interessenlage sind also andere Dinge wichtig, und dies ist bei der Entscheidungsfindung zu berücksichtigen.

Bei der herkömmlichen Unternehmens- und Umweltanalyse wird dieser erste Schritt in der Regel unterlassen. Die implizite Annahme lautet nämlich, daß ein wirtschaftlicher Erfolg zu erzielen sei, allenfalls noch, daß der Kapitalgeber zufriedengestellt werden muß. Die Gefahr besteht daher, daß die Unternehmenssituation nur aus betriebswirtschaftlicher Sicht wahrgenommen wird. Entsprechend werden dann aber auch nur betriebswirtschaftliche Größen im Netzwerk auftauchen. Bei der oben genannten Art der Vorgehensweise werden aber jene Schlüsselgrößen auch berücksichtigt, die für die verschiedenen Anspruchsgruppen wichtig sind.

In einem nächsten Schritt geht es nun darum, diese Schlüsselgrößen in erster Annäherung zu bestimmen. Wenn wir die Anspruchsgruppe »Gesellschaft« nehmen, so lauten diese Schlüsselgrößen etwa: Umweltschädigung, Volksgesundheit, Umweltbewußtsein, gesellschaftliche Akzeptanz, Image des Unternehmens oder Nebenwirkungen von Medikamenten. Nach gleichem Muster wird für alle Anspruchsgruppen verfahren, um so das »Rohmaterial« für das Netzwerk bereitzustellen.

Die Entwicklung des Netzwerkes erfolgt in verschiedenen Phasen, wobei mit dem zentralen Kreislauf begonnen wird. Dies ist deshalb von entscheidender Bedeutung, weil ein Netzwerk nicht mit einem Einflußfaktorendiagramm identisch ist. Ein Netzwerk besteht aus vermaschten Kreisläufen, die sich gegenseitig verstärken oder stabilisieren. Damit ist auch zugleich die Notation angesprochen, wie sie in Abbildung 2.2 verwendet wird. Ein + bedeutet eine verstärkende Wirkung: je *mehr* Verkäufe, desto *höhere* Erträge, desto *höhere* Investitionen, usw; ein – eine stabilisierende Wirkung: je *besser* die Konkurrenz, desto *schlechter* unsere Wettbewerbsposition.

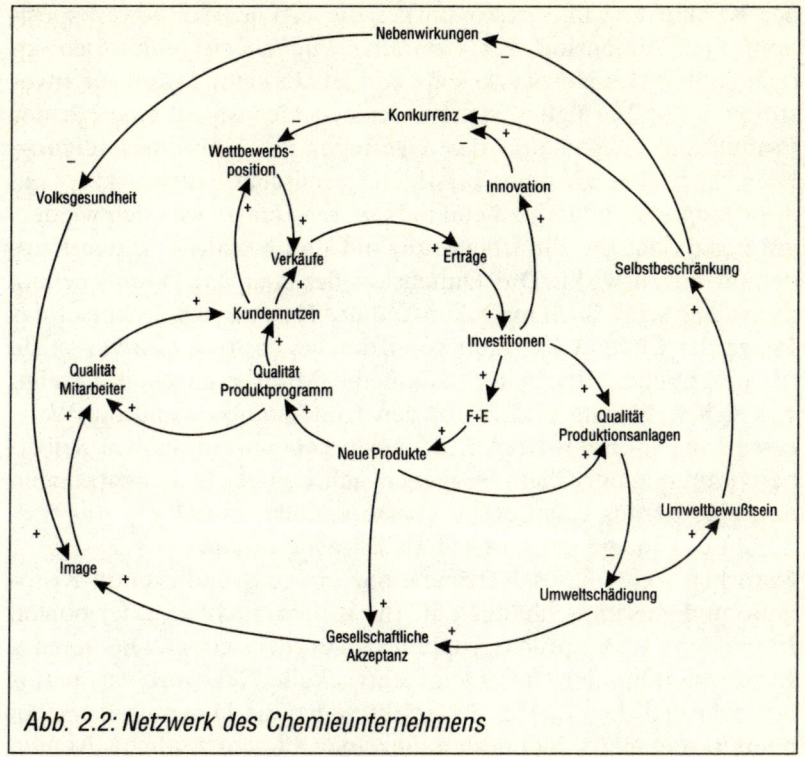

Abb. 2.2: Netzwerk des Chemieunternehmens

Kommen wir zum zentralen Kreislauf oder »*Motor*« zurück, der die Unternehmung als Ganzes treibt. Dieser Kreislauf liest sich wie folgt: je besser die Qualität des Produktprogramms, desto größer der Kundennutzen, desto mehr Verkäufe, desto höher die Erträge, desto mehr verfügbare Mittel für Investitionen, desto besser die Forschung und Entwicklung, desto mehr neue Produkte, desto besser die Qualität des Produktprogramms usw. Der weitere Aufbau des Netzwerkes richtet sich nun nach den drei Dimensionen der Vision. Der *wirtschaftliche Erfolg* wird durch den Einbau der Größen der Wettbewerbsposition, der Innovation und der Konkurrenz berücksichtigt. Je mehr Mittel für Investitionen zur Verfügung stehen, desto größer sind die Möglichkeiten der Innovation, desto schwächer ist die Stellung der Konkurrenz und desto stärker die eigene Wettbewerbsposition. Die Dimension der *Umweltverträglichkeit* findet sich im rechten Teil des Netzwerkes abgebildet. Je mehr Mittel für Investitionen zur Verfügung stehen, desto besser ist die Qualität der Produktionsanlagen und desto geringer die Umweltschädigung. Dies führt aber zu einer erhöhten gesellschaftlichen Akzeptanz der Chemie und damit zu einem besseren Image, was sich wiederum positiv auf die Mitarbeiterqualität und letztlich auf den Kundennutzen auswirkt. Die Dimension der *sozialen Verantwortung* findet sich schließlich im linken Teil des Netzwerkes. Je besser das Image der Chemie als »saubere« Branche, desto attraktiver ist sie für potentielle Mitarbeiter, womit die Mitarbeiterqualität steigt, was sich wiederum positiv auf den Kundennutzen und die Wettbewerbsposition auswirkt. Bei einer verantwortungsvollen Selbstbeschränkung der Chemie ergeben sich weniger Nebenwirkungen und eine daraus resultierende bessere Volksgesundheit, was wiederum das Image der Chemie als Branche erhöht.

Natürlich zeigt dieses Netzwerk nur einige grundlegende Kreisläufe und Zusammenhänge auf. Bei weitem nicht alle der obigen Interessen der Anspruchsgruppen sind berücksichtigt. Das von der Konzernleitung der Ciba-Geigy entwickelte Netzwerk war natürlich sehr viel detaillierter. Es erfaßte auch die Dynamik des Chemieunternehmens, indem den einzelnen Pfeilen zeitliche Abhängigkeiten und Verzögerungswirkungen zugeschrieben wurden. So dauert es in der Regel acht bis zehn Jahre, bis eine Investition in die Forschung und Entwicklung zu neuen Produkten und damit zu einer Steigerung der Qualität des Produktprogramms führt. Ereignet sich jedoch aufgrund qualitativ ungenügender Produktionsanlagen eine Katastrophe, so sinkt die gesellschaftliche Akzeptanz der Chemie auf einen Schlag, was sich auch sofort auf die Attraktivität des Unternehmens als potentiellen Arbeitgeber auswirkt.

Liegt das Netzwerk einmal vor, so lassen sich mögliche Entscheidungen und Störereignisse gedanklich durchspielen. Was die Störereignisse anbetrifft, so kommen hier Szenarien zum Einsatz. Wie wird sich das Umweltbewußtsein der Gesellschaft in der Zukunft entwickeln, wie sieht es mit der gesellschaftlichen Akzeptanz und damit dem Image der Chemie aus? Welche strategischen Entwicklungsmöglichkeiten hat die Konkurrenz? Wie attraktiv ist die Chemiebranche für die Mitarbeiter, werden genügend Fachkräfte zur Verfügung stehen? Diese Ereignisse werden in ihren Auswirkungen auf die einzelnen Kreisläufe durchgespielt, und es werden im Sinne einer Eventualplanung Verhaltensoptionen ausgearbeitet. Bei der Entscheidungsfindung wird im Netzwerk nach jenen Größen gesucht, die lenkbar sind. An diesen Ansatzpunkten werden mögliche Strategien entwickelt und im Netzwerk auf ihre Wirkungen und Nebenwirkungen hin getestet. Dies führt aber zu Handlungsanweisungen an das Management, und aus dem ursprünglichen Denkmodell wird eine fundierte Entscheidungsgrundlage.

Es sei hier nun noch gezeigt, wie ganz allgemein ein Netzwerk für ein Unternehmen aufgebaut werden kann, wobei stufenweise zuerst der zentrale Kreislauf entwickelt und anschließend Aspekte des Marktes und des Wettbewerbs, der Mitarbeiter-

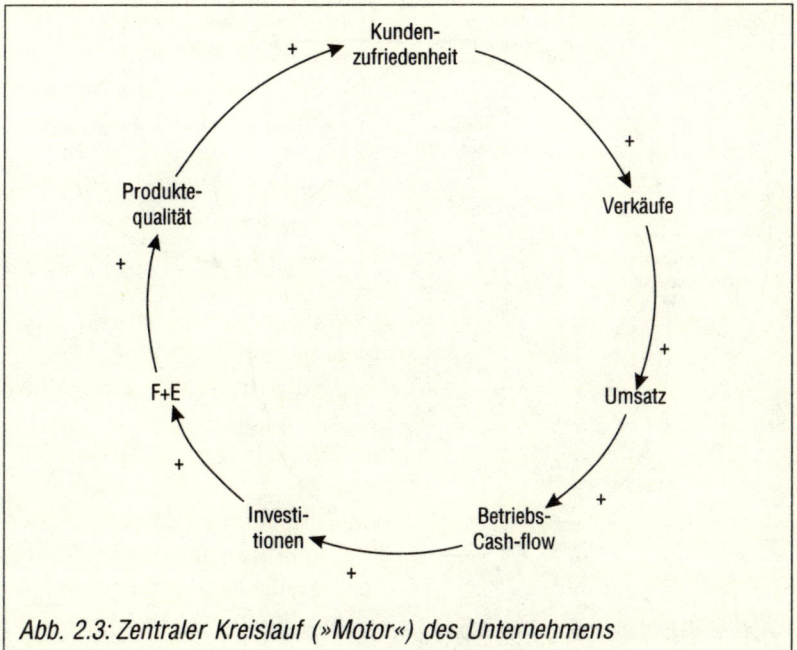

Abb. 2.3: Zentraler Kreislauf (»Motor«) des Unternehmens

und Gesellschaftsbezug sowie die finanziellen Gesichtspunkte
eingebaut werden.
Ausgangspunkt ist der zentrale Kreislauf, der »*Motor*« des Unternehmens, der alles antreibt. Er läßt sich wie in Abbildung 2.3
darstellen.
Je größer die Kundenzufriedenheit ist, desto mehr kann verkauft
werden und desto größer ist der Umsatz. Dies bedeutet aber
(normalerweise) einen höheren Betriebs-Cash-flow und damit
die Möglichkeit der Investition in die Forschung und Entwicklung. Dadurch verbessern sich die Produktequalität und damit
letztlich wiederum die Kundenzufriedenheit, was zu Mehrverkäu-
fen und zu mehr Umsatz führt und den Motor weiter antreibt.

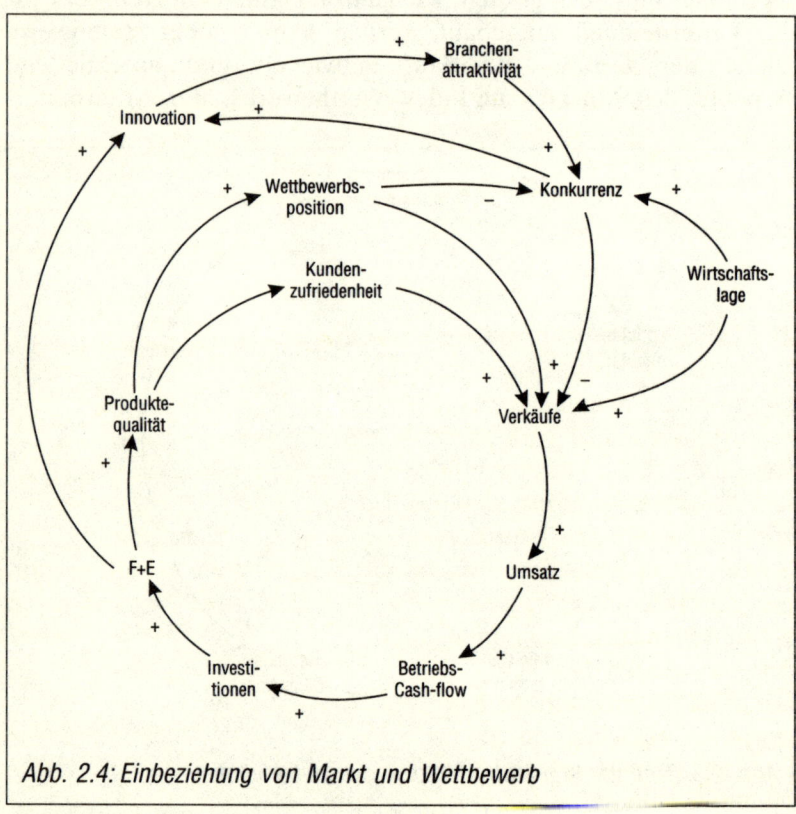

Abb. 2.4: Einbeziehung von Markt und Wettbewerb

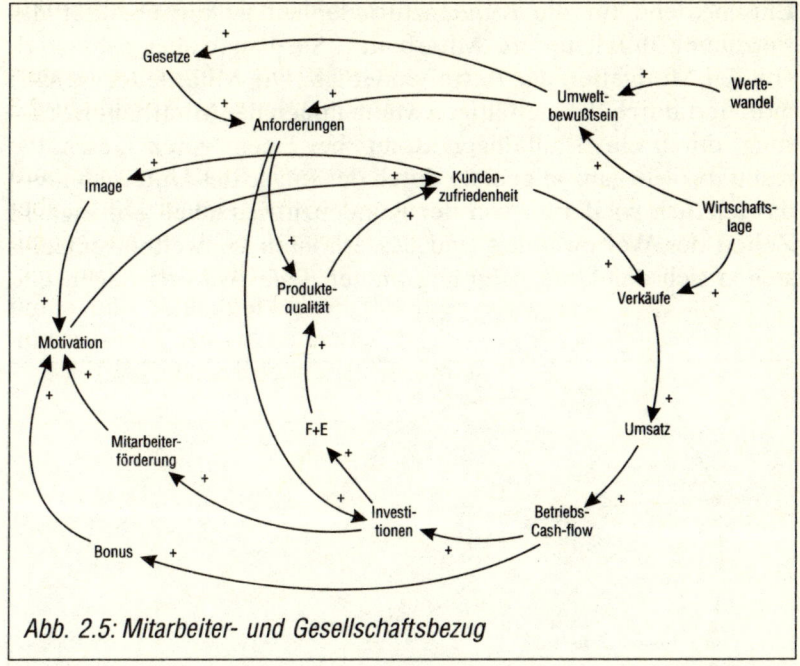

Abb. 2.5: Mitarbeiter- und Gesellschaftsbezug

Baut man jetzt diesen zentralen Kreislauf um die Aspekte des *Marktes* und des *Wettbewerbs* aus, so ergibt sich Abbildung 2.4.

Wenn unsere Produktequalität steigt, so erhöht sich nicht nur die unmittelbare Kundenzufriedenheit, sondern unsere Wettbewerbsposition als solche verbessert sich, wodurch wir einerseits mehr verkaufen und andererseits unsere Konkurrenz überrunden. Unsere Forschung und Entwicklung führt zu neuen Innovationen, die zusammen mit den Neuentwicklungen der Konkurrenz eine erhöhte Attraktivität der Branche mit sich bringen, was wiederum die Verkäufe antreibt, gleichzeitig aber auch neue Konkurrenten auf den Plan ruft. Sie können jedoch unsere Verkäufe längerfristig gesehen wieder dämpfen.

Langsam beginnt sich die Komplexität der Zusammenhänge abzuzeichnen, allerdings in übersichtlicher Form. Als nächstes wird nun der *Mitarbeiter-* und *Gesellschaftsbezug* hergestellt, wie Abbildung 2.5 zeigt.

Entscheidend für die Kundenzufriedenheit ist die Qualität der Betreuung durch unsere Mitarbeiter. Sie hängt aber sehr stark von der Motivation der Betreffenden ab. Die Mitarbeiter werden motiviert durch die vielfältigen Maßnahmen der Mitarbeiterförderung, durch einen allfälligen Bonus bei einem guten Geschäftsresultat sowie ganz allgemein durch das Image des Unternehmens, das letztlich wiederum von der Kundenzufriedenheit abhängt. In Zeiten des Wertewandels und des erhöhten Umweltbewußtseins stellen sich der Unternehmung immer neue Anforderungen und

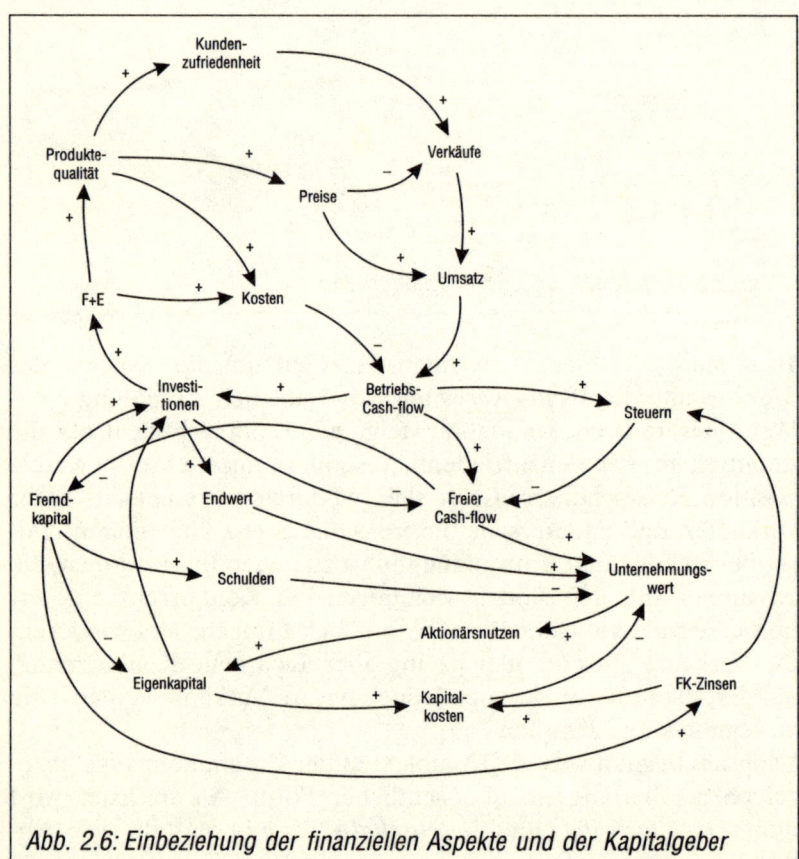

Abb. 2.6: Einbeziehung der finanziellen Aspekte und der Kapitalgeber

auch gesetzliche Regelungen, die einerseits Investitionen hervor-
rufen und andererseits eine erhöhte Produktequalität erfordern.
In einem letzten Schritt sind nun noch *finanzielle Aspekte* der
Unternehmung und die *Kapitalgeber* zu berücksichtigen, wie Abbildung 2.6 zeigt.
Ein höherer Betriebs-Cash-flow führt zu einem höheren frei
verfügbaren Cash-flow, der allerdings durch Investitionen und
die Steuern wieder reduziert wird. Ein steter freier Cash-flow
und ein durch Investitionen steigender Endwert der Unternehmung führen zu einem höheren Unternehmungswert, der Aktio-

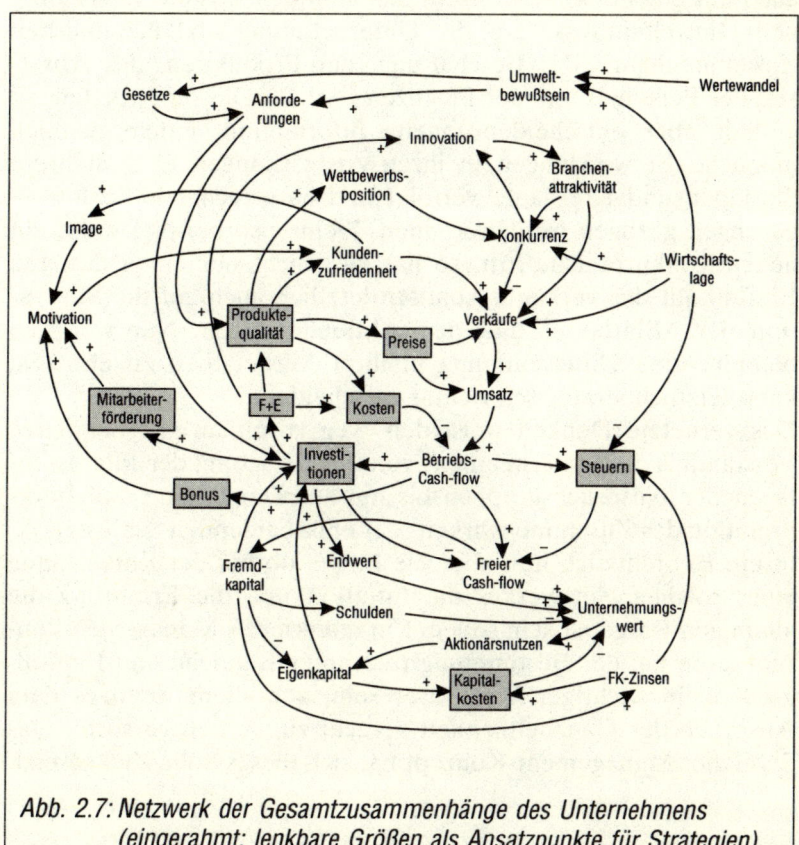

*Abb. 2.7: Netzwerk der Gesamtzusammenhänge des Unternehmens
(eingerahmt: lenkbare Größen als Ansatzpunkte für Strategien)*

närsnutzen schafft und damit den weiteren Zufluß von Eigenkapital fördert. Investitionen andererseits erfordern zusätzliches
Fremdkapital, das zu einer höheren Zinsbelastung führt, die
allerdings wieder die Steuern mindert.

Stellt man nun die obigen Vernetzungen im Zusammenhang dar,
so ergibt sich Abbildung 2.7, in der die lenkbaren Größen – die
Ansatzpunkte für Strategien – eingerahmt sind.

Es mag vielleicht den Anschein erwecken, daß hier eine über-
triebene Kompliziertheit in die Darstellung hineingebracht wird.
Natürlich könnte man die Funktionsweise einer Unternehmung
auch mit einem einfacheren Modell abbilden, das die verschiedenen Umwelteinflüsse auf die Unternehmung und die internen
Zusammenhänge der Beschaffung, der Produktion, des Absat-
zes, des Personals und der Finanzen festhält. Das obige Netzwerk
enthält aber entscheidend mehr Information, indem nämlich
mögliche Entwicklungen in ihren Auswirkungen über mehrere
Stationen und Kreisläufe verfolgt und entsprechende Schlußfolgerungen gezogen werden können. Wenn also beispielsweise ein
neuer Konkurrent auftritt, so hat dies nicht nur einen direkten
Einfluß auf die Verkäufe, sondern letztlich auch auf die Motivation der Mitarbeiter und den Aktionärsnutzen. Nur wer sich
bemüht, eine Unternehmung in ihrer Vernetztheit zu erfassen,
kann letztlich strategisch richtig entscheiden.

Das vernetzte Denken weist den Weg zu einem ganzheitlichen
Verständnis des Unternehmens von der Erfassung der Interessenlagen der Anspruchsgruppen bis hin zur Darstellung und Interpretation des Zusammenwirkens der entscheidenden Schlüsselfaktoren. Es stellt sich nun aber die Frage, ob bei der Entwicklung
eines solchen Netzwerkes die Intuition und die Erfahrung die
alleinigen Ratgeber sein sollen. Ein integriertes Managementkon-
zept kann bei der Bestimmung relevanter Bereiche und Einfluß-
größen ein wichtiger Wegweiser sein, vor allem wenn es dem
Anspruch der Ganzheitlichkeit gerecht zu werden versucht. Das
St. Galler Management-Konzept hat sich dieses hohe Ziel gesetzt.

2.1.2 Integration – Das St. Galler Management-Konzept

Die Koordinaten des St. Galler Management-Konzeptes sind einerseits die Führungsebenen des normativen, strategischen und operativen Managements und andererseits die Integrationsaspekte der Strukturen, der Aktivitäten und des Verhaltens. Überlagert wird dieses Koordinatensystem durch den dynamischen Aspekt der Unternehmensentwicklung. Abbildung 2.8 zeigt das St. Galler Management-Konzept in seinem Gesamtzusammenhang.

Die Bausteine des St. Galler Management-Konzeptes lassen sich am besten entlang der Koordinaten des Bezugsrahmens vorstellen. Dieser wird eingefaßt von der übergeordneten Managementphilosophie mit der entsprechenden Vision sowie der Unternehmensentwicklung als dynamischem Element. Das Konzept unterscheidet die drei Führungsebenen des normativen, strategischen und operativen Managements.

Das *normative Management* beschäftigt sich mit den obersten Zielen des Unternehmens, mit Spielregeln, Normen und Prinzipien, die Voraussetzung für die Lebens- und Entwicklungsfähigkeit des Unternehmens sind. Die Unternehmung soll nicht nur lebensfähig sein und ihre Identität bewahren können, sondern sie muß auch über die Voraussetzungen für ihre eigene Weiterentwicklung verfügen. Dies wird durch eine aus der Vision heraus entwickelte Unternehmenspolitik sichergestellt, die ihrerseits wiederum von der Unternehmensverfassung und der Unternehmenskultur getragen wird. Die *Unternehmenspolitik* konkretisiert die Vision des Unternehmens in Form eines Leitbildes und macht dieses deutlich in Missionen, die das Unternehmen erfüllen will. Die *Unternehmensverfassung* stellt eine formale Rahmenordnung dar, die eine Zielfindung und einen Interessenausgleich zwischen den Um- und Insystemen des Unternehmens in ökonomischer, sozialer und ökologischer Hinsicht ermöglicht. Die *Unternehmenskultur* schließlich ist die weiche Verhaltensdimension, und sie ist geprägt durch Werte, Normen und soziale Traditionen der Mitglieder des Unternehmens. Das normative Management orientiert sich an der Nutzenstiftung für die Anspruchsgruppen. Es definiert

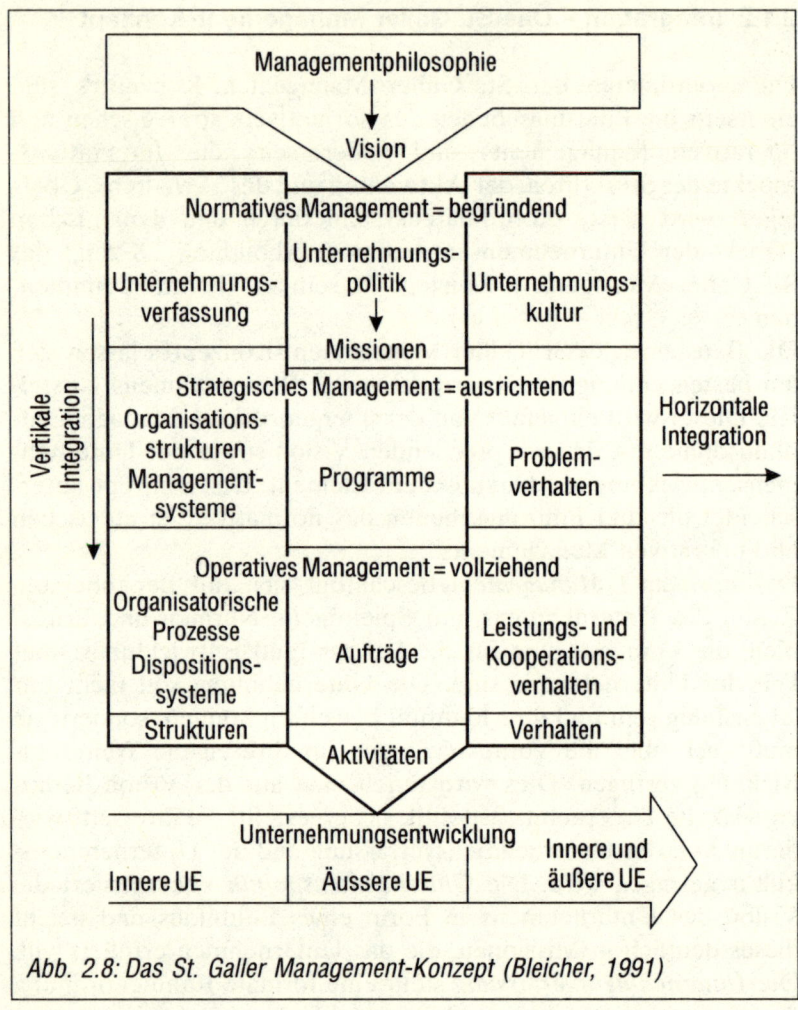

Abb. 2.8: Das St. Galler Management-Konzept (Bleicher, 1991)

die Ziele des Unternehmens im Umfeld von Gesellschaft und Wirtschaft und vermittelt Sinn und Identität nach innen und außen. Das normative Management wirkt also begründend für alle Unternehmensaktivitäten.

Das *strategische Management* hat zum Ziel den Aufbau, die Pflege und die Nutzung von Erfolgspositionen und Nutzenpotentialen, denen Ressourcen zugeteilt werden müssen. Dabei ist die Fähigkeit, neue Potentiale zu identifizieren und zu erschließen, für die Sicherung der zukünftigen Lebensfähigkeit des Unternehmens besonders hervorzuheben. Die strategische Ebene will richtend auf die Aktivitäten des Unternehmens einwirken. Dies geschieht über strategische Programme, Organisationsstrukturen und Managementsysteme sowie das Problemlösungsverhalten der Führungskräfte. Die *strategischen Programme* setzen die Leitlinien der Unternehmenspolitik in Maßnahmenpakete bezüglich des sachlichen und regionalen Leistungsspektrums, der Gestaltung der Wertkette und des Einsatzes der Ressourcen um. Die *Organisationsstrukturen* und *Managementsysteme* bilden den strukturellen Rahmen für die Umsetzung der Strategien. Sie müssen genauso entwicklungsfähig sein, wie die Lernfähigkeit im *Problemverhalten* der Führungskräfte eine entscheidende Voraussetzung dafür ist, daß Strategien überhaupt zum Tragen gebracht werden können. Nur eine Integration dieser drei strategischen Teilbereiche wird es dem Unternehmen ermöglichen, seine Erfolgspositionen und Nutzenpotentiale optimal auszuschöpfen.

Das *operative Management* setzt die normativen und strategischen Vorgaben in leistungs-, finanz- und informationswirtschaftliche Prozesse um. In Übereinstimmung mit den Modulen des strategischen Managements wird hier von *organisatorischen Prozessen* und *Dispositionssystemen,* von *Aufträgen* sowie vom *Leistungs-* und *Kooperationsverhalten* gesprochen. Das operative Management kann somit in seiner Funktion als vollziehend bezeichnet werden.

Die Aspekte der vertikalen Integration wurden bei der Umschreibung der drei Führungsebenen bereits kurz behandelt. Bei den *Strukturen* muß die Unternehmensverfassung durch entsprechende Organisationsstrukturen und Managementsysteme konkretisiert werden, die wiederum in den organisatorischen Prozessen und Dispositionssystemen ihre operative Realisation finden. Bei den *Aktivitäten* ist die Unternehmenspolitik in strategischen Programmen zu verdeutlichen, die dann wiederum in konkrete Aufträge münden. Die Unternehmenskultur schließlich begründet ein gewünschtes *Problemverhalten* der Führungskräfte, das auf operativer Ebene in einem Leistungs- und Kooperationsverhalten zum Ausdruck kommt.

Das Zusammenspiel aller Module des St. Galler Management-Konzeptes im Zeitablauf läßt sich unter dem Begriff der *Unternehmensentwicklung* subsumieren. Das Konzept unterscheidet verschiedene Phasen dieser Entwicklung, vom Pionierunternehmen zum Wachstumsunternehmen, zum Reifeunternehmen und zum Wendeunternehmen (Pümpin/Prange, 1991). In jeder Phase treten andere Konstellationen des Zusammenspiels der Module auf, die bei der Entscheidungsfindung zu berücksichtigen sind.

Der Dschungel der heutigen Managementtheorien und -konzepte ist auch für die interessierte Führungskraft fast undurchdringbar geworden. Das St. Galler Management-Konzept versucht Ordnung in diese Denkansätze zu bringen und eine Symbiose der wichtigsten Ideen zu erreichen. Die Führungskraft soll selber in der Lage sein, ihre Probleme in diesem Bezugsrahmen zu lokalisieren und so Ansatzpunkte für mögliche Lösungen aufgrund der jeweils zur Verfügung stehenden Denkansätze zu erreichen. In der Sprache des vernetzten Denkens ausgedrückt, stellt das St. Galler Management-Konzept die Kategorien und Einflußfaktoren bereit, die bei der Entwicklung eines Netzwerkes unbedingt berücksichtigt werden müssen. Ganzheitliches Denken erfordert also beides, vernetztes Denken und die Anwendung eines integrierenden Bezugsrahmens.

2.1.3 Praxis des ganzheitlichen Denkens –
Das Beispiel des »multilokalen« Managements

Die Führung eines international tätigen Unternehmens ist eine äußerst vielschichtige, komplexe Aufgabe. Dies gilt in ausgeprägtem Maße für jene Unternehmen, die eine multilokale (oder englisch »multi-domestic«) Ausrichtung anstreben. Sie zielen gleichzeitig auf ein differenziertes, lokal angepaßtes Handeln im Markt und eine weltweite Vernetzung der Wertschöpfung bei einem globalen Anspruchsniveau bezüglich Effizienz und Qualität ab. Ein überzeugendes Beispiel einer solchen Orientierung ist die ABB Asea Brown Boveri AG, die den Leitspruch »Denke global, handle lokal« konsequent umsetzt (Barnevik, 1991). Die Matrixorganisation der ABB hat als Dimensionen die Geschäftsbereiche einerseits und die einzelnen Länder andererseits. In diesem Netz verwoben sind rund 1200 lokale Firmen mit insgesamt wiederum 4500 Profitcentern. Die Firmen weisen durchschnittlich 200 Mitarbeiter, die Profitcenter durchschnittlich fünfzig Mitarbeiter auf. Die Firmen und Profitcenter richten sich konsequent auf die lokalen Gegebenheiten aus, die Matrix der Geschäftsbereiche und der Länder indessen stellt die weltweite Koordination sicher.

Um die Zusammenhänge eines multilokalen Unternehmens zu verstehen und Entscheidungen besser fundieren zu können, sind ganzheitliches Denken und Handeln eine wichtige Voraussetzung. Die folgenden Ausführungen sollen einen möglichen Ansatz unter Verwendung des vernetzten Denkens und des St. Galler Management-Konzeptes aufzeigen (für weitere Details vgl. Gomez/Bleicher/Brauchlin/Haller, 1993). Ausgangspunkt der Erfassung des multilokalen Unternehmens ist das St. Galler Management-Konzept oder genauer ein daraus abgeleiteter, unmittelbar praktisch einsetzbarer Bezugsrahmen zur Erfassung des strategischen Merkmalprofils eines multilokalen Unternehmens. Dieses Merkmalprofil liefert die Kategorien zur Diskussion der Führungsproblematik eines multilokalen Unternehmens. Das Netzwerk verknüpft diese zu einem Wirkungsgefüge und ermöglicht das Durchspielen von Entscheidungen und möglichen Störfällen.

Die hier diskutierte Problemstellung ist auf der Ebene des strategischen Managements anzusiedeln. Trotzdem ist sie im Geiste des St. Galler Management-Konzeptes in die größeren Zusammenhänge des normativen und operativen Managements zu stellen. Entscheidend ist aber, daß auf der strategischen Ebene sowohl die Aspekte der strategischen Programme, der Organisationsstrukturen und Managementsysteme sowie des kulturgeprägten Verhaltens berücksichtigt werden. Abbildung 2.9 illustriert diese Zusammenhänge.

Die Charakteristiken eines lokal und eines multilokal ausgerichteten Unternehmens lassen sich im St. Galler Management-Konzept durch Profile darstellen. Auf der übergeordneten *normativen*

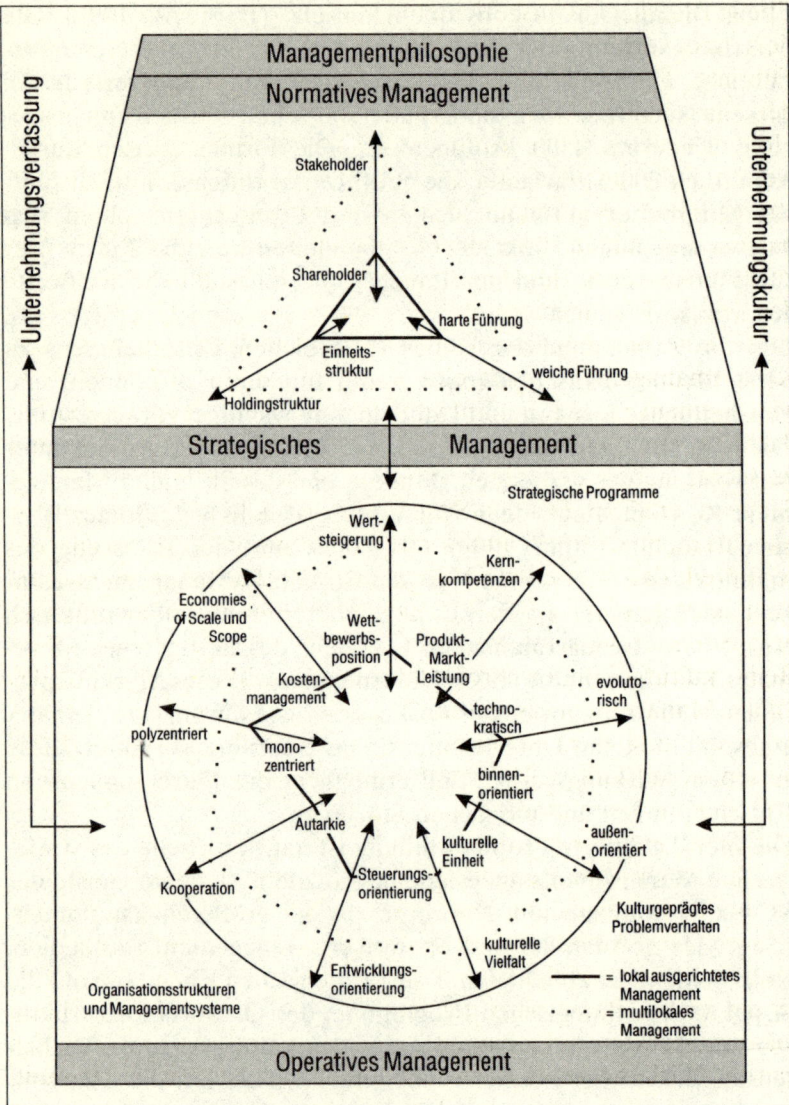

Abb. 2.9: Merkmalprofile des multilokalen Unternehmens im St. Galler Management-Konzept (Gomez/Bleicher/Brauchlin/Haller, 1993)

Ebene ist das lokal ausgerichtete Unternehmen shareholderorientiert und verfügt über eine Einheitsstruktur mit einer straffen Führung. Das multilokale Unternehmen richtet sich eher nach den Stakeholdern aus, gewährt seinen Unternehmen über eine Holdingstruktur große Autonomie und tendiert eher gegen eine weiche Führung. Auf der *strategischen* Ebene ist zwischen den strategischen Programmen, den Organisationsstrukturen und Managementsystemen sowie dem kulturgeprägten Problemverhalten zu unterscheiden. Bei den strategischen Programmen fokussiert das lokale Management die Produkt-Markt-Leistung und versucht, eine bestmögliche Wettbewerbsposition zu erringen. Das Kostenmanagement spielt eine zentrale Rolle. Das multilokale Management ist auf die Entwicklung von Kernkompetenzen bedacht, strebt eine Steigerung des Unternehmenswertes an und versucht, neben den Economies of Scale auch Economies of Scope zu erzielen. Bei den Strukturen ist das lokale Management eher als monozentriert, autark und steuerungsorientiert zu charakterisieren, das multilokale Management ist dagegen polyzentriert ausgerichtet, sucht Kooperationen und sieht in einer Entwicklungsorientierung seine Vorteile.

Beim kulturgeprägten Problemverhalten schließlich agiert das lokale Management als kulturelle Einheit und vor allem binnenorientiert und technokratisch, das multilokale Management indessen ist auf kulturelle Vielfalt bedacht und verhält sich außenorientiert und evolutorisch.

Mit dieser ersten Einordnung des multilokalen Unternehmens in das St. Galler Management-Konzept stehen nun die Aspekte fest, die bei der Entwicklung eines Netzwerkes berücksichtigt werden müssen. Der Aufbau dieses Netzwerkes, das in Abbildung 2.10 festgehalten ist, erfolgt in drei Phasen.

In der ersten Phase wird der Kreislauf der Verankerung in den lokalen Märkten aufgebaut. Er ist der eigentliche »Motor« des ganzen Wirkungsgefüges. Im Mittelpunkt stehen die Erreichung und der Ausbau eines lokalen Wettbewerbsvorteils durch ein flexibles Management und einen optimalen Kundennutzen.

In der zweiten Phase werden, ausgehend von der Vision eines multilokalen Unternehmens, die grundlegenden Bestimmungsfak-

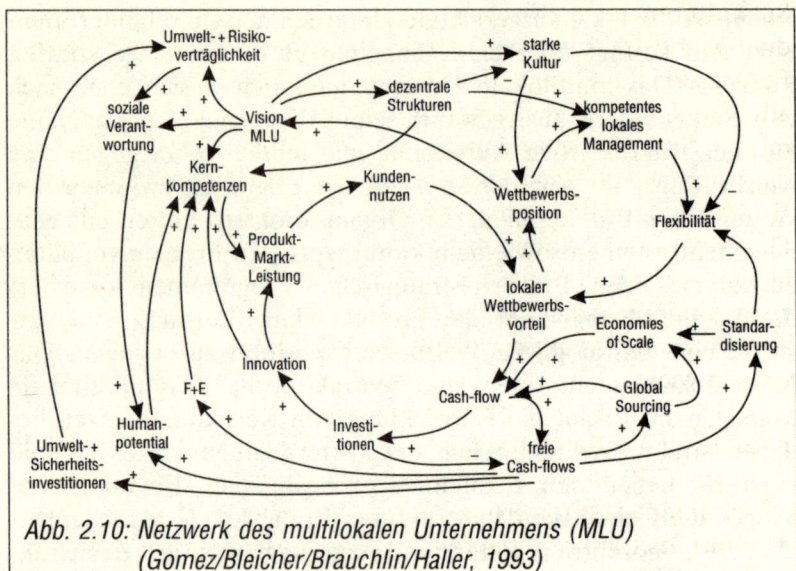

Abb. 2.10: Netzwerk des multilokalen Unternehmens (MLU)
(Gomez/Bleicher/Brauchlin/Haller, 1993)

toren des internationalen Managements eingeführt, wie sie durch
das St. Galler Management-Konzept bereitgestellt wurden. Hier
stehen Faktoren wie strategische Kernkompetenzen, dezentrale
Strukturen und Vielfalt der Unternehmenskultur im Vordergrund.
Aber auch die Umwelt- und Risikoverträglichkeit sowie die soziale Verantwortung sind im Sinne der Interessen der Anspruchsgruppen zu berücksichtigen. Voraussetzung für eine internationale
Tätigkeit sind aber letztlich frei verfügbare Cash-flows aus dem
lokalen Geschäft, die Investitionen in die Forschung und Entwicklung, das Humanpotential sowie die Erreichung von Economies of
Scale erlauben.

In einer dritten Phase wird schließlich den Interaktionen zwischen
lokalem und multilokalem Management durch den entsprechenden Aufbau von Beziehungen im Netzwerk Rechnung getragen.
Dieses ermöglicht es, die vielfältigen Spannungsfelder des multilokalen Unternehmens zu erfassen, so etwa zwischen dem lokalen
Wettbewerb und der Nutzung weltweiter Economies of Scale,
zwischen einer starken Unternehmenskultur und den lokalen

Subkulturen oder zwischen der Verbesserung der lokalen Produkt-Markt-Leistung und dem Aufbau von Kernkompetenzen. Ferner erlaubt es eine Beurteilung der Risikolage, die sich vor allem in der problematischen Wechselbeziehung zwischen Economies of Scale (im Zusammenhang mit Global Sourcing und Standardisierung) und den Diseconomies of Risk (überproportionale Erhöhung der Verwundbarkeit des Gesamtsystems) äußert.

Das Netzwerk in Abbildung 2.10 vermittelt – allerdings auf einem hohen Aggregationsniveau – eine ganzheitliche Sicht der Führungszusammenhänge eines multilokalen Unternehmens. Es ist aber auch der Ausgangspunkt des Durchspielens strategischer Fragen wie:

- Welchen Einfluß hätte ein gravierender Umweltstörfall auf die freien Cash-flows und damit auf die gesamten Möglichkeiten der Internationalisierung des Unternehmens?
- Führt nicht das forcierte Wachstum der Kernkompetenzen längerfristig zu ihrer eigenen Schwächung, indem es eine zunehmend zentralistischere Ressourcensteuerung erfordert und damit die dezentralen Strukturen schwächt, die maßgeblich für den Aufbau und den Unterhalt der Kernkompetenzen verantwortlich sind?

Das Beispiel des multilokalen Unternehmens hat gezeigt, wie ein ganzheitliches Unternehmensverständnis hergestellt werden kann. Natürlich wird auch eine solche Modellierung nicht alle Facetten unternehmerischer Aktivitäten erfassen. Doch entscheidend ist meines Erachtens ihre Operationalität. Der Großteil sogenannt »ganzheitlicher« Unternehmenskonzeptionen ist verschwommen und auf einem so hohen Abstraktionsniveau angesiedelt, daß eine unmittelbare praktische Anwendung nicht möglich ist. Mit den oben vorgestellten Instrumenten lassen sich Unternehmen ganzheitlich erfassen, ohne daß es dazu irgendwelcher Spezialisten oder »Übersetzer« hochabstrakter Denkansätze bedarf. Mit diesem Instrument kann somit die erste Voraussetzung einer ganzheitlichen strategischen Führung erfüllt werden, nämlich daß das Unternehmen in seiner Ganzheit verstanden wird. Die nächste

Voraussetzung betrifft die Differenzierung verschiedener Arten von Strategien im Unternehmen, um eine klare und effektive Ausrichtung des Unternehmens und seiner Teile zu erreichen.

2.2 Geschäftsstrategien – Unternehmensstrategien – Eignerstrategien

Die im ersten Kapitel vorgestellten Stationen der Entwicklung des strategischen Denkens haben gezeigt, daß bis vor kurzem die Hervorbringung von Geschäftsstrategien im Mittelpunkt der langfristigen Ausrichtung der Unternehmen stand. Damit einher ging die Ansicht, daß die Summe aller Geschäftsstrategien – also ein optimiertes Portfolio von strategischen Geschäftseinheiten – eine Unternehmensstrategie konstituieren würde. Nun ist aber bekanntlich das Ganze mehr als die Summe seiner Teile oder, präziser ausgedrückt, etwas anderes als die Summe seiner Teile. Denn das Unternehmen verfügt neben dem Marktpotential über eine Vielzahl weiterer Potentiale, die durch die Geschäftsstrategien nicht bewußt ausgeschöpft werden. Diese Potentiale betreffen auch den Bereich, der stets die Domäne des Finanzchefs des Unternehmens war und nicht im engeren Sinne als »strategisch« angesehen wurde.

Mit dieser Entwicklung hin zu einer integrativen Unternehmenssicht stellte sich auch die Frage nach dem Maßstab unternehmerischen Erfolges. Waren dies im Zusammenhang mit den Geschäftsstrategien die erzielten Wettbewerbsvorteile, so ist diese Größe für das Unternehmen als Ganzes wenig aussagekräftig. Im Zusammenhang mit der Shareholder-Value- oder Aktionärsnutzen-Diskussion trat ein neuer Indikator auf den Plan, nämlich die Steigerung des Unternehmenswertes, ausgedrückt in künftig erzielbaren, frei verfügbaren Cash-flows. Damit waren die Bausteine für ein neues Strategieverständnis gegeben, das in Abbildung 2.11 bildlich dargestellt ist.

Eine weitere Differenzierung dieses Bildes bringt die Einführung der Eignerstrategie. Sie deckt jene strategischen Möglichkeiten ab, die nur dem Eigner, nicht aber dem Management des Unter-

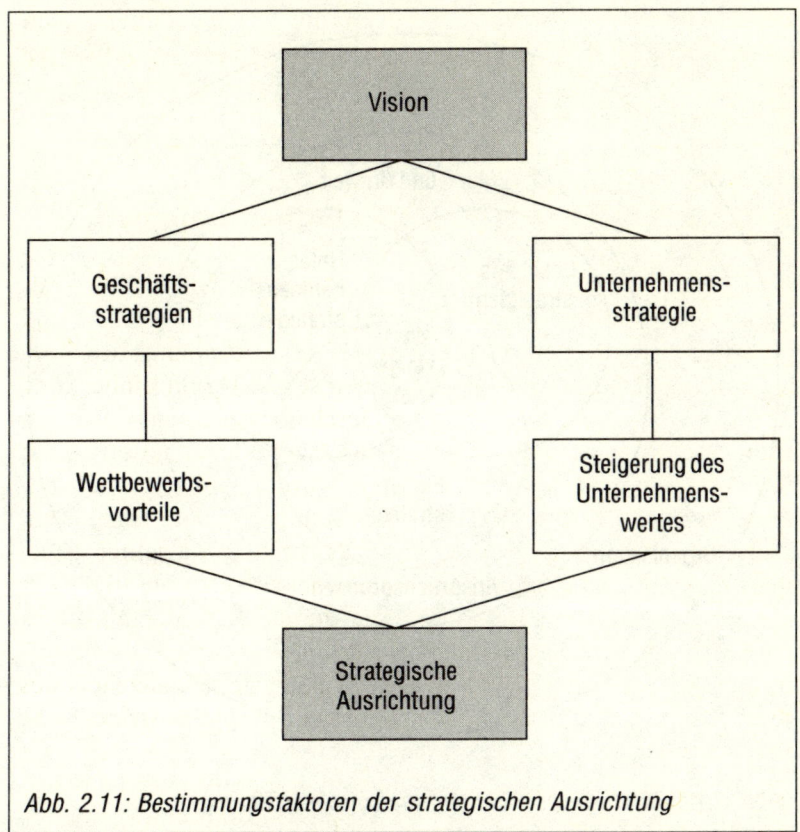

Abb. 2.11: Bestimmungsfaktoren der strategischen Ausrichtung

nehmens offenstehen. Dieses muß sich allerdings über solche Handlungsoptionen ebenfalls Rechenschaft geben, will es nicht überrascht werden oder, positiv ausgedrückt, will es alle Möglichkeiten zur Steigerung des Unternehmenswertes ausschöpfen, indem es den Eigner auf seine Möglichkeiten hinweist.

Ein ganzheitliches, aber differenziertes Strategieverständnis muß dieser Unterscheidung von Geschäfts-, Unternehmens- und Eignerstrategien Rechnung tragen. Es muß diese Strategien aber gleichzeitig in den größeren Kontext von Vision, Organisation und Kultur des in seine Umwelt eingebetteten Unternehmens stellen. Diese Zusammenhänge sind in Abbildung 2.12 darge-

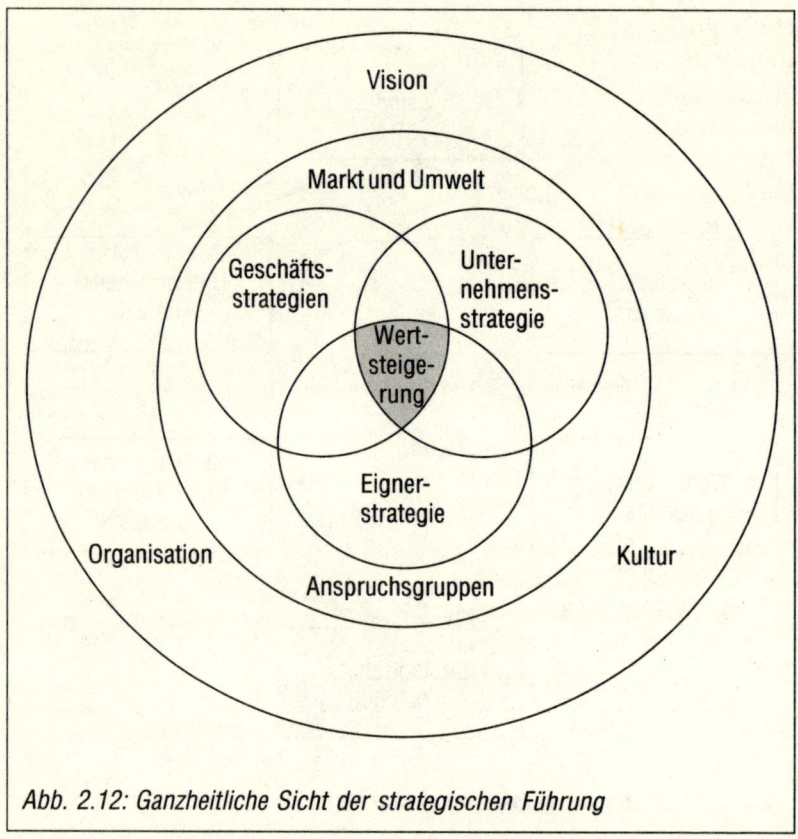

Abb. 2.12: Ganzheitliche Sicht der strategischen Führung

stellt, wobei die Wertsteigerung für alle Anspruchsgruppen den Maßstab des Erfolges der strategischen Führung darstellt.

2.2.1 Geschäftsstrategien zur Erzielung von Wettbewerbsvorteilen

Das Instrumentarium zur Entwicklung von Geschäftsstrategien ist äußerst vielfältig, wie bekannte Stichworte zeigen: Produkt-Markt-Matrix, strategische Geschäftseinheiten, Portfolio-Planung, strategische Erfolgspositionen, Wettbewerbsstrategie. Wie diese Instrumente systematisch eingesetzt werden können, soll im

nächsten Kapitel im Rahmen der Entwicklung der Strategiemethodik des Wertmanagements gezeigt werden. Hier soll vor allem
ein grundlegendes Verständnis für diese strategischen Zusammenhänge geschaffen werden, wobei die Illustration durch praktische
Beispiele eine wichtige Rolle spielt.
Das klassische absatzmarktbezogene Strategieinstrument ist die
von Ansoff entwickelte *Produkt-Markt-Matrix*. Aus der Sicht
dieser Matrix ergeben sich, wie in Abbildung 2.13 gezeigt, vier
mögliche strategische Stoßrichtungen.

	Gegenwärtige Produkte	Neue Produkte

Gegen-
wärtige
Märkte
	• Marktdurchdringung
	  – Intensivierung der
	    Marktbearbeitung
	  – Relaunch
	  – Imitation
	  – Kosten- und
	    Preissenkung
	  – Unbundling
		• Produktentwicklung
		  – Neuprodukte
		  – Neue Produktlinien

Neue
Märkte
	• Marktentwicklung
	  – Marktausweitung
	  – Neue Abnehmer-
	    schichten
	  – Neue Distributions-
	    kanäle
	  – Neue Verwendungs-
	    zwecke
	  – Neue Dienstleistun-
	    gen
	  – Problem- und
	    Systemlösungen
		• Diversifikation

Abb. 2.13: Strategische Stoßrichtungen der Produkt-Markt-Matrix
(Ansoff, 1965)

Einige Beispiele sollen diese strategischen Möglichkeiten veranschaulichen. Bei der *Marktdurchdringung* seien der Relaunch und das Unbundling genannt. Ein gutes Beispiel für einen gelungenen Relaunch ist das Fahrrad. In seiner heutigen Form existiert es bereits seit langer Zeit, und die Absatzzahlen waren in den ersten Jahrzehnten dieses Jahrhunderts unvergleichbar höher als in den sechziger, siebziger oder achtziger Jahren. In den letzten Jahren hat das Fahrrad aber im Gefolge des neuen Umwelt- und Körperbewußtseins einen ungeahnten Aufschwung genommen. Einen wesentlichen Anteil daran hatten die neuen Versionen des Mountain- und Citybikes mit ihren ausgeklügelten Schaltungen und verschiedenen Zubehören. Als Beispiel für das Unbundling ist das Automobil zu nennen, das früher als »Gesamtlösung« ab Stange gekauft wurde. Heute setzt sich der Käufer bei der Bestellung das Automobil selber zusammen, indem er bei jedem Zubehör zwischen unterschiedlichen Angeboten auswählen kann. So besteht beispielsweise für Autoradios ein eigener Markt mit einem breit differenzierten Angebot.

Bei der *Marktentwicklung* seien die neuen Distributionskanäle sowie die Problem- und Systemlösungen kurz gestreift. So werden heute teure Luxusartikel über den Versandhandel angeboten, was früher – Stichwort fachgerechte Beratung – undenkbar schien. Und die neuen Do-it-yourself-Märkte ermöglichen dem Heimwerker Leistungen, für die ehedem ein guter Handwerker notwendig war. Für Problem- und Systemlösungen ist die Computerbranche ein gutes Beispiel. War IBM als Anbieter von Hard- und Software groß geworden, so richtet sie sich heute angesichts der zunehmenden Konkurrenz und des Preiszerfalls auf Gesamtlösungen wie Personalinformationssysteme, Produktionsplanungs- und Steuerungssysteme usw. aus, bei denen die Beratung und Konzipierung gleichberechtigt neben die Hard- und Software treten.

Produktentwicklung und *Diversifikation* sind weitgehend selbsterklärend. Auf letztere wird im Zusammenhang mit der Unternehmensstrategie in Abschnitt 3.5.3 eingegangen, haben sich doch hier in der Zwischenzeit eine Vielzahl neuer Erkenntnisse ergeben.

Die Produkt-Markt-Matrix ist ein in der Unternehmenspraxis

immer noch sehr beliebtes Instrument zur Entwicklung absatzmarktbezogener Strategien. Für die Entwicklung von Geschäftsstrategien reicht sie jedoch allein nicht aus, vor allem weil sie keine Anhaltspunkte zur Abgrenzung von Geschäften gibt und zuwenig Gewicht auf die Analyse des Marktes und der Wettbewerbssituation legt.

Als erste zielten die Konzepte der *strategischen Geschäftseinheiten (SGE)* und der *Portfolio-Planung* in diese Richtung. Es ist eher selten, daß ein Unternehmen nur auf einem Gebiet oder in einem einzigen Markt tätig ist. Vielmehr verfügen Unternehmen normalerweise über verschiedene Geschäfte, die ganz unterschiedlicher Art sein können. Ausgangspunkt einer Planung dieser Geschäfte ist deshalb ihre Identifikation und Abgrenzung. Zu diesem Zweck werden strategische Geschäftseinheiten oder abgekürzt SGE gebildet. Eine SGE steht für eine Produkt-Markt-Kombination, die von anderen Kombinationen des gleichen Unternehmens klar unterscheidbar ist. Eine SGE

- verkauft eine bestimmte Gruppe von Produkten oder Dienstleistungen,
- dient einer speziellen Kundengruppe und
- hat eine gut definierte Gruppe von Mitwettbewerbern.

Hauptsächliche Abgrenzungskriterien sind also eine eigenständige Marktaufgabe und identifizierbare Wettbewerber. Die Einheit soll möglichst wenige Kombinationen von Abnehmergruppen, Abnehmerfunktionen und Technologien umfassen sowie möglichst wenige Überschneidungen mit anderen Einheiten aufweisen. Im Prinzip sollte eine SGE als selbständiges Unternehmen existieren können.

Die gedankliche Unterscheidung der SGEs erfolgt zum Zweck einer produkt- und marktspezifischen Führung und stimmt nur selten mit der organisatorischen Untergliederung des Unternehmens in Abteilungen und Bereiche überein. Dies auch dann, wenn die Organisationsstruktur Sparten oder Divisionen unterscheidet. Im Großunternehmen umfaßt eine Division meist mehrere SGEs, die sich untereinander erheblich unterscheiden können.

Auf das Vorgehen bei der Abgrenzung von SGEs wird in Abschnitt 3.1 detailliert eingegangen, doch seien hier einige Beispiele angeführt. So grenzt die Gurit Heberlein, ein Schweizer Industrieunternehmen mit rund 400 Millionen sFr. Umsatz, folgende SGEs ab:

- Glas-Metall-Klebedichtungssysteme für die Autoindustrie,
- technische Werkstoffe (Skibeläge, optische Folien),
- Medizinal-Dental-Bereich (Wurzelkanal- und Verankerungsstifte, Druckmeß- und Kathetersysteme),
- Fasertechnologie (Düsen- und Komponentensysteme),
- textile Aktivitäten.

Ein weiteres Beispiel ist die Basler Haefely-Gruppe, die mit 700 Mitarbeitern einen Umsatz von rund 120 Millionen sFr. erwirtschaftet. Haefely grenzt zwei strategische Geschäftseinheiten ab:

- Netzkomponenten (Meßwandler, Trägerfrequenzgeräte, Luftdrosseln, Netzfilter, Steuerkondensatoren),

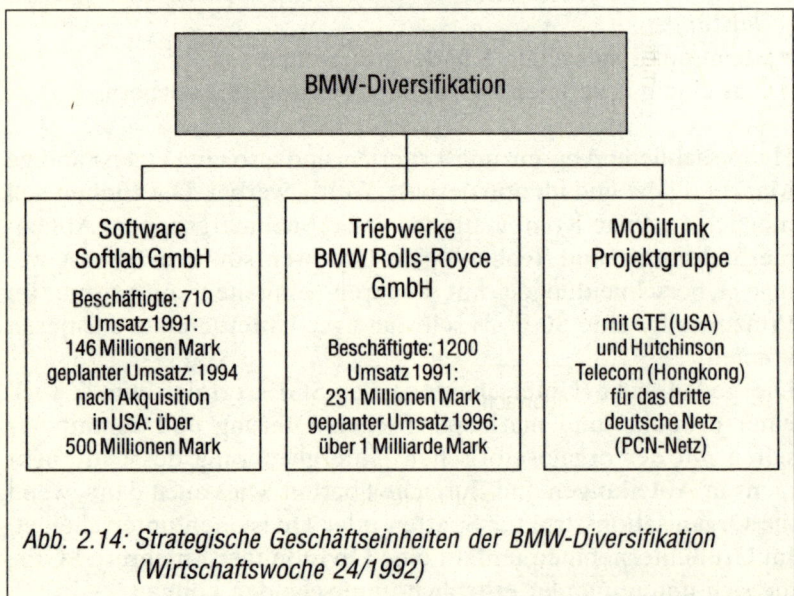

Abb. 2.14: Strategische Geschäftseinheiten der BMW-Diversifikation
(Wirtschaftswoche 24/1992)

- Prüfsysteme (Hochspannungsprüfsysteme, Prüfgeräte für Elektronik, Luft- und Raumfahrt).

Als drittes Beispiel sei die Diversifikation von BMW angeführt, die sich, wie in Abbildung 2.14 gezeigt, in drei SGEs gliedert. Nach der Identifikation und Abgrenzung strategischer Geschäftseinheiten geht es nun darum, diese im Wettbewerb optimal zu positionieren. Zu diesem Zweck wird jede SGE bezüglich Chancen und Gefahren sowie Stärken und Schwächen analysiert und anschließend in einer Matrix mit den Koordinaten Marktattrakti-

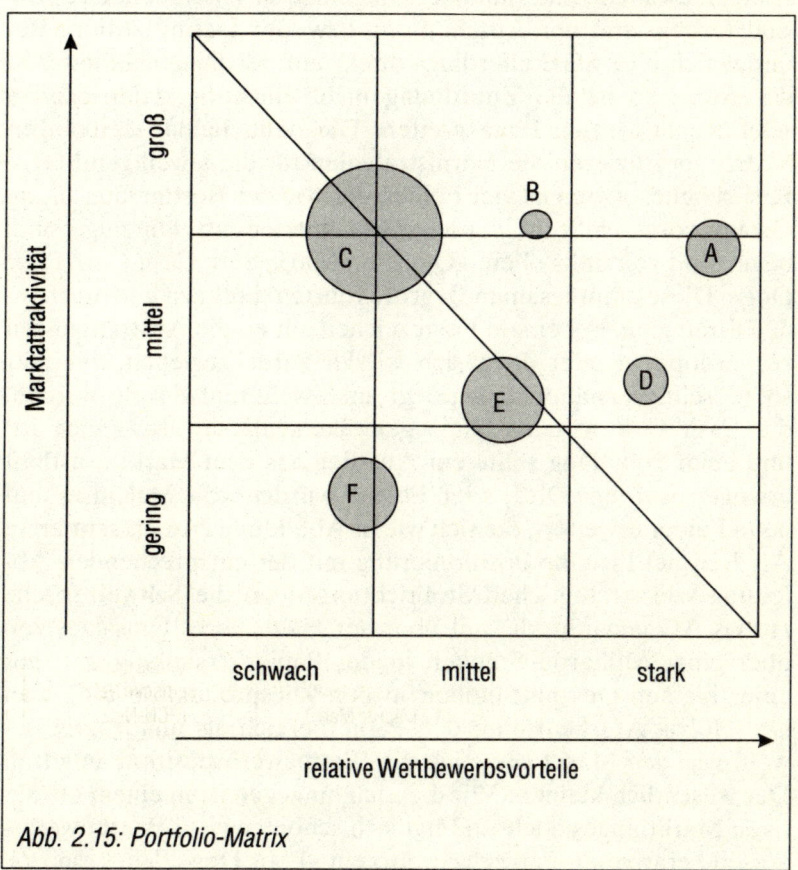

Abb. 2.15: Portfolio-Matrix

vität und relative Wettbewerbsvorteile positioniert. Abbildung 2.15 zeigt beispielhaft eine solche Positionierung. Die Größe der Kreise symbolisiert die Bedeutung des Geschäfts, ausgedrückt in Umsatz, Cash-flows oder Gewinn.

In einem nächsten Schritt geht es nun darum, die sich aus der Positionierung der einzelnen SGEs ergebende strategische Stoßrichtung abzuleiten. Eine wesentliche Rolle spielt dabei das in der Abbildung 2.15 eingezeichnete Koordinatennetz mit der Diagonale. Alle Aktivitäten, die sich oberhalb der Diagonale befinden, sind förderungswürdig; hier setzen Investitions- und Wachstumsstrategien an. Die unterhalb der Diagonale sich befindenden SGEs sind Gegenstand der Abschöpfung bzw. der Desinvestition. Befindet sich eine SGE allerdings direkt auf der Diagonale oder in der Nähe, so ist die Zuordnung nicht eindeutig. Hier müssen selektive Strategien Platz greifen. Die neun Felder der obigen Matrix spezifizieren die Normstrategien für die jeweiligen SGEs. Ursprünglich waren es vier Felder, die von der Boston Consulting Group vorgeschlagen wurden. Sie lauteten im Uhrzeigersinn, beginnend von links oben: »Question Mark, Star, Cash Cow, Poor Dog«. Diese einprägsamen Begriffe führten direkt zu entsprechenden Strategien. Bei einem Fragezeichen gilt es, die Anstrengungen zu verdoppeln oder dann sich wieder zurückzuziehen, der Star sollte selbstverständlich gepflegt und weiterentwickelt werden, die Cash Cow wird so lange gemolken, als sie ertragreich ist, und beim Poor Dog sollte ein Ausstieg aus dem Markt ernsthaft erwogen werden. Diese vier Felder wurden von McKinsey auf neun Felder erweitert, die sich wie in Abbildung 2.16 präsentieren. Als Beispiel für eine Positionierung mit der entsprechenden Ableitung von strategischen Stoßrichtungen sei die Schweizerische Holvis AG genannt, die mit über der Hälfte ihres Umsatzes von über einer Milliarde Franken in der Papierherstellung und mit einer kleinen Geschäftseinheit in der Vliesproduktion tätig war. Die Holvis AG beurteilte den Papierbereich als unattraktiv, sowohl was den Markt wie auch die Wettbewerbsposition anbetraf. Der wesentlich kleinere Vliesbereich hingegen ist in einem attraktiven Markt angesiedelt und hat sich schon gewisse Wettbewerbsvorteile erarbeitet. Papier war also ein »Poor Dog«, Vlies ein »?«.

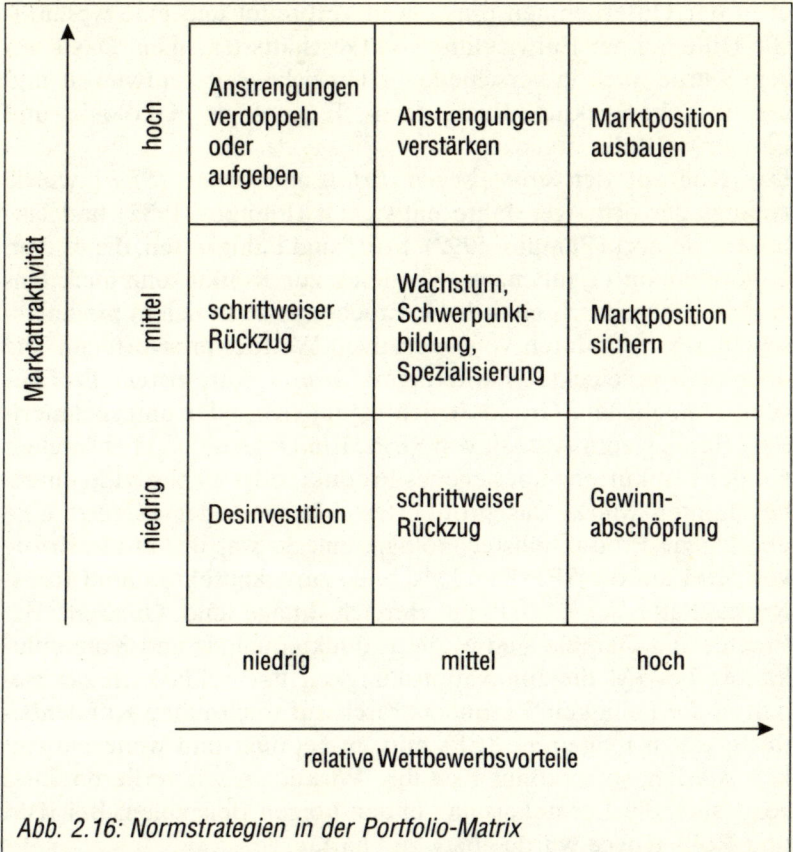

Abb. 2.16: Normstrategien in der Portfolio-Matrix

Die Schlußfolgerung aus dieser Positionierung war, den Papierbereich zu desinvestieren und in den Vliesbereich zu investieren. Diese Strategie wurde auch konsequent umgesetzt, indem die Papierherstellung gänzlich abgestoßen und eine bedeutende Vliesfabrikation in den USA akquiriert wurde. Das Unternehmen hat zwar heute gesamthaft gesehen weniger Umsatz, aber aus Sicht der Ertragslage erwies sich die eingeschlagene Strategie als goldrichtig.

Obwohl der Portfolio-Ansatz die in ihn gesetzten Erwartungen, wie im ersten Kapitel gezeigt, nicht voll zu erfüllen vermochte, ist er in der Unternehmenspraxis weit verbreitet und eine wesentliche Hilfe bei der Entwicklung von Geschäftsstrategien. Das Konzept wurde auch in verschiedener Hinsicht weiterentwickelt und um ein Lebenszyklus-, Ressourcen-, Technologie-, Ökologie- und Länder-Portfolio ergänzt.

Das Konzept der *strategischen Erfolgspositionen (SEP)* wurde anfangs der achtziger Jahre entwickelt (Pümpin, 1982) und laufend verfeinert (Pümpin, 1992). SEPs sind Fähigkeiten, die es dem Unternehmen erlauben, im Vergleich zur Konkurrenz auch längerfristig überdurchschnittliche Ergebnisse zu erzielen. Sie unterscheiden sich dadurch von operativen Wettbewerbsvorteilen, die über eine geschickte Marketingtaktik eine kurzfristige Profilierung ermöglichen. Grundsätzlich eignet sich jeder unternehmerische Bereich zum Aufbau von SEPs. Ein Unternehmen entwickelt ein der Konkurrenz überlegenes Produkt, oder es besitzt in einem bestimmten Markt das profilierteste Image, oder es setzt eine überlegene Produktionstechnologie ein. So war der große Erfolg von IBM auf die SEP Kundenservice zurückzuführen, und Rolls-Royce hatte seine SEP im Bereich Image und Qualität. Bei Procter and Gamble sind es die Produktequalität und Kommunikation, bei 3M die Innovationsfähigkeit und schließlich bei Benetton die Fähigkeit, besonders rasch auf wechselnde Kundenbedürfnisse zu reagieren. SEPs müssen gepflegt und weiterentwickelt werden, sonst können sie ihre Wirkung rasch verlieren. Dies zeigt auch die Formulierung bei den obigen Beispielen: Bei IBM und Rolls-Royce wurde »hat« zu »hatte«.

Bei der Festlegung der SEPs sollte sich das Unternehmen auf relativ wenige beschränken. Im folgenden seien einige wesentliche Ansatzpunkte angeführt (Pümpin/Geilinger, 1988).

Bereich der Produkte und Dienstleistungen:

- Fähigkeit, Kundenbedürfnisse rascher und besser als die Konkurrenz zu erkennen und damit die Sortimente beziehungsweise Produkte und Dienstleistungen schneller den Marktbedürfnissen anpassen zu können.
- Fähigkeit, eine hervorragende Kundenberatung und einen überlegenen Kundenservice zu bieten.

- Fähigkeit, einen bestimmten Werkstoff (zum Beispiel Aluminium) in der Herstellung und der Anwendung besser zu kennen und zu beherrschen.

Bereich Markt:

- Fähigkeit, einen bestimmten Markt beziehungsweise eine bestimmte Abnehmergruppe gezielter und wirkungsvoller als die Konkurrenz zu bearbeiten.
- Fähigkeit, in einem Markt ein überlegenes Image (zum Beispiel Qualität) aufzubauen und zu halten.

Bereich der Unternehmungsfunktionen:

- Fähigkeit, bestimmte Distributionskanäle am besten zu besetzen (zum Beispiel Direktvertrieb).
- Fähigkeit, durch laufende Innovationen schneller als die Konkurrenz neue, überlegene Produkte auf den Markt zu bringen.
- Fähigkeit, überlegene Beschaffungsquellen zu erschließen und zu sichern.
- Fähigkeit, effizienter und kostengünstiger als die Konkurrenz zu produzieren.
- Fähigkeit, die bestqualifizierten Mitarbeiter zu rekrutieren und zu halten.

Waren die strategischen Erfolgspositionen in ihrer ursprünglichen Konzeption vorwiegend auf den Markt ausgerichtet, so orientieren sie sich in ihrer jüngsten Entwicklung an den Nutzenpotentialen eines Unternehmens. Marktbezogene SEP sind die Qualität der Swissair oder das Image von Perrier. Eine SEP kann aber auch die Fähigkeit zu Restrukturierungen sein, wie sie beispielsweise die schwedische Elektrolux mit großem Erfolg realisiert. Oder die SEP ist auf das Kostensenkungspotential ausgerichtet, wie beispielsweise beim deutschen Einzelhändler Aldi, der mit einer konsequenten Kostenbewirtschaftung die Konkurrenz aussticht.
Das Stichwort der Kostenführerschaft leitet zur letzten hier vorzustellenden Konzeption der Entwicklung von Geschäftsstrate-

gien über, zur *Wettbewerbsstrategie* (Porter, 1980, 1985). Gemäß diesem Ansatz gibt es drei Stoßrichtungen von Geschäftsstrategien: Kostenführerschaft, Differenzierung oder Leistungsführerschaft, Konzentration auf eine Marktnische. Die Strategie der Kostenführerschaft strebt die Erzielung von Produktions- und Gemeinkostenvorteilen gegenüber der Konkurrenz an, um so durch tiefe Preise Marktanteile gewinnen zu können. Bei der Differenzierungsstrategie versucht das Unternehmen, die eigenen Produkte und Dienstleistungen gegenüber der Konkurrenz gezielt abzuheben durch Innovation und Service. Bei der Strategie der Konzentration auf eine Marktnische werden konsequent bestimmte Teilmärkte, Kundengruppen, Technologien und Regionen anvisiert. Diese Zusammenhänge sind in Abbildung 2.17 festgehalten.

Neben diesen drei »generischen« Strategien gibt es noch eine vierte, die allerdings eher selten zu beobachten ist: die Schaffung neuer Regeln im Markt, indem ein neues »Spiel« aufgezogen wird

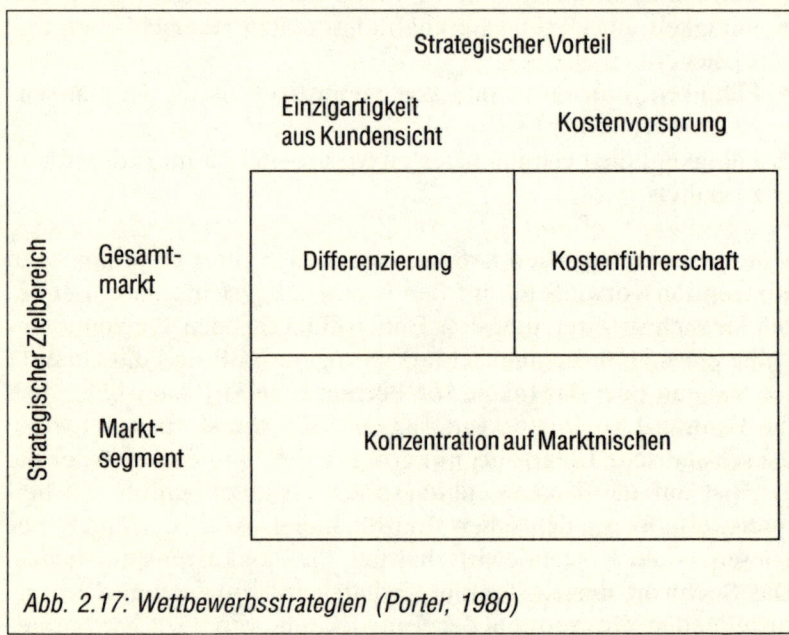

Abb. 2.17: Wettbewerbsstrategien (Porter, 1980)

und die heutigen Markt- und Branchenregeln bewußt verletzt und neu gestaltet werden.

Bei der Entwicklung der Wettbewerbsstrategien ist es entscheidend, daß man sich auf eine festlegt und diese konsequent realisiert. Der größte Fehler besteht darin, von allem ein bißchen zu versuchen. Man ist dann weder Fisch noch Vogel, kurz, man hat keine eigentliche Strategie.

Als gutes Beispiel für eine Strategie der *Kostenführerschaft* sei hier noch einmal Aldi erwähnt. Die tiefen Kosten und die damit konkurrenzlos günstigen Preise werden durch den schnellsten Warenumschlag im gesamten deutschen Einzelhandel (durchschnittlich acht Tage), einen äußerst geringen Personalkostenanteil (3 bis 5 Prozent des Umsatzes) und ein konsequentes Controlling erreicht. Die neue Blüte der Schweizer Uhrenindustrie ist vor allem auch das Resultat einer konsequenten Kostenstrategie – und nicht nur eine Folge der Marketingstrategie von Swatch. Die SMH konnte durch eine Reduktion der Fertigungstiefe, die Straffung des Sortiments und durch rationellere Produktionsverfahren rasch Boden gegenüber der Konkurrenz gutmachen und die bereits verloren geglaubte führende Weltmarktstellung wieder zurückerobern. Daß auch im Hochlohnland Schweiz kostengünstig produziert werden kann, zeigt die Asea Brown Bovery, die in Oerlikon bei Zürich mit Hilfe neuer Fertigungstechniken eine Lokomotiven-Montage erbaute.

Eine Strategie der *Differenzierung* oder *Leistungsführerschaft* hat in der Schweiz der Firma Zweifel die eindeutige Marktleaderposition auf dem Gebiet der Chips- und Snackfabrikation gebracht. Die Differenzierung besteht nicht darin, daß bessere oder andere Chips produziert werden. Vielmehr ist das Direktvertriebssystem mit einer ganzen Flotte von Fahrzeugen so ausgebaut, daß die in der Werbung hervorgehobene Frische der Produkte kein leeres Versprechen bleibt. Ein anderes Beispiel ist die Ricola AG, die Kräuterbonbons herstellt. Das Unternehmen produziert wenige, aber qualitativ hochstehende Produkte in großen Mengen, wobei der Exportanteil 80 Prozent beträgt. Im Ausland wird vor allem der Bezug zur Schweiz und zu Blumenwiesen hergestellt. Diese Strategie erlaubt dem Unternehmen (im Vergleich zur Konkurrenz) eine Hochpreispolitik, die zur hervorragenden Ertragslage entscheidend beiträgt. Weiter sei hier die American Express Card erwähnt, die sich innerhalb des Kreditkartenmarktes als exklusives und leistungsstarkes Produkt plaziert hat. Dazu tragen Imagekampagnen sowie Zusatzangebote (wie beispielsweise der »Shop-Guarant«) bei. Dies erlaubt – obwohl heute nicht mehr überall akzeptiert –, vom Einzelhandel Provisionen bis zu 6 Prozent (4 Prozent bei Visa oder MasterCard) für Kartenumsätze zu verlangen und auch gegenüber dem Kunden mit deutlich höheren Preisen aufzutreten.

Als Beispiel für die Konzentration auf eine *Marktnische* sei die Tetra-Gruppe aus Melle in Deutschland genannt, die sich auf Futter für tropische Zierfische spezialisiert hat. Die konsequente Fokussierung hat dazu geführt, daß die 1950 gegründete Firma heute einen Marktanteil von über 80 Prozent besitzt. In der Schweiz hat sich die Eichhof-Gruppe, ursprünglich eine mittelgroße Bierbrauerei, frühzeitig strategisch auf profilierbare und höherwertige Spezialsortimente im Getränkebereich und auf zukunfts- und ertragsträchtige Spezialsortimente durch Diversifikation in den Weißwarenbereich ausgerichtet. Der Erfolg dieser Nischenstrategie läßt sich an der positiven Entwicklung des Unternehmens in den letzten Jahren deutlich ablesen.

Das Instrumentarium zur Entwicklung von Geschäftsstrategien ist weit entwickelt und auch praktisch erprobt. Es reicht aber nicht aus, um ein Unternehmen erfolgreich in die Zukunft zu führen. Komplementär dazu muß eine umfassende Unternehmensstrategie bereitgestellt werden.

2.2.2 Unternehmensstrategien zur Wertsteigerung

Auch für Unternehmensstrategien lassen sich Schlüsselbegriffe finden, allerdings sind sie Führungskräften bei weitem weniger geläufig, denn dieses Gebiet wird erst seit einigen Jahren bearbeitet. Solche neueren Begriffe wären Nutzenpotentiale, Kernkompetenzen und Wertmanagement. In den Kontext der Unternehmensstrategie gehören aber auch die Gebiete der Diversifikation, der Desinvestitionen, der Kooperation, der Restrukturierung und der Finanzierung. Gerade letztere zeigen den Trend zu einem Zusammenwachsen von strategischer und finanzieller Führung an. Als Voraussetzung dafür muß aber zuerst ein gemeinsamer Bezugsrahmen gefunden werden, der sich wiederum aus der ersten Gruppe von Konzepten ableiten läßt.

Nutzenpotentiale sind in der Umwelt, im Markt oder im Unternehmen selbst latent oder effektiv vorhandene Konstellationen, deren Erschließung dem Unternehmen neue Möglichkeiten eröffnen. Wie Abbildung 2.18 zeigt, lassen sich interne und externe Nutzenpotentiale eines Unternehmens unterscheiden.

Einige Beispiele sollen die Ausschöpfung solcher Nutzenpotentiale illustrieren. Benetton setzt gleich zwei Potentiale sehr geschickt ein, nämlich das Informatikpotential und das externe Humanpotential. Mit einem integrierten Computersystem kann das Unternehmen auf kurzfristige Änderungen in den Markttrends sofort und schneller als die Konkurrenz reagieren, und durch ein weltweites Netz von Verkaufsstellen auf der Basis des Franchising verfügt es über eine große Zahl von sehr motivierten Kleinunternehmern. Die in der Schweiz in ihren Segmenten führenden Firmen Forbo (Bodenbeläge) und Merkur (Einzelhandel) haben sich systematisch auf Übernahmen spezialisiert und sind dadurch auf ihren Gebieten zu Marktleadern geworden. In Deutschland versucht die Linde AG, in allen Sparten (Fördertechnik, Kältetechnik, technische Gase, Anlagenbau) durch Zukäufe zu einem international führenden Unternehmen zu werden. Bei Gabelstaplern haben sie dieses Ziel durch Übernahmen, zum Beispiel Fenwick in Frankreich und Lancing in Großbritannien, bereits erreicht. Die Swissair setzt bei ihrer Unternehmensstrategie vor allem auf Kooperationen mit ausländischen Fluggesellschaften, da sie darin die einzige Möglichkeit sieht, um in einem deregulierten Umfeld und in einer von starker Konzentration geprägten Marktsituation überleben zu können. Der Schweizer Maschinenkonzern Sulzer hat seine Informatikabteilung rechtlich verselbständigt und stellt sein Know-how auf diesem Gebiet nicht nur dem eigenen Unternehmen, sondern auch Dritten zur Verfügung. Er nutzt daher das Know-how-Potential genauso wie Siemens, die ihre zentrale Werbeabteilung in

die MCD (Marketing, Communication, Design) GmbH verselbständigt hat und das Wissen Dritten anbietet. Beim Imagepoten-
tial ist schließlich das Unternehmen Dunhill zu erwähnen, das als
weltweit bekannter Tabakpfeifenhersteller erfolgreich auch in den
Modebereich eingetreten ist.
Die einmalige Erschließung eines Nutzenpotentials kann kurzfri-
stig durchaus zu einer erhöhten Geschäftstätigkeit führen. Ein

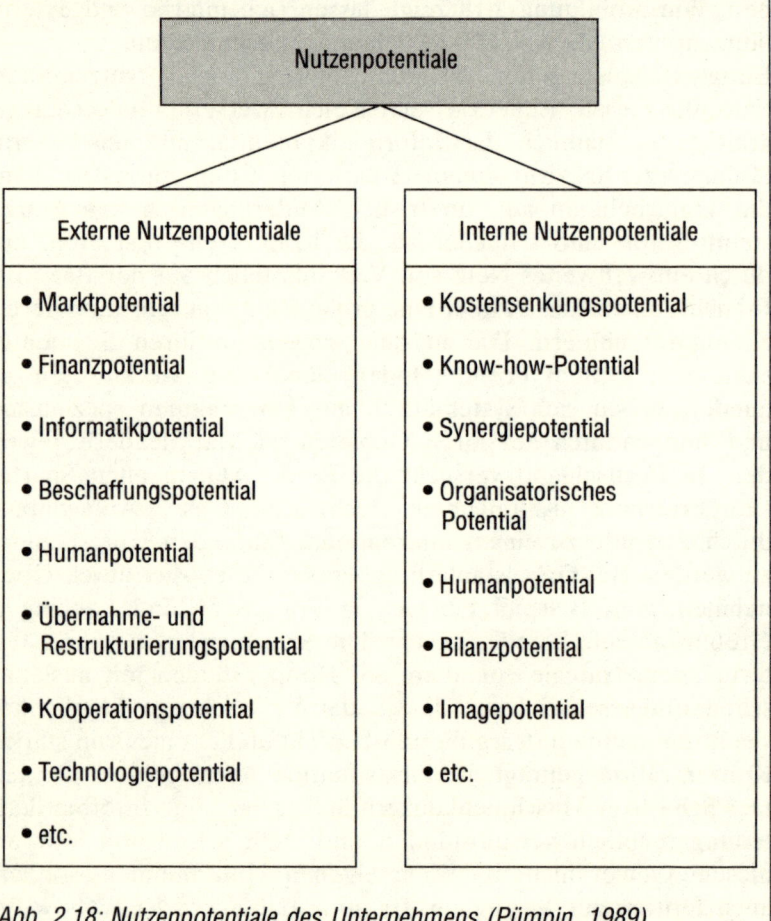

Abb. 2.18: Nutzenpotentiale des Unternehmens (Pümpin, 1989)

gutes Beispiel dafür sind Unternehmensakquisitionen. Soll jedoch die Dynamik des Unternehmens nachhaltig erhöht werden, so ist die Mehrfachbenutzung unerläßlich. Eine *Multiplikation* der Nutzenpotentiale hat verschiedene Vorteile. Einmal werden die Unternehmenskräfte konzentriert. Durch die wiederholte Abwicklung ähnlicher Aktivitäten wird der Koordinationsaufwand geringer, die Prozesse vereinfachen sich, und die Folge ist ein Zeitgewinn. Schließlich erhöht sich die Qualität durch zunehmende Erfahrung. Grundsätzlich gibt es zwei Formen der Multiplikation, die Prozeß- und die Systemmultiplikation (Pümpin, 1989). Ein gutes Beispiel für Prozeßmultiplikation ist die bereits oben erwähnte Forbo AG. Durch Akquisitionen hat sich dieses Unternehmen in letzter Zeit zu einem der führenden Anbieter von Boden- und Wandbelägen in Europa entwickelt. Wesentliches Element der Strategie von Forbo war die Übernahme regionaler, mittelständischer Konkurrenten. Durch die Multiplikation des Akquisitionsprozesses erreichte Forbo eine hohe Professionalität auf methodischem Gebiet wie auch bei der raschen Integration der erworbenen Firmen. Zur Systemmultiplikation ist die Holderbank-Gruppe zu erwähnen, die sich in den letzten Jahren konsequent zum zweitgrößten Zementkonzern der Welt entwickelt hat. Die Holderbank hat über die Jahre ein klares Konzept entwickelt, wie eine Zementfabrik ausgestaltet werden muß. Dieses Konzept wurde weltweit multiplikativ angewandt und hat zur führenden Stellung des Unternehmens geführt. Durch die Multiplikation können viele Fehler, Inneffizienzen und Zeitverluste vermieden werden.

Multiplikationen können sowohl quantitativer wie qualitativer Natur sein und sie können nach innen oder außen gerichtet erfolgen. So multipliziert der Gastronomiekonzern Mövenpick, wie in Abschnitt 3.5.1 noch näher zu zeigen sein wird, konsequent einzelne Restauranttypen (zum Beispiel Marché-Restaurants), andererseits werden auch immer wieder neue Restauranttypen entworfen. Weiter betreibt Mövenpick viele Restaurants selbst, andere werden indessen in Form von Franchising oder Lizenzen nach außen vergeben.

Ein Konzept, das in den letzten Jahren im Zusammenhang mit der

Entwicklung von Unternehmensstrategien zunehmend an Bedeutung gewonnen hat, sind die *Kernkompetenzen* (Prahalad/Hamel, 1991). Kernkompetenzen sind Fähigkeiten eines Unternehmens, die sich quer durch die Geschäftseinheiten hindurchziehen und die es ermöglichen, in rascher Folge Produktinnovationen in verschiedenen Bereichen hervorzubringen. Als Beispiel sind in Abbildung 2.19 die Kernkompetenzen von Canon und ihr Einsatz bei der Entwicklung neuer Produkte angeführt.

Kernkompetenzen von Canon sind die Feinmechanik, die Feinoptik und die Mikroelektronik. Mit diesen Kernkompetenzen lassen sich eine Vielzahl von kompetitiven Produkten herstellen und absetzen. Elemente von Canons Kernkompetenzen in der

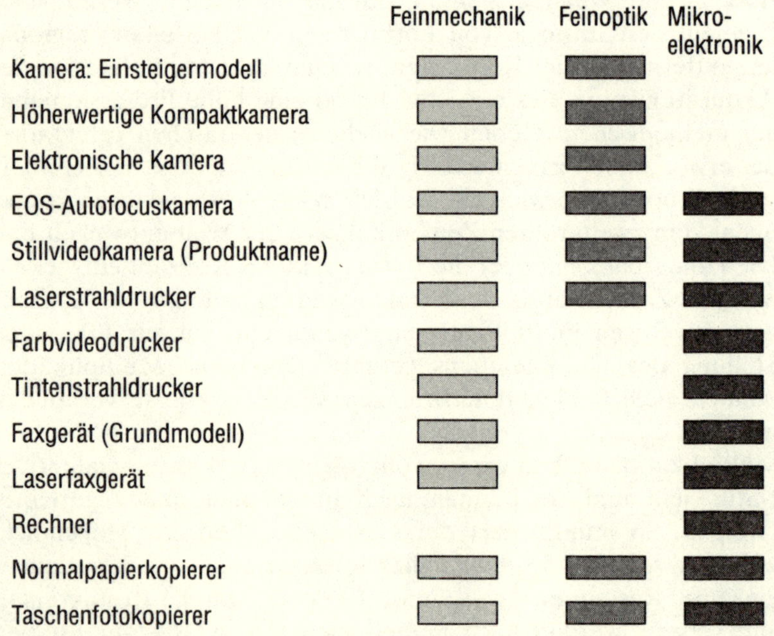

	Feinmechanik	Feinoptik	Mikro-elektronik
Kamera: Einsteigermodell	▭	▨	
Höherwertige Kompaktkamera	▭	▨	
Elektronische Kamera	▭	▨	
EOS-Autofocuskamera	▭	▨	▬
Stillvideokamera (Produktname)	▭	▨	▬
Laserstrahldrucker	▭	▨	▬
Farbvideodrucker	▭		▬
Tintenstrahldrucker	▭		▬
Faxgerät (Grundmodell)	▭		▬
Laserfaxgerät	▭		▬
Rechner			▬
Normalpapierkopierer	▭	▨	▬
Taschenfotokopierer	▭	▨	▬

Abb. 2.19: Kernkompetenzen von Canon
(Ausschnitt aus Prahalad/Hamel, 1991)

Feinoptik sind über alle Geschäftszweige verstreut, von Kameras über Kopierer und Halbleiter bis hin zu Masken-Justiergeräten für die Chipsherstellung. Als Canon eine Chance für digitale Laserdrucker sah, ermächtigte es die Manager der zuständigen strategischen Geschäftseinheiten, sich alle notwendigen Talente der anderen SGEs zur Entwicklung und Vermarktung dieses zukünftigen Produktes zu holen. Das bedeutet aber, daß die einzelnen SGEs kein Besitzesrecht mehr an ihren Mitarbeitern und Ressourcen haben. Kernkompetenzen sind also Konzernressourcen und werden vom Konzernmanagement zugeteilt.

Kernkompetenzen von Daimler-Benz sind neben anderen die Antriebe und die Mikroelektronik. Durch die verschiedenen Übernahmen von Luft- und Raumfahrtunternehmen hat sich Daimler-Benz ein Know-how bei den Antrieben aufgebaut, das von Aggregaten für Personen- und Lastwagen über solche für Helikopter und Regionalflugzeuge bis hin zu Antrieben für Großraumflugzeuge und Raketen reicht. Dieses Wissen wirkt gegenseitig befruchtend und kann zu einer Vielzahl von Innovationen auf dem Antriebsgebiet führen. Hier zeigt sich aber auch sofort die enge Verflechtung zwischen Strategie und Organisation. Ist Daimler-Benz heute nach Geschäftsbereichen organisiert (Mercedes-Benz, AEG, Deutsche Aerospace, debis), so könnte die Organisation der Zukunft durchaus so aussehen, daß es eine Antriebsdivision oder eine Mikroelektronikdivision gibt, um diese Kernkompetenzen bestmöglich nutzen zu können.

Der umfassendste neue Strategieansatz auf der Ebene des Gesamtunternehmens ist das *Wertmanagement-Konzept*. Sein Ausgangspunkt ist der Wandel in der Zielsetzung der strategischen Ausrichtung: vom Wettbewerbsvorteil zur Steigerung des Unternehmenswertes. Der Unternehmenswert rückte in den letzten Jahren deshalb immer mehr in den Mittelpunkt der Diskussion, weil die Kapitalgeber zunehmend auf einen angemessenen Return ihrer eingesetzten Mittel pochen. Er setzt sich bei Aktiengesellschaften zusammen aus der Dividende und der Kurssteigerung der Aktie. Letztere stellt sich aber nur ein, wenn das Unternehmen als Ganzes sich organisch entwickelt, wenn ein Gleichgewicht zwischen Investitionen in die Zukunft und Ausschöpfung der heutigen Märkte erreicht wird. Das Management ist – oft beeinflußt durch die am kurzfristigen Erfolg orientierten Anreizsysteme – heute noch stark im Denken in Umsätzen und Marktanteilen verhaftet. Dies ist vor allem bei zunehmend gesättigten Märkten problematisch und führt oft zu einer Fehlallokation von Ressourcen. Eine optimale Wertsteigerung des Unternehmens kann nur dann erzielt werden, wenn sämtliche Nutzenpotentiale gezielt ausgeschöpft werden. Das bedeutet aber unter anderem, daß das strategische Denken auch in Bereiche eindringt, die früher die Domäne der Finanzverantwortlichen waren.

Gewinnt nun der Unternehmenswert ein solches Gewicht, so kommen sofort zwei Fragen auf: Wie stellt man diesen Wert oder seine Steigerung fest, und wodurch läßt er sich beeinflussen? Auf die Frage der Messung des Unternehmenswertes soll in Abschnitt 2.2.3 detailliert eingegangen werden. Soviel sei hier bereits festgehalten: Der Gewinn und die mit ihm verbundenen Indikatoren, wie die Rentabilität, sind unzulängliche Größen, um den Unternehmenswert beurteilen zu können. Als geeignetes Maß erweisen

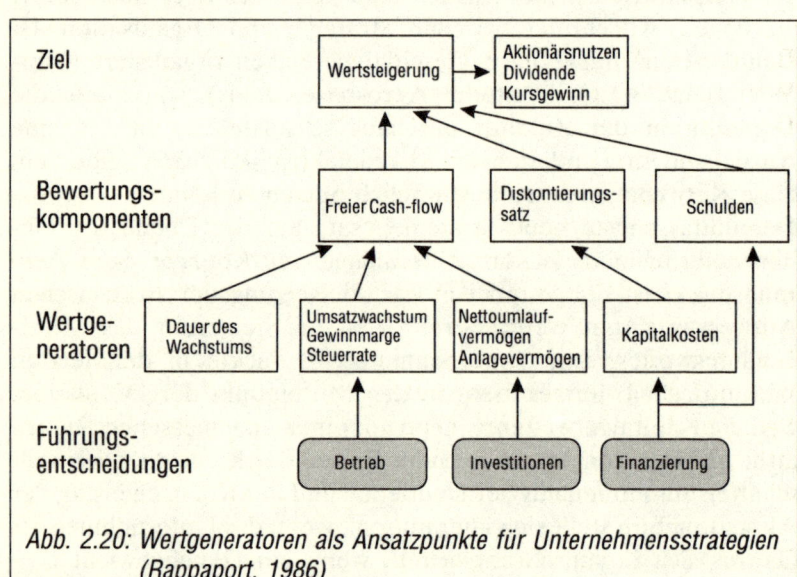

Abb. 2.20: *Wertgeneratoren als Ansatzpunkte für Unternehmensstrategien (Rappaport, 1986)*

sich die künftigen, frei verfügbaren Cash-flows des Unternehmens, wie sie durch die Geschäfts-, Unternehmens- und Eignerstrategien generiert werden.

Im Zusammenhang mit der Unternehmensstrategie von Bedeutung ist aber die Frage, welche Größen den Unternehmenswert beeinflussen. Denn nur wenn die Unternehmensstrategie an jenen Orten ansetzt – oder bildlich gesprochen an jenen »Schräubchen« dreht –, die den Unternehmenswert substantiell beeinflussen, haben sie die entsprechende Hebelwirkung. Die Darstellung in Abbildung 2.20 zeigt diese sogenannten Wertgeneratoren auf, wie sie von Alfred Rappaport in seinem wegweisenden Buch *Creating Shareholder Value* (1986) spezifiziert wurden.

Die fünf zentralen Wertgeneratoren lauten:

- Umsatzwachstumsrate
- Betriebsgewinnmarge
- Ertragssteuerrate
- Investitionen ins Nettoumlauf-/Anlagevermögen
- Kapitalkosten

Bei dieser Aufzählung fällt auf, daß nur drei der genannten Wertgeneratoren im Vokabular des herkömmlichen strategischen Denkens vorkommen, nämlich das Umsatzwachstum, die Gewinnmarge und die Investitionen. Kapitalkosten und Steuern liegen normalerweise im Bereich des Finanzverantwortlichen. Eine umfassende Unternehmensstrategie kann jedoch diese künstliche Trennung nicht mehr vornehmen. Jeder mögliche Wertgenerator muß strategisch eingesetzt werden, um eine Steigerung des Unternehmenswertes zu erreichen.

Nachdem die Wertgeneratoren als ein Ansatzpunkt für die Entwicklung der Unternehmensstrategien bekannt sind, stellt sich die Frage nach einer weiteren Orientierungsdimension. Hier bieten sich die oben vorgestellten Nutzenpotentiale naheliegenderweise an. Kombiniert man Wertgeneratoren und Nutzenpotentiale, so entsteht die von mir zusammen mit Bruno Weber entwickelte Valcor-Matrix zur Generierung von Unternehmensstrategien (Gomez/Weber, 1989), die sich in der Unternehmenspraxis bereits vielfältig bewährt hat. Eine solche Matrix für ein führendes Schweizer Einzelhandelsunternehmen ist in Abbildung 2.21 festgehalten.

Auf den Einsatz der *Valcor*-(»Value-is-Core«-)*Matrix* wird im nächsten Kapitel ausführlicher eingegangen. Hier seien lediglich einige Punkte zur Illustration herausgegriffen. Das Umsatzwachstum kann das betreffende Einzelhandelsunternehmen dadurch steigern, daß es neue Betriebstypen (Do-it-yourself-Märkte oder Gartencenters) einführt. Die Gewinnmarge läßt sich über eine Gemeinkostenwertanalyse verbessern, aber auch eine Anpassung der Öffnungszeiten kann entsprechende Effekte erzielen. Wertsteigernd können Desinvestitionen bei den Produktionsanlagen oder auch beim nicht betriebsnotwendigen Vermögen wirken, und ein besseres Management des Umlaufvermögens erzielt erfahrungsgemäß große Wirkungen. Zur Optimierung der Kapitalkosten können beim bestehenden Geschäft, aber auch bei Akquisitionen Leverage-Effekte ausgenutzt werden, und die Anstellung ausgewiesener Finanzfachleute zahlt sich in diesem Bereich mehr als aus. Die Ertragssteuerrate schließlich läßt sich positiv durch die Bildung einer zentralen Einkaufsgesellschaft oder die Trennung von Grossisten- und Einzelhandelsaktivitäten beeinflussen.

Bei der Entwicklung einer Valcor-Matrix werden fünf Gebiete immer wieder tangiert, die für die Hervorbringung einer Unternehmensstrategie von ausschlaggebender Bedeutung sind. Es sind dies:

- Diversifikation,
- Desinvestition,
- Kooperation,
- Restrukturierung,
- Finanzierung.

Diversifikationen werden im gängigen Strategieverständnis vorzüglich unter dem Aspekt der möglichen Realisierung operativer Synergien diskutiert. Aus dieser Sicht lautet die Empfehlung: »Schuster bleib bei deinem Leisten.« Unter herkömmlichen Return-on-Investment-Gesichtspunkten sind somit nur diejenigen

Nutzenpotentiale / Wertgeneratoren	Markt	Beschaffung	Mitarbeiter	Logistik/Informatik	Übernahme/Restrukturierung
Umsatzwachstum	• Neue Produkte • Mix-Verbesserung • Shops in the Shop • Neue Betriebstypen	• Rückwärtsintegration	• Incentives • Ausbildungszentrum • Neuer Verkäufertyp	• Kundenbindung, Services • Neue Zahlungssysteme	• Auslandsakquisitionen
Gewinnmarge	• Preispolitik • Absatzförderung • Sortiments-Mix	• Zentraler Einkauf	• Flexible Arbeitsformen • Öffnungszeiten	• Gemeinkostenwertanalyse • Automatisierung	• Abbau Overhead • Synergien
Investitionen • Umlaufvermögen • Anlagevermögen	• Flächenanalyse • Sell and lease back	• Desinvestition Produktionsanlagen	• Outsourcing	• Lager, Kreditoren-, Debitorenmanagement	• Verkauf nicht betriebsnotwendiger Teile
Kapitalkosten	• Risikooptimierung des Sortiments	• Ausnutzung Bonitätspotential	• Finanzspezialisten	• Cash-Management	• Leverage
Ertragssteuerrate	• Trennung Grosso/Detail	• Zentrale Einkaufsgesellschaft	• Steuerberater	• Optimale Datenstrukturen	• Goodwillbehandlung

Abb. 2.21: Valcor-Matrix der Unternehmensstrategien (Gomez/Weber, 1989)

Diversifikationen erfolgversprechend, die auf horizontalen Strategien, das heißt von der Wertkette des Unternehmens ausgehend, auf heutigen Aktivitäten und Fähigkeiten aufbauen. Aus der Sicht des Wertsteigerungsansatzes hingegen läßt sich diese Argumentation nicht aufrechterhalten. Vielmehr können auch konglomerate Diversifikationen, die mit dem angestammten Geschäft wenig zu tun haben, durchaus erfolgreich sein, wenn sie strategische Gemeinsamkeiten zur Grundlage haben und ihr Erfolg an der Steigerung des Unternehmenswertes gemessen wird (Gomez/Ganz, 1992). Ein Beispiel dafür ist Philip Morris, die vom Tabak- in den Nahrungsmittelbereich diversifiziert hat (General Foods, Kraft, Jacobs Suchard). Zwischen den beiden Geschäften bestehen praktisch keine operativen Synergien. Trotzdem hat Philip Morris – wie die Entwicklung des Aktienkurses zeigt – an Wert gewonnen, weil einerseits strategische Gemeinsamkeiten auf dem Gebiet der Markenbewirtschaftung zum Tragen kamen und andererseits das Klumpenrisiko des Tabaks reduziert werden konnte.

Bei den *Desinvestitionen* ist das Beispiel der ABB Asea Brown Boveri AG anzuführen, die dieses Instrument gezielt zur Steigerung des Unternehmenswertes einsetzt. Die ABB kategorisiert alle ihre Geschäfte nach zwei Kriterien, nämlich welches Wertsteigerungspotential sie haben und ob die ABB selber oder ein Dritter diese Möglichkeiten besser nutzen kann. Bei Geschäften mit hohen Wertsteigerungschancen und besseren Fähigkeiten als die Konkurrenz verbleibt ein Geschäft im eigenen Portfolio. Hat jedoch ein Dritter bessere Fähigkeiten, die Wertlücke zu schließen, so desinvestiert ABB diese Geschäfte. Die auf diese Weise anfallenden Mittel werden in Projekte investiert, die aus Wertsteigerungsperspektive mehr Erfolg versprechen. Desinvestitionen werden damit zu einem wichtigen strategischen Schachzug.

Ein weiterer Ansatz für Unternehmensstrategien sind *Kooperationen* und hier vorzüglich Allianzen und Akquisitionen. Während das Wertsteigerungspotential von Allianzen schwierig zu beurteilen ist, sind seine Entdeckung und Ausschöpfung Erfolgsvoraussetzung von Akquisitionen. Natürlich kann man Akquisitionen auch als Teil einer Wettbewerbsstrategie interpretieren und das entsprechende Planungsinstrumentarium auf den Übernahmeprozeß anwenden. Damit wird aber nur ein Teil all jener Möglichkeiten ausgeschöpft, die in jeder Akquisition stecken. Werden nur Optionen in den Vordergrund gestellt, die das Umsatzwachstum und die Gewinnmarge betreffen, so läuft man Gefahr, sich einseitig auf Marktanteilsgewinne und operative Synergien auszurichten, die erfahrungsgemäß nach der Akquisition nur teilweise realisiert werden. Meist sind es jedoch die Wertgeneratoren der Investitionen/Desinvestitionen, des Kapitalkosten- und des Steuermanagements, die eine weit größere Hebelwirkung erzielen und somit bei der Beurteilung von Akquisitionskandidaten eine wesentliche Rolle spielen sollten. Auf diese Zusammenhänge soll ebenfalls im dritten Kapitel detailliert eingegangen werden, indem ein schrittweises Vorgehen zur Entdeckung von Wertlücken bei Akquisitionskandidaten vorgestellt wird.

Die *Restrukturierung* gehört zu den immer wichtiger werdenden Unternehmensstrategien. Die neunziger Jahre erleben eine Renaissance der Organisation als Führungsinstrumentarium (Gomez, 1992). Das Wertsteigerungsdenken verlangt, daß Organisationen bewußt dort verändert werden, wo sich die größte Hebelwirkung zur Erzeugung künftiger freier Cash-flows ergibt. Setzt die Organisation bei den Wertgeneratoren an, so läßt sich ein Umsatzwachstum durch die Ausrichtung der Organisation auf die Kernkompetenzen und eine Verbesserung der Gewinnmarge durch eine Reduktion der Hierarchieebenen erzielen. Beim Anlage- und Nettoumlaufvermögen kann durch die Desinvestition von Geschäften im obigen Sinne der ABB und durch eine organisatorische Ausgrenzung des nicht betriebsnotwendigen Vermögens Wert geschaffen werden. Um die Kapitalkosten zu senken, sollten organisatorische Einheiten zur Eingrenzung des Risikos entflechtet werden. Zur Optimierung der Ertragssteuern bieten sich schließlich internationale Gruppenstrukturen an. Beispiele für wertorientierte Umstrukturierungen des Unternehmens sind die Schweizer Bankengruppe Credit Suisse-Holding und die Anova-Gruppe von Stephan Schmidheiny. Mit ihrer Holding-Konstruktion wollte die Credit Suisse die Unterlegungspflicht bei Nichtbankgeschäften reduzieren, um über die entsprechenden Mittel anderweitig verfügen zu können. Das Schweizerische Bundesgericht machte ihr allerdings einen Strich durch die Rechnung, indem die entsprechende Argumentation nicht akzeptiert wurde. Die Anova-Gruppe mit einer Vielzahl unterschiedlicher Beteiligungen in Industrie, Handel und Dienstleistungen wurde unter anderem dahin gehend reorganisiert, daß allfällige Asbestrisiken des Eternit-Geschäftes nicht auf die anderen Unternehmensaktivitäten durchschlagen konnten. Weiter wurden verwandte Industriebeteiligungen so zusammengefaßt, daß strategische Gemeinsamkeiten zum Tragen kommen, ohne daß diese Unternehmen verschmolzen werden.

Schließlich ist noch die *Finanzierung* als Ansatzpunkt für die Unternehmensstrategie anzuführen. In finanziellen Begriffen bedeutet Wertsteigerung Erträge, die die Kapitalkosten übersteigen. Sie entsprechen den gewogenen Fremd- und Eigenkapitalkosten und reflektieren die Risiken der gewählten Strategien. Wie im nächsten Abschnitt zu zeigen sein wird, sind es vor allem die Eigenkapitalkosten, die immer wieder unterschätzt werden. Eigenkapitalkosten sind Opportunitätskosten, das heißt, sie entsprechen dem Satz, der in einem anderen Investment mit dem gleichen Risikoprofil erzielt werden könnte. Oft wird von der irrigen Meinung ausgegangen, die Eigenkapitalkosten seien gleich der gezahlten Dividende oder dem reziproken Wert des Kurs-Gewinn-Verhältnisses. In Tat und Wahrheit entspricht der Return des Aktionärs der Dividende plus der erzielten Kurssteigerung der Aktien. Möglichkeiten zur Reduktion der Eigenkapitalkosten bestehen einmal in der Restrukturierung des Unternehmens zur Verringerung des Risikos, wie es oben für Philip Morris und die Anova-Gruppe illustriert wurde. Sodann kann unter Einsatz des Leverage-Effektes die Kapitalstruktur verändert oder über die Finanzinstrumente der Dividendenpolitik und der Kotierung ein dämpfender Effekt erzielt werden. Bei den Fremdkapitalkosten kann ein gezieltes Asset-Management sowie ein professionelles Cash-Management den gewünschten Effekt erbringen. Weitere Möglichkeiten bestehen in der Optimierung des Schuldenmix sowie in den Instrumenten des Financial Engineering.

Das Management eines Unternehmens hat also eine Vielzahl von

Möglichkeiten, zusätzlich zur optimalen Wettbewerbspositionierung der Geschäftseinheiten eine umfassende Unternehmensstrategie zu entwerfen. Trotzdem ist aber sein Aktionsspielraum begrenzt, denn es handelt letztlich im Auftrag der Kapitalgeber. Diese, besonders wenn sie die Eigner sind oder aufgrund einer besonderen Konstellation das Sagen haben, verfügen über zusätzliche Möglichkeiten der Ausrichtung des Unternehmens. Diese sind in einer gesonderten Eignerstrategie festzuhalten.

2.2.3 Eignerstrategien zur Wert- und Risikooptimierung

Konzepte und Ansätze zur Entwicklung von Eignerstrategien gibt es im Grunde genommen noch nicht. Die Idee, die Eignerstrategie als separate Ebene neben der Geschäfts- und Unternehmensstrategie abzugrenzen, stammt von Pümpin (Pümpin/Pritzl, 1991). Er sieht in der Eignerstrategie »ein harmonisches Gesamtkonzept für das Management der Strategic Investment Units (SIU)«. Eine SIU kann ein vollständiges Unternehmen, eine Minderheitsbeteiligung, ein Obligationenpaket oder eine Venture-Capital-Beteili-

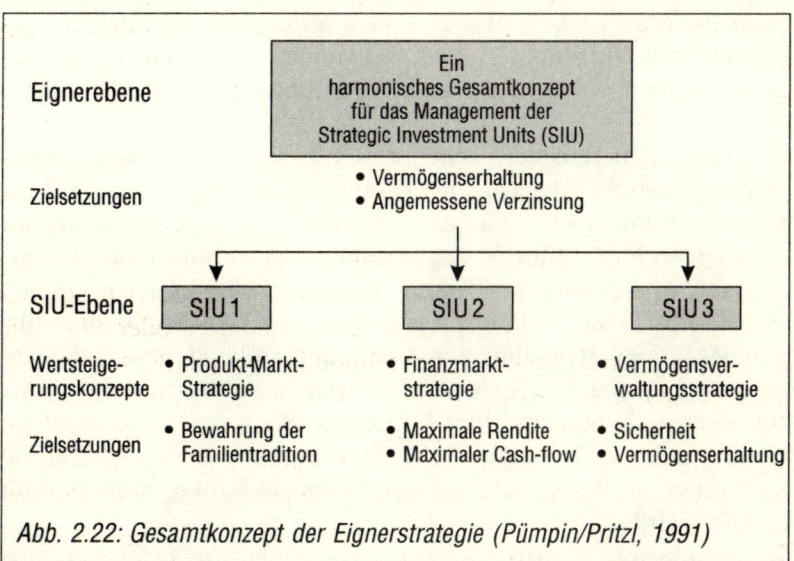

Abb. 2.22: Gesamtkonzept der Eignerstrategie (Pümpin/Pritzl, 1991)

gung sein, für die es jeweils spezifische Zielsetzungen und Strategien gibt. Wie Abbildung 2.22 zeigt, muß ein Ausgleich zwischen
diesen verschiedenen Interessen erreicht werden.

Für den Eigner ist also das Unternehmen oft nur ein Interessenschwerpunkt neben anderen, und er kann durchaus Entscheidungen treffen, die im Hinblick auf das längerfristige Überleben des
Unternehmens ungünstig sind. Es ist also letztlich im ureigenen
Interesse des Unternehmens, daß die Eignerstrategie formuliert
und auch mit dem Management diskutiert wird. Im folgenden sind
die Aspekte zu behandeln, die zur *Wertsteigerung* des Unternehmens als Ganzes beitragen.

Zu den bedeutendsten Möglichkeiten des Eigners gehören die
Zerschlagung und der Verkauf einzelner Teile des Unternehmens, die Öffnung neuer Finanzierungsquellen beispielsweise
durch ein Going Public und der anderweitige Einsatz des nicht
betriebsnotwendigen Vermögens des Unternehmens. Aber auch
die oben beschriebenen Unternehmensstrategien der Diversifikation, der Desinvestition, der Kooperation, der Restrukturierung
und der Finanzierung werden oft vom Eigner als Gestaltungsspiel-
raum in Anspruch genommen.

Abbildung 2.23 faßt einige der wichtigsten Eignerstrategien, geordnet nach Nutzenpotentialen, zusammen, wobei nur diejenigen
berücksichtigt wurden, die das Unternehmen als solches tangie-
ren.

Die folgenden Beispiele sollen den Charakter von Eignerstrategien illustrieren. Klaus Jacobs veräußerte zu einem idealen Zeitpunkt – nämlich kurz vor der Irakkrise – den Kern von Jacobs
Suchard an Philip Morris, die in seinen Augen mit diesem Unternehmen eine bedeutend bessere Wertsteigerung erzielen können
als er selbst. Der Verkaufspreis trug seinen Überlegungen natürlich Rechnung. Die ihm zur Verfügung stehenden Mittel inve-
stierte er in andere Unternehmen, unter anderem in eine Firma
für Zeitarbeit namens ADIA-Interim. Nach der neuesten Entwicklung der ADIA-Interim ist allerdings daran zu zweifeln, ob
sich diese Strategie der Desinvestition und Investition bezahlt
machen wird.

Ein gelungenes Beispiel der Ausgliederung von nicht betriebs-

Nutzenpotentiale	Eignerstrategien
Restrukturierungs-potential	• Desinvestition von Unternehmensteilen • Ausgliederung/Verkauf von nicht betriebs-notwendigem Vermögen (Immobilien) • Reorganisation aus Steuergründen oder zur Risikominderung • Änderung der Rechtsform zur Risiko-minderung
Akquisitionspotential	• Kauf und Verkauf von Minderheits-beteiligungen • Übernahme von Unternehmen verwandter oder artfremder Branchen
Finanzierungs-potential	• Going Public, Going Private • Dividendenpolitik • Einsatz verschiedener Eigenkapital-instrumente • Corporate Banking • Außerbetriebliche Finanztransaktionen

Abb. 2.23: Ausgewählte Eignerstrategien

notwendigem Vermögen läßt sich bei der Eignerfamilie der Schweizer Warenhauskette Oscar Weber beobachten. Die Eigner gaben ihre eigenen Warenhäuser an ausgezeichneten Standorten – zum Beispiel an der Bahnhofstraße in Zürich – auf und vermieteten die Räumlichkeiten an Konkurrenzunternehmen. Die entsprechenden Mieteinnahmen übertreffen die früheren Betriebsgewinne bei weitem.

Die Hanson plc unter Leitung von Lord Hanson gilt in England als das erfolgreichste Unternehmen auf dem Gebiet der Restrukturierung. Die Partner von Hanson kaufen schlechtgeführte Unternehmen auf, stoßen einzelne Geschäfte ab und führen andere wieder in die Gewinnzone. Unter dem Strich bleiben so bedeutend kleinere Unternehmen, die aber profitabel sind, und durch den Verkauf einzelner Teile wird meistens der ganze Verkaufspreis wieder hereingespielt.

Der Schweizer Industrielle Stephan Schmidheiny setzt eine Tradition fort, mit der sein Vater bereits erfolgreich gewesen war. Dieser konnte sich in seine süd- und mittelamerikanischen Eternit-Beteiligungen jeweils nur als Minderheitsaktionär einkaufen, spielte aber im Management immer eine dominierende Rolle. Sein Sohn verfügt in seinem Portefeuille über Minderheitsbeteiligungen in verschiedenen führenden Unternehmen, so der Asea Brown Boveri, dem Schweizer Uhrenunternehmen SMH und der Einzelhandelskette Merkur. Daneben besitzt er aber auch verschiedene Mehrheitsbeteiligungen, wie beispielsweise an der Landis & Gyr sowie an der Leica.

Als abschließendes Beispiel sei die Ems Chemie-Holding genannt, ein mittelgroßes Unternehmen dieser Sparte. Sein Eigner, Christoph Blocher, erkannte aufgrund seiner soliden Kenntnisse der Chemiebranche, daß die Aktien verschiedener Chemiefirmen ein beträchtliches Kurssteigerungspotential aufwiesen. Er tätigte kurz- bis mittelfristige Investments in diese Papiere, und kürzlich konnte man der Wirtschaftspresse entnehmen, daß er Kursgewinne in der Größenordnung von 70 Millionen sFr. erzielt hatte. Solche Transaktionen mit den Geldern eines Unternehmens liegen natürlich nicht im Gestaltungsbereich des Managements. Kennt dieses aber die Intentionen des Eigners – und dieser ist in der Ems Chemie selber operativ mit großem Erfolg tätig –, so kann es sich entsprechend darauf einstellen.

Für den Eigner hat neben der Wertsteigerung die *Risikooptimierung* eine gleichwertige Bedeutung. Sie ist in zweifacher Hinsicht zu beurteilen. Einmal ist ein Unternehmen bedeutend anfälliger, wenn alle Eier in einem Korb konzentriert sind. Zu erwähnen sind hier Konjunkturanfälligkeit, Produkthaftungsfälle, Substitutionsprodukte, gesetzliche oder Anforderungen der Umwelt. Zum anderen bestimmt das Risiko auch die Höhe der Kapitalkosten. Ein Unternehmen mit hohem Risiko muß mit Kapitalkosten, die bedeutend über denjenigen des Marktes oder der Branche liegen, rechnen. Im Kapitalmarkt wird dieses Risiko – wie noch näher zu zeigen sein wird – mit dem Beta-Faktor erfaßt. So haben oft Konglomerate einen hohen Beta-Faktor und damit hohe Kapitalkosten, weil sie unter einem Dach riskante und weniger riskante Unternehmen vereinen. Würden die Unternehmen entflochten, so hätten die einzelnen Teile für sich genommen ein tieferes Beta und damit bessere Kapitalmarktchancen.

Ein Beispiel dafür ist die USX. Sie umfaßt unter anderem die frühere U.S. Steel und die Marathon Oil. Der bekannte Financier Icahn verbreitete in der *New York Times* ganzseitige Anzeigen darüber, daß eine Entflechtung dieser beiden Gesellschaften den Aktionären eine beträchtliche Wertsteigerung bringen würde, weil das Risikoprofil der beiden Firmen zusammengenommen zu dem berüchtigten »Conglomerate Discount« geführt hatte.

Mit diesen kurzen Ausführungen zur Eignerstrategie ist die notwendige Differenzierung zwischen den Strategietypen geschaffen worden, die die Voraussetzung ist für die Entwicklung einer umfassenden Strategiemethodik des Wertmanagements im dritten Kapitel. Zuvor muß aber noch auf den Maßstab des Erfolges solcher Strategien eingegangen werden, denn dann erst kann die Güte einer eingeschlagenen Stoßrichtung beurteilt werden.

2.3 Steigerung des Unternehmenswertes als neuer Erfolgsmaßstab für Strategien

In der Fachliteratur werden die Unternehmens- und Umweltanalyse, die strategische Positionierung und die Entwicklung von Stoßrichtungen ausführlich behandelt. Was jedoch eigenartigerweise selten zur Sprache kommt, ist, wie sich der Erfolg solcher Strategien messen läßt.

Ein Grund dafür ist sicher die Trennung von strategischem und finanziellem Denken. In den meisten Unternehmen ist es Aufgabe der Linienverantwortlichen, Strategien zu entwerfen, die Finanzverantwortlichen haben die Resultate der Umsetzung zahlenmäßig zu beurteilen. Darüber hinaus scheint die Antwort auf die Frage nach dem Erfolgsmaßstab von vornherein klar zu sein: Erfolgsmaßstab sind der Gewinn und die ihm verwandten Grö-

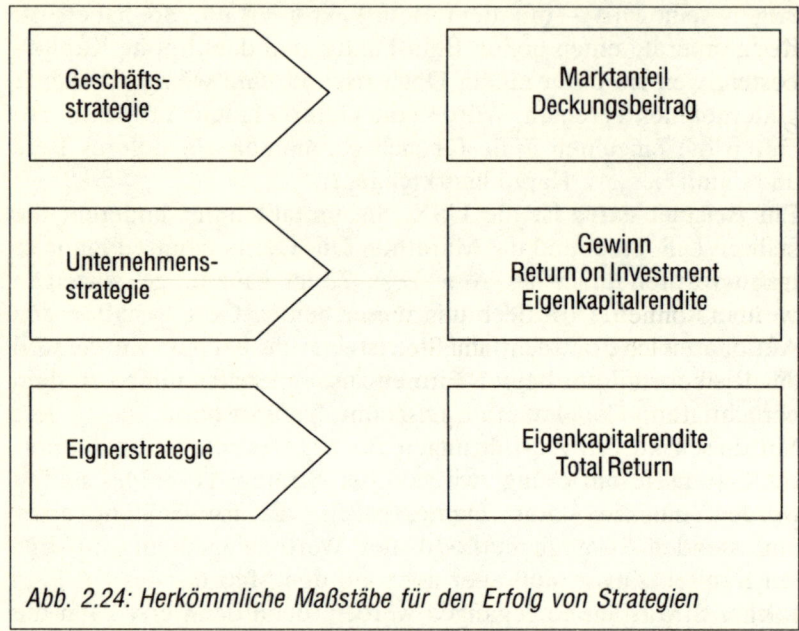

Abb. 2.24: Herkömmliche Maßstäbe für den Erfolg von Strategien

ßen. Die gesamte Geschäftswelt, und mit ihr die Wirtschaftspresse, denkt in Gewinnen und Rentabilitäten – warum dann überhaupt eine solche Frage?

Wird im obigen Sinne nach Geschäftsstrategien, Unternehmensstrategien und Eignerstrategien unterschieden, so müssen auch differenzierte Maßstäbe angelegt werden. Sie sind in Abbildung 2.24 festgehalten.

Geschäftsstrategien werden danach beurteilt, welchen Marktanteil sie erzielen und welcher Deckungsbeitrag erwirtschaftet wird. Die Unternehmensstrategie wird am Gewinn, am Return on Investment (ROI) oder an der Eigenkapitalrendite (Return on Equity, ROE) gemessen. Maßstab für die Eignerstrategie ist natürlich auch der ROE oder dann der Total Return.

Man könnte mit diesen kurzen Bemerkungen das Kapitel der Erfolgsmessung abschließen, wenn nicht in den letzten Jahren zunehmend an den Erfolgsmaßstäben des Gewinns und der Rentabilität Kritik aufgekommen wäre. Die in diesem Zusammenhang

vorgebrachten Argumente sind im folgenden aufgeführt, um so
den Weg für ein verläßliches Maß der Güte von Strategien zu
bereiten.

2.3.1 Die Unzulänglichkeiten des Gewinns als Erfolgsmaßstab

Die wohl fundierteste Kritik des Gewinns als Performance-Maß
stammt von Rappaport (Rappaport, 1986). Er nennt fünf Unzulänglichkeiten und zeigt Lösungen auf, wie diese Mängel behoben
werden können. Daß Gewinn und Rentabilität in der Wirtschafts-
welt eine solch dominierende Stellung einnehmen, liegt einmal am
Aktienrecht und an den Bilanzierungsvorschriften. Weiter sprechen die Banken, Finanzanalysten und die Wirtschaftspresse diese
Sprache. Und nicht zuletzt erfolgt in den meisten Unternehmen
die Erfolgsentschädigung des Managements in Abhängigkeit von
der Gewinnentwicklung. Dem Aktionär gibt ein stetes Gewinn-
wachstum das Gefühl einer guten Anlage seiner Mittel, und er
stellt dem Management das Zeugnis einer professionellen Führung des Unternehmens aus. Deshalb ist dieses darauf erpicht,
unregelmäßige Gewinnentwicklungen oder gar Stagnationen zu
vermeiden. Das bedeutet aber, daß die Resultate zwangsläufig
bewirtschaftet werden, sei es durch Bildung und Auflösung von
Reserven, das »Strecken« von Investitionen oder das Einbehalten
von Gewinnen. Weitere beliebte Mittel sind die Änderung der
Periodizität von Aufwand und Ertrag. Diese Beispiele zeigen, daß
Gewinne in recht großen Bandbreiten gesteuert werden können.
Wenn also Strategien mit diesem Maß beurteilt werden, so besteht
– vielleicht durchaus im Interesse einer vorteilhaften Darstellung
des Unternehmens nach außen – die Gefahr einer Verzerrung der
Realität und damit von Fehlurteilen.

Diese Unzulänglichkeit ist nicht dem Gewinn als Maßstab an sich
zuzuschreiben, sondern seiner ungeeigneten Verwendung. Trotzdem muß auf diese möglichen Probleme hingewiesen werden, da
viele Manager sich an Größen orientieren, die aus Imagegründen
»aufpoliert« wurden. Diese Tatsache allein würde aber den Gewinn als Maßstab noch nicht disqualifizieren. Es sind vielmehr
andere Gründe, die gegen seine Verwendung als Orientierungs-

größe sprechen. Da ist einmal der Zeitwert des Geldes zu nennen. Eine heutige Mark ist mehr wert als eine morgige, weil sie bis dahin Erträge erwirtschaften kann. Künftige Gewinne – und von diesen sprechen wir ja bei einer strategischen Betrachtungsweise – sind nur dann aussagekräftig, wenn sie auf die Gegenwart abgezinst werden, was bei der herkömmlichen Betrachtungsweise unterlassen wird. Ein weiterer Punkt ist das Risiko. Ein Gewinn hat eine völlig unterschiedliche Qualität, je nachdem, ob er in einem grundsoliden Geschäft oder mit einer Tätigkeit unter hohen Risiken erzielt wird. Ein Ertrag von 1000 DM aus einer Bundesanleihe ist nicht dasselbe wie ein solcher von ebenfalls 1000 DM aus einem Junk Bond – vor allem wenn dieser Ertrag in der Zukunft liegt und noch nicht ausbezahlt worden ist. Das Risiko, ein kleines bei der Bundesanleihe und ein großes beim Junk Bond, muß beim Faktor der Abzinsung auf die Gegenwart berücksichtigt werden, sonst werden Äpfel mit Birnen verglichen.

Als nächstes sind die Investitionen in Rechnung zu stellen. Gewinne sind in der Regel nicht in dem Umfang verfügbar, wie sie ausgewiesen werden. Investitionen in das Anlage- und das Nettoumlaufvermögen sind unumgänglich. Vor allem letzteres wird oft vergessen. Immer wieder kann festgestellt werden, daß Strategien mit Erfolgsrechnungen allein begründet werden, ohne die notwendigen Investitionen offenzulegen.

Schließlich sind noch die Dividendenpolitik und die Finanzierung zu erwähnen. Eine Reduktion der Ausschüttungsquote bewirkt eine erhöhte Selbstfinanzierung, die zu zusätzlichen Erträgen führen kann, die allerdings nicht zwangsläufig wertwirksam sind. Die Ausnutzung des Leverage-Effektes bei der Finanzierung hat dieselben Auswirkungen. Ein effektives Maß für die Güte von Strategien muß solche »neutralen« Wirkungen bereinigen.

2.3.2 Die künftigen freien Cash-flows als Maß der Wertsteigerung

In den obigen Ausführungen ist der Begriff der »Wertsteigerung« aufgetreten. An die Stelle des Gewinns muß also eine Größe treten, die anzeigt, wie der Wert des Unternehmens durch strategische Maßnahmen langfristig gesteigert wird. Dies geht auch aus den Zielsetzungen der Unternehmens- und Eignerstrategien hervor, die eine Wertsteigerung anstreben. Als Maß, das den genannten Unzulänglichkeiten des Gewinns Rechnung trägt, bieten sich die künftigen freien Cash-flows des Unternehmens an. Sie sind definiert als der betriebliche Cash-flow, abzüglich zu bezahlender Steuern und Investitionen ins Nettoumlauf- und Anlagevermögen. Dem Zeitwert des Geldes wird Rechnung getragen, indem die künftigen freien Cash-flows auf die Gegenwart abgezinst werden. Die Logik der Ermittlung des Unternehmenswertes auf der Basis künftiger freier Cash-flows ist in Abbildung 2.25 dargestellt.

Der heutige Wert des Unternehmens wird bestimmt durch das Potential der Geschäfts-, Unternehmens- und Eignerstrategien. Unternehmensbewertung heißt also Ermittlung der freien Cash-flows, die durch die Strategien des Unternehmens in Zukunft erzielt werden können. Diese Sichtweise unterscheidet sich grundlegend von den herkömmlichen Bewertungstechniken, die vorzüglich auf die Substanz und die Vergangenheit, vielleicht noch auf die Gegenwart und die Gewinnaussichten des nächsten Jahres abstellen. Auch hier zeigt sich wieder die enge Verflechtung von strategischem und finanziellem Denken; keines kommt ohne das andere aus. Wie ist nun aber die obige Darstellung zu interpretieren?

Der erste Baustein sind die Barwerte der freien Cash-flows. Diese werden über die Lebendauer der Strategien ermittelt. In der Literatur, aber auch in der Unternehmenspraxis wird diese meist mit drei bis fünf Jahren angenommen. Eine solche Pauschalannahme ist aber in vielen Fällen nicht gerechtfertigt. Strategien sollen über jene Zeiträume beurteilt werden, über die sich sinnvolle Aussagen machen lassen. Für ein Unternehmen der Computersoftware-Branche lassen sich vielleicht für die nächsten zwei Jahre verläßliche Angaben machen. Alles darüber Hinausgehende ist Spekulation oder reine Trendextrapolation. Unternehmen der Papier- oder Zementindustrie, die Investitionen in Anlagen mit einer Lebensdauer von fünfzehn Jahren tätigen, können in Folge der Stabilität ihrer Märkte vielleicht mit Horizonten von zehn Jahren arbeiten. Der erste Schritt der Beurteilung von Strategien

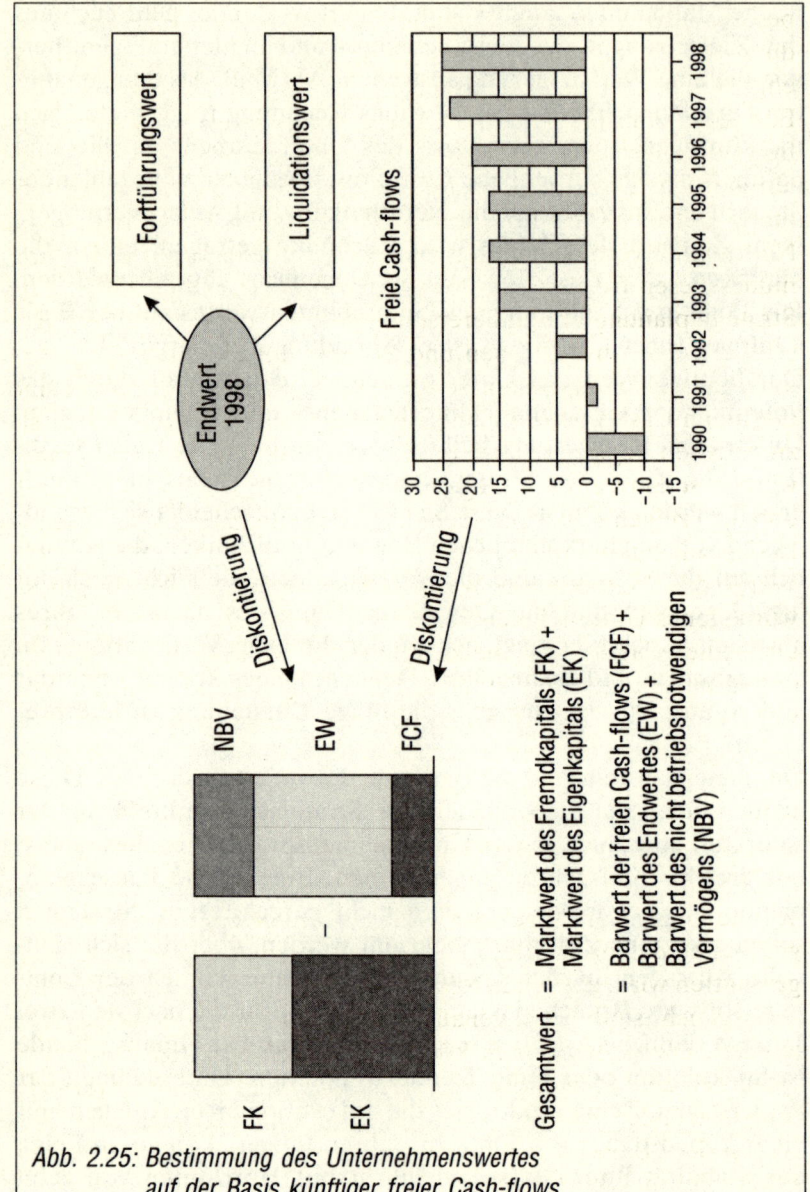

Abb. 2.25: Bestimmung des Unternehmenswertes auf der Basis künftiger freier Cash-flows

besteht also darin, den Planungshorizont festzulegen. In Abbildung 2.25 beträgt dieser neun Jahre, das heißt, wir bewegen uns eher in einer langlebigen Branche.

Für jedes einzelne Jahr wird nun ermittelt, welche freien Cash-flows die Geschäfts-, Unternehmens- und Eignerstrategien erzielen werden. Die freien Cash-flows seien hier noch einmal definiert: Betriebs-Cash-flow minus Investitionen ins Anlage- und Nettoumlaufvermögen minus zu bezahlende Steuern. Die Bestimmung dieser freien Cash-flows setzt einerseits eine ausgebaute Strategieplanung und andererseits eine Zuordnung künftiger Kosten, Erträge, Investitionen und Steuern auf die einzelnen Jahre innerhalb des Planungshorizontes voraus. Im obigen Beispiel sind die freien Cash-flows in den ersten zwei Jahren negativ, bevor sie zu wachsen beginnen. Die freien Cash-flows der einzelnen Jahre werden sodann auf die Gegenwart abgezinst, wobei – wie weiter unten zu zeigen sein wird – dem Diskontierungssatz entscheidende Bedeutung zukommt.

Würde das Prozedere der Wertbestimmung hier abgeschlossen, so würde jenes Unternehmen belohnt, das möglichst wenig investiert und seine »Cash-Cows« melkt, solange sie Milch geben. Am Ende des Planungszeitraums stünde sodann die Liquidation an. Wie werden nun aber Investitionsstrategien berücksichtigt, die ja definitionsgemäß zu tieferen freien Cash-flows in der Planungsperiode führen? Dies erfolgt über den Endwert des Unternehmens. Im Falle der Investitionsstrategie ist dies der Fortführungswert. Er wird so bestimmt, daß der Gewinn nach Steuern des letzten Jahres des Planungshorizontes als ewige Rente berechnet und nachher auf die Gegenwart abgezinst wird. Damit wird mit der Annahme gearbeitet, daß nach Ende des Planungshorizontes kein Wert mehr geschaffen wird, das heißt Abschreibungen und Investitionen deckungsgleich sind, und genau die Kapitalkosten erwirtschaftet werden. Diese Annahmen können natürlich modifiziert werden, wenn sich eine zusätzliche Wertsteigerung oder eine Wertvernichtung begründen läßt.

Neben dem Barwert der freien Cash-flows und dem Barwert des Endwertes muß auch noch der Barwert des nicht betriebsnotwendigen Vermögens dazugezählt werden, um den Unternehmenswert berechnen zu können. Das setzt aber voraus, daß vorgängig zur Strategieevaluation das betriebsnotwendige und das nicht betriebsnotwendige Vermögen klar getrennt werden.

Eine wesentliche Rolle spielt bei diesen Berechnungen der für die Abzinsung auf die Gegenwart gewählte Diskontierungssatz. Er entspricht den gewichteten Durchschnittskosten des Fremd- und Eigenkapitals eines Unternehmens. Die Zusammensetzung des Kapitalkostensatzes ist in Abbildung 2.26 festgehalten.

Die Kapitalkosten werden von drei Komponenten bestimmt (Rappaport, 1986, Gomez/Weber, 1989):

- der Kapitalstruktur (Finanzierungsverhältnis),
- den Kosten des Fremdkapitals nach Steuern,
- den Kosten des Eigenkapitals.

Die Bestimmung der Fremdkapitalkosten hat sich am maßgeblichen Markt zu orientieren und bereitet keine besonderen Schwierigkeiten. Die Festlegung der Eigenkapitalkosten ist dagegen

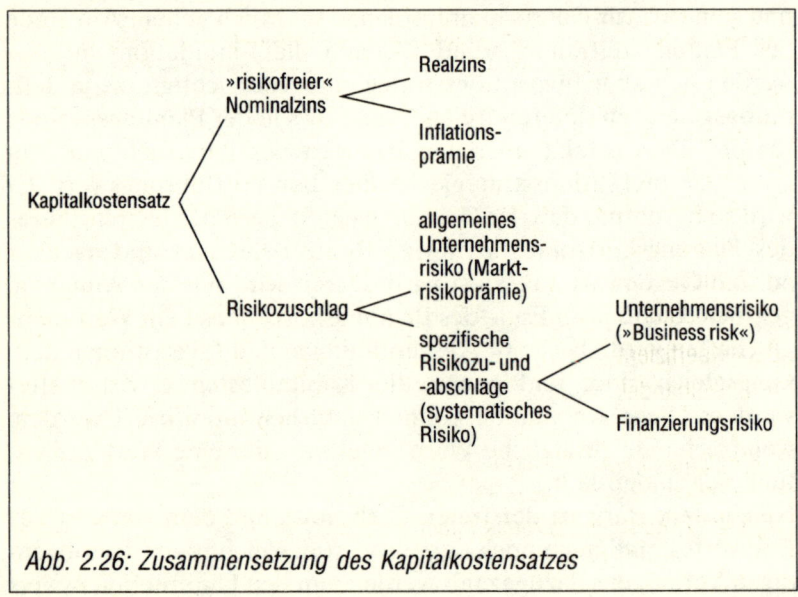

Abb. 2.26: Zusammensetzung des Kapitalkostensatzes

wesentlich anspruchsvoller. Ausgangspunkt ist der Zinssatz risikoloser Anlagen, deren Bonität als einwandfrei betrachtet wird, wie die der Bundesanleihen. Beim Risikozuschlag muß zwischen dem allgemeinen Unternehmensrisiko, der Marktrisikoprämie und den spezifischen Risikozu- und -abschlägen (systematisches Risiko) unterschieden werden. Die Marktrisikoprämie gibt die Renditeforderung wieder, die die Investoren an Anlagen in einem bestimmten Aktienmarkt stellen. Das unternehmensspezifische Risiko wird durch den sogenannten Beta-Koeffizienten festgehalten, der das Fluktuationsausmaß (die Volatilität) der Aktienkurse eines Unternehmens in Relation zum Gesamtmarkt festhält. Ein Unternehmen mit einem Beta-Koeffizienten von 1 weist definitionsgemäß dieselbe Fluktuation auf wie der Markt. Beta-Koeffizienten, die über 1 liegen, weisen deshalb auf höhere Volatilitäten und jene, die unter 1 liegen, auf niedrigere hin.

Während die Ermittlung der Marktrisikoprämien in den einzelnen Ländern aufgrund historischer Daten nicht allzu kompliziert ist, sind die Beta-Koeffizienten – mit Ausnahme der USA, wo diese

Kapitalkosten	Deutschland	Frankreich	England
Risikofreier Zinssatz (Staatsanleihen)			
• Aktuell	8,5	8,9	9,9
• Tief/hoch 90/91	7,5–9,2	8,8–10,7	9,7–13,2
Marktrisikoprämie			
• Aktuell	1,7	5,1	4,8
• Historisch	4,0–6,0	5,0	5,0
Beta-Koeffizient			
• Einzelhandel			0,9
• Schätzung	1,1	1,2	1,1
Fremdkapitalkosten	9,0	10,5	11,2

Abb. 2.27: Komponenten des Kapitalkostensatzes eines Einzelhandelsunternehmens (Anfang 1991)

allgemein zugänglich sind – nur schwer eruierbar. Obwohl die
Finanzanalysten und die Großbanken heute über Beta-Koeffizienten der wichtigsten Unternehmen des jeweiligen Landes verfügen, muß im Einzelfall eine sorgfältige Recherche vorgenommen werden. Das in Abbildung 2.27 festgehaltene Beispiel zeigt
die Komponenten zur Ermittlung des Kapitalkostensatzes für drei
Länder, auf die die Strategien eines Einzelhandelsunternehmens
ausgerichtet sind.

Diese Werte weichen zwischen den einzelnen Ländern stark ab.
Deshalb ist es bei internationalen Strategien unerläßlich, sich mit
den Eigenheiten des jeweiligen Landes sorgfältig auseinanderzu-
setzen. Für den Beta-Koeffizienten mußte eine eigene Schätzung
vorgenommen werden, da lediglich für England der entsprechende Koeffizient für den gesamten Einzelhandel vorlag.

Die Formel zur Berechnung des Kapitalkostensatzes lautet nun
wie folgt:

Zinssatz des Fremdkapitals x (1 – Grenzsteuersatz) x Fremd-
kapitalanteil + Eigenkapitalkostensatz x Eigenkapitalanteil

Der Eigenkapitalkostensatz ist definiert als: Zinssatz risikoloser
Anlagen + unternehmensspezifischer Risikofaktor x Marktrisikoprämie. Bei den Fremdkapitalkosten ist zu beachten, daß der
Steuereffekt eine wichtige Rolle spielt. Fremdkapitalzinsen sind
steuerlich abzugsfähig, so daß sich der Kostensatz entsprechend
reduziert.

Das Beispiel in Abbildung 2.28 zeigt die Berechnung des Kapitalkostensatzes für das obige Einzelhandelsunternehmen in Deutschland, wobei die historische Marktrisikoprämie zugrunde gelegt
wurde.

Diese etwas ausführlichere Behandlung der Kapitalkosten erleichtert nun auch das Verständnis dafür, daß in Abbildung 2.25 der
Gesamtwert des Unternehmens aus dem Marktwert des Fremdkapitals und dem Marktwert des Eigenkapitals zusammengesetzt
ist. Die maßgebliche Kapitalstruktur ergibt sich nicht aus der
kurzfristigen Finanzierung einer Transaktion, und die Kosten

Finanzierungsverhältnis (Eigenkapital : Fremdkapital)	60 : 40
Fremdkapitalkosten	
Kostensatz auf Verfall	9 %
Ertragsteuerrate	55 %
Kosten nach Steuern 9% x (1–55%) =	4 %
Eigenkapitalkosten	
»Risikofreie« Anlage (Bundesanleihe)	8,5%
Marktrisikoprämie	5 %
Unternehmungsspezifischer Zuschlag (ß = 1.3)	1,5 %
Eigenkapitalkosten	15,0%
Kapitalkosten (gewogenes Mittel)	
aus Fremd- und Eigenkapitalkosten	
40% x 4% + 60% x 15% =	10,5%

Abb. 2.28: Kapitalkostensatz-Berechnung eines Einzelhandelsunternehmens

lassen sich nicht aus einem spezifischen situativen Finanzierungsarrangement ableiten. Bei der Schätzung der Kapitalkosten ist stets davon auszugehen, daß eine Strategie langfristig mit Fremd- und Eigenkapital zu finanzieren ist.

Praktische Voraussetzung zur Bewertung von Strategien ist die Möglichkeit, Alternativen auf dem Personalcomputer so durchspielen zu können, daß ihre Auswirkungen auf den Unternehmenswert sofort sichtbar werden. Es gibt verschiedene Softwarepakete, die diese Aufgabe ausgezeichnet erfüllen. Im folgenden soll der Einsatz des »Value-Planner« von Alcar (Alcar, 1987) an einem Beispiel vorgestellt werden.

Bei dem untersuchten Beispiel handelt es sich wiederum um ein Einzelhandelsunternehmen, wie es die Betriebsgewinnrate und die geringen Investitionen erahnen lassen.

Das Unternehmen (siehe Abbildung 2.29) steigert seine Nettoerlöse im Planungshorizont auf über 1 Milliarde DM, und auch der Betriebsgewinn zeigt eine gesunde Entwicklung. Die Zahlen spiegeln die erwarteten Auswirkungen der Geschäfts-, Unterneh-

Mio. DM	1988	1989	1990	1991	1992	1993	1994
Nettoerlöse	746	770	826	872	927	982	1042
Betriebsgewinn	30,9	31,5	32,4	33,9	36,5	39,5	45,2
Erweiterungs-investitionen Anlagevermögen	2,7	2,6	2,5	2,3	22,1	1,7	0,2
Erweiterungs-investitionen Umlaufvermögen	1,0	1,0	1,0	1,0	1,0	1,1	1,2
Kapitalkosten	10,5%	10,5 %	10,5%	10,5%	10,5%	10,5%	10,5%
Steuerrate			55%	55%	55%	55%	55%
Marktwert der Schulden		120,0					
Nicht betriebs-notwendiges Vermögen		120,0					

Abb. 2.29: Eckwerte der Entwicklung eines Einzelhandelsunternehmens

mens- und Eignerstrategien wider sowie die mit ihnen verbundenen Investitionen. Werden nun diese Zahlen mit der Alcar-Software nach der Logik von Abbildung 2.25 verarbeitet, so ergibt sich die in Abbildung 2.30 festgehaltene Wertsteigerung.

Die Umsetzung der Strategien soll dem Unternehmen eine Wertsteigerung von 19 Millionen DM bringen, wie die obige Aufstellung illustriert. Sie listet für die Jahre 1990 bis 1994 die kumulierten, abgezinsten freien Cash-flows sowie den abgezinsten Endwert 1994 des Unternehmens auf. Bei einem nicht betriebsnotwendigen Vermögen von 100 Millionen DM beträgt der Unternehmenswert 254 Millionen DM. Davon weg gehen die Schulden von 120 Millionen DM, so daß ein Eigenkapitalwert von 134 Millionen DM resultiert. Zieht man davon den Shareholder-Value vor Umsetzung der Strategien ab, so ergibt sich die besagte Wertsteigerung.

Wie bereits oben angeklungen, bedeutet Evaluation von Strate-

Jahr	Freie Cash-flows	Kumulierter Gegenwartswert FCF	Gegenwartswert Endwert	Nicht betriebs- notwendiges Vermögen
1990	11,1	10,0		
1991	11,9	19,8		
1992	(−6,6)	14,9		
1993	15,0	24,9		
1994	10,0	36,5 +	117,5 +	100

Gesamtwert des Unternehmens	254
Schulden	120
Eigenkapitalwert	134
Eigenkapitalwert vor Strategie	115
Wertsteigerung	19

Abb. 2.30: Wertsteigerung in Millionen DM durch die strategische Ausrichtung des Einzelhandelsunternehmens

gien Durchspielen möglicher Szenarien und Beurteilung der Sensivitäten der entsprechenden Entwicklungen. Die Alcar-Software ist hier insofern von großem Nutzen, als das Programm aufzeigt, welche Veränderung von Wertgeneratoren den größten Einfluß auf den Unternehmenswert hat. Wie in Abbildung 2.31 festgehalten, sind es im vorliegenden Fall die Gewinnmarge sowie – in eingeschränktem Maße – die Ertragsteuerrate und die Kapitalkosten. Wenig sensitiv sind das Umsatzwachstum und die Veränderung der Investitionen. Das heißt nun aber, daß die strategischen Optionen vor allem dahin gehend evaluiert werden sollten, ob sie die Gewinnmarge verbessern oder Steuervorteile erbringen. Es macht dagegen wenig Sinn, das Umsatzwachstum oder die Desinvestition stark zu forcieren.

Das Alcar-Programm ermöglicht es, beliebige Entwicklungen durchzuspielen und sofort zu sehen, welchen Einfluß die entwikkelten Strategien auf den Unternehmenswert haben. So ist es

Eine Steigerung von 1 % von:	Erhöht den Unternehmenswert in Mio. DM	in %
Umsatzwachstum	0,172	0,128
Gewinnmarge	1,796	1,340
Zunahme Anlagevermögen	(0,216)	(0,162)
Zunahme Netto-Umlaufvermögen	(0,039)	(0,029)
Ertragsteuerrate	(0,759)	(0,567)
Kapitalkosten	(0,664)	(0,495)

Abb. 2.31: Relativer Einfluß der Wertgeneratoren
auf den Unternehmenswert des Einzelhandelsunternehmens

möglich, sich langsam einem Optimum anzunähern und jene Strategien auszuwählen, die über die größte Hebelwirkung verfügen.

Die Discounted-Cash-flow-Methode, wie das oben beschriebene Vorgehen auch genannt wird, ist heute in der Unternehmenspraxis schon weit verbreitet. Besonders bei der Beurteilung von Akquisitionskandidaten wird praktisch nur noch nach diesem Vorgehen gearbeitet. Aber auch bei der Evaluation von Strategien erhält diese Methode einen zunehmenden Stellenwert, vor allem weil mit Hilfe der leicht zu bedienenden Software mögliche strategische Optionen simuliert werden können. Das Vorgehen bei der Strategieevaluation läßt sich durch folgende Schritte charakterisieren:

- Entwicklung von Geschäfts-, Unternehmens- und Eignerstrategien,
- Quantifizierung der erwarteten freien Cash-flows für die einzelnen Jahre des Planungshorizontes und des Endwertes,
- Berechnung des Wertsteigerungspotentials der Strategien mit Hilfe der PC-Software,
- Bestimmung der Sensitivität der einzelnen Wertgeneratoren und Beurteilung der Strategien in ihrem Effekt auf diese Wertgeneratoren,

- Simulation von Strategieänderungen und Beurteilung in ihrer Wirkung auf den Unternehmenswert,
- Auswahl der optimalen Strategien.

Es sei hier noch erwähnt, daß in einem Unternehmen je nach Unterschiedlichkeit der Geschäfte mit verschiedenen Kapitalisierungskosten gearbeitet werden muß, um keine unzulässigen Verzerrungen zu erleiden.

Das Denken in Begriffen der Wertsteigerung und der künftigen freien Cash-flows beginnt sich in der Unternehmenspraxis langsam durchzusetzen, wobei die institutionellen Anleger mit ihren klar formulierten Ansprüchen eine treibende Kraft sind. Eine weite Verbreitung wird dieses Denken aber erst dann erfahren, wenn die Wertsteigerung des Unternehmens zur Bezugsgröße für Entlohnungs- und Anreizsysteme des Managements wird. In den USA sind entsprechende Systeme bereits recht weit verbreitet (Brindisi, 1989). Problematisch in Europa ist, daß bezüglich der Bestimmungsgrößen der Wertsteigerung noch zuwenig Transparenz besteht. Auch ist die Rechnungslegung noch fast ausschließlich auf den Gewinn und die ihm verwandten Größen ausgerichtet. Fortschrittliche Unternehmen – und hier sei ganz besonders Haniel erwähnt (Bleicher, 1992 b) – beginnen ihre Anreizsysteme strategisch auszurichten. Daß dabei vorerst nur ein mehrstufiges Modell mit Berücksichtigung operativer und strategischer Aspekte in Frage kommt, ist aus verschiedenen Gründen einleuchtend. Solange die Rechnungslegungsgrundsätze wie auch die Wirtschaftspresse am Gewinn und der Rentabilität als Orientierungsgröße festhalten, kann kein radikaler Wechsel in Richtung freier Cash-flows erfolgen. Weiter lassen sich Verdienste für die Wertsteigerung des Unternehmens oft nicht klar zuordnen, und eine einseitige langfristige Ausrichtung würde die Führungskräfte benachteiligen, die, aus welchen Gründen auch immer, das Unternehmen verlassen.

Im wesentlichen sollte ein auf die Wertsteigerung ausgerichtetes strategisches Anreizsystem drei Anforderungen erfüllen:

- Personeller Geltungsbereich: Alle an der Gestaltung des Wertsteigerungsprozesses beteiligten Führungskräfte sollten mit einbezogen werden, wobei eine hierarchische Abstufung und eine Sonderregelung für die Gesamtleitung vorzusehen sind.

- Form des Anreizsystems: Es sollte eine strategische Prämie in Verbindung mit operativen Boni angestrebt werden. Die strategische Prämie wird aufgrund der vereinbarten Wertsteigerung am Anfang der Planungsperiode in einem »strategischen Vertrag« festgelegt. Die Auszahlung erfolgt nach Maßgabe der Zielerreichung. Die Prämienhöhe orientiert sich an der Wertsteigerung einer hypothetischen Mitbeteiligung. Operative Boni werden im Rahmen der jährlichen Budgets anhand von Zwischenzielen festgelegt. Boni sollen die Strategie stützen und zudem eine Variabilisierungskomponente der entsprechenden Gehälter aufweisen.
- Dauer: Der Strategiehorizont wird gemäß dem Charakter des Geschäftes festgelegt. Um jedoch zu vermeiden, daß der Endwert gewollt inflationiert wird, werden dem ersten Incentiveplan Folgepläne hintangestellt, um die Wichtigkeit der Wertsteigerung über die Planungsperiode hinaus zu unterstreichen.

Die detaillierte Ausgestaltung solcher strategischer Anreizsysteme ist nicht Gegenstand dieses Buches. Es soll hier jedoch wiederum eindringlich betont werden, daß letztlich die Umsetzung über den Erfolg einer Strategie entscheidet. Und hier spielt natürlich das Anreizsystem eine entscheidende Rolle.

Abschließend stellt sich nun die Frage, ob die Wertsteigerung im Sinne eines erhöhten Aktionärsnutzens der oberste Erfolgsmaßstab unternehmerischer Aktivitäten sein sollte. Kommen da nicht alle anderen Anspruchsgruppen zu kurz, deren legitime Interessen bereits eindringlich geschildert wurden?

2.3.3 Wertsteigerung und Nutzenstiftung für die Anspruchsgruppen des Unternehmens

Wer kommt überhaupt als Anspruchsgruppe in Frage? Es sind dies jene Interessengruppen, die gegenüber dem Unternehmen entweder einen gesetzlich verankerten Anspruch geltend machen können oder ihre Ansprüche so glaubhaft vertreten können, daß das Unternehmen nicht umhinkann, sie bei der Entscheidungsfindung zu berücksichtigen. Neben den Aktionären oder Kapitalgebern sind solche Anspruchsgruppen der Verwaltungs- oder Aufsichtsrat, das Topmanagement, die Mitarbeiter, die Gewerkschaften, die Konkurrenz, die Kunden, die Lieferanten, die Fremdkapitalgeber, der Staat und die Öffentlichkeit. Je nach Unternehmen muß diese Liste erweitert oder aber eingeengt werden. Für diese Anspruchsgruppen muß nun der Nutzen spezifiziert werden, den die Unternehmung erbringen soll, und es sind zudem jene Wertgeneratoren zu umschreiben, deren Management zur Zielerreichung beiträgt.

Eine Zusammenstellung solcher Ziele, Nutzen und Wertgeneratoren wurde von Janisch (Janisch, 1992) erarbeitet und ist in Abbildung 2.32 festgehalten.

Was beim Shareholder-Value-Ansatz so einfach und zwingend aussieht – ein Ziel (Wertsteigerung des Unternehmens), fünf Wertgeneratoren (Umsatzwachstum, Gewinnmarge, Investitionen, Kapitalkosten, Steuerrate) –, wird beim Stakeholder-Ansatz kompliziert und kaum überschaubar. Zum einen ist die Festlegung von Zielen, Nutzen und Wertgeneratoren nicht zwingend, das heißt, die Logik der Zusammenhänge wird weniger durch betriebswirtschaftliche Notwendigkeiten als durch die subjektive Auswahl und Gewichtung der jeweiligen Anspruchsgruppe bestimmt. Als Beispiel sei das Topmanagement genannt, dem sich je nach eingenommener Perspektive unterschiedliche Ziele oder Nutzen zuschreiben lassen. Welche jetzt bei der Beurteilung von Strategien im Hinblick auf ihre Nutzengenerierung für das Topmanagement zugrunde gelegt werden sollen, läßt sich nur situativ entscheiden. Damit werden aber auch der Möglichkeit der Entwicklung von Handlungsanweisungen an das Management – wie sie das Shareholder-Value-Konzept zweifellos erbringen kann – Grenzen gesetzt.

Ein weiteres Problem ergibt sich bei der Setzung der Prioritäten. Selbstverständlich kann nicht davon ausgegangen werden, daß zwischen den Zielen der Anspruchsgruppen Harmonie besteht. Es geht hier also um einen eigentlichen Zielaushandlungsprozeß. Wie hat dieser aber zu erfolgen? Die am wenigsten verbindliche –

Anspruchsgruppen	Oberziel/Nutzen	Teilnutzen	Wertgeneratoren
Aktionär	Unternehmens-wertsteigerung	• Dividende • Kursgewinn • Macht	• Umsatzwachstum • Gewinnmarge • Investitionen • Kapitalkosten • Steuerrate
Verwaltungsrat/ Aufsichtsrat	Funktionierende Unternehmens- führung	• Übernahme von Verantwortung • Prestige • Tantiemen	• Kontrolle • Delegation • Information
Topmanagement	Berufliche Erfüllung	• Sicherheit • Erfolg • Macht/Sozialer Status • Entlohnung • Selbstverwirklichung • Dividende/ Kursgewinn	• Kontrolle • Einkommen • Umsatzwachstum/ Gewinn • Sicherheit • Job Design
Mitarbeiter	Lebensqualität	• Existenzsicherung • Lebensunterhalt • Selbstverwirklichung	• Einkommen • Arbeitsplatzsicherheit • Arbeitsbedingungen • Beteiligung
Kunden	Bedürfnis- befriedigung	• Marktleistung • Preis • Sicherheit • Periphere Leistungen	• Produktqualität • Preiswürdigkeit • Produktsicherheit • Versorgungsqualität • Image
Lieferanten	Existenzerhaltung/ und -entwicklung	• Eigene Wertsteigerung • Unabhängigkeit • Sicherheit	• Nachfragemacht • Stabile Beziehung • Preisgestaltung • Umsatz/Investitionen
Fremdkapitalgeber	Attraktivitäts- steigerung der Investitionen	• Kapitalverzinsung • Sicherheit • Macht	• FK-Kosten • Amortisation • Umsatz/Investitionen • Kontrolle
Staat	Wohlfahrt	• Wirtschaftswachstum • Verteilungsgerechtig- keit • Konjunkturelle Stabilität • Unabhängigkeit • Machtausgleich • Umweltqualität	• Steuern/Gebühren • Aufgabenentlastung • Einhaltung von Vorschriften/Normen • Prosperität der Privatwirtschaft
Öffentlichkeit/ Gesellschaft	Gerechte Zukunftssicherung	• Offenlegung/Kontrolle wirtschaftlicher Tätigkeit • Gerechtigkeit • Förderung des Gemeinwohls	• Spenden/Stiftungen • Informationssystem • Umweltschutz • Einhaltung von Werten und Moral

Abb. 2.32: Ziele, Teilnutzen und Wertgeneratoren der Anspruchsgruppen (nach Janisch, 1992)

für die Anspruchsgruppen aber auch unbefriedigendste – Variante wäre eine lose Verpflichtung des Managements, diese Ansprüche als Rahmenbedingungen bei der Optimierung des Shareholder Value zu berücksichtigen. In diesem Fall wären die Anspruchsgruppen völlig vom guten Willen der Unternehmensführung abhängig und müßten zu Recht befürchten, je nach Situation des Unternehmens oft den kürzeren zu ziehen. Ein anderes Extrem bestünde in einer Institutionalisierung des Aushandlungsprozesses im Sinne einer Mitbestimmung der Stakeholders. Ein solches Modell wäre meines Erachtens marktwirtschaftlich gesehen nicht sinnvoll. Bleibt eigentlich als ernsthafte Alternative zur Verwirklichung eines Anspruchsgruppen-Managements nur die Möglichkeit, eine Art Forum zu gründen, dem Vertreter der Anspruchsgruppen angehören, die zusammen mit dem Management regelmäßig Fragen der Ausrichtung des Unternehmens diskutieren. Dieses würde sodann unter einem gewissen Zugzwang gesetzt, ohne daß daraus rechtliche Ansprüche abgeleitet werden können. Bleibt noch das eigentliche Problem der Messung der Wertsteigerung, die für die einzelnen Anspruchsgruppen geschaffen wird. Auch hier darf kein so klarer Indikator wie die freien Cash-flows im Sinne des Aktionärsnutzen-Ansatzes erwartet werden. Wie Janisch (Janisch, 1992) gezeigt hat, gibt es eine Vielzahl von Indikatoren für jede einzelne Anspruchsgruppe. Und bei der Empfehlung zur Auswahl geeigneter Indikatoren ergibt sich die Qual der Wahl. Jedes Management muß hier eine subjektive Auswahl treffen, die zweifellos zu Ungleichgewichten führen wird. Trotzdem darf es, wie die obigen Ausführungen gezeigt haben, dieser Aufgabe nicht entbunden werden.

Ist die Berücksichtigung von Stakeholder-Interessen konzeptionell und als qualitativer Denkansatz auch in der Unternehmenspraxis schon weit verbreitet, so stehen die Quantifizierung dieser Interessen und der entsprechende Beurteilungsmaßstab für Strategien noch in der Anfangsphase der Entwicklung. Ein erster Ansatz wird in Abschnitt 3.7 vorgestellt. Auf diesem Gebiet sind aber noch große Anstrengungen erforderlich, soll das Versprechen einer ganzheitlichen Strategiefindung eingelöst werden.

3 Strategiemethodik des Wertmanagements

Strategisches Denken läßt sich nicht in ein Schema pressen. Vielfach sind es Geistesblitze, einmalige Gelegenheiten, kreative Lösungen, die zu einer erfolgreichen Neuausrichtung des Unternehmens führen. Manchmal ist es auch die geduldige und engagierte Umsetzung einer Stoßrichtung, die auf den ersten Blick recht konventionell und wenig innovativ aussieht. Ein guter Stratege kann sowohl ein Künstler wie ein solider Handwerker sein. Er läßt sich meist nur schwer fassen und eignet sich kaum als Vorbild für lernbegierige Führungskräfte.

Aus diesem Grund wird heute die Strategieentwicklung in der Literatur zunehmend mystifiziert. Und es wird immer beliebter, Beispiele von erfolgreichen Unternehmen zur Dokumentation strategischer Erfolge anzuführen. Ein strukturiertes Vorgehen bei der Strategiefindung wird deshalb oft als »analytisch«, »Stabsarbeit« und »akademisch« abgetan. Wenn im folgenden trotzdem ein schrittweises Vorgehen bei der Entwicklung von Strategien vorgeschlagen wird, so erfolgt dies aus der Überzeugung, daß ein solches den genialen Einfall nicht ersetzt, wohl aber die Grundlage für sein Eintreffen schafft. Newton endeckte das Gravitationsgesetz erst nach langen Vorarbeiten, auch wenn die Legende will, daß ihm im Schlaf ein Apfel auf den Kopf gefallen sei und so den entscheidenden Geistesblitz ausgelöst habe. Gutes Handwerk ist eine Voraussetzung für den Erfolg; allerdings garantiert sie diesen nicht. Aber ein methodisches Vorgehen bei der Strategieentwicklung erhöht die Chancen, zum Ziel zu kommen, das heißt, Wettbewerbvorteile zu erreichen, den Wert des Unternehmens zu steigern und Nutzen für die Anspruchsgruppen zu stiften.

War es bis vor kurzem noch üblich, vom Strategen (und in

wenigen Ausnahmefällen der Strategin) im Singular zu sprechen, so wird heute zunehmend erkannt, daß erfolgreiche Strategieentwicklung ein kollektives Phänomen darstellt. Das im Unternehmen und bei den Anspruchsgruppen vorhandene Wissen ist zu wertvoll, als daß eine einzelne Person behaupten kann, den Königsweg zu kennen.

Wenn im folgenden eine ganzheitliche Strategiemethodik entwickelt wird, so geschieht dies als schrittweises Vorgehen unter systematischer Nutzung des im Unternehmen und bei den Anspruchsgruppen vorhandenen Wissens. Jeder einzelne Schritt ist nach dem gleichen Muster strukturiert, um den Führungskräften einen roten Faden beim Durchlaufen des Prozesses in die Hand zu geben. In Abbildung 3.1 ist die Methodik zusammenfassend dar-

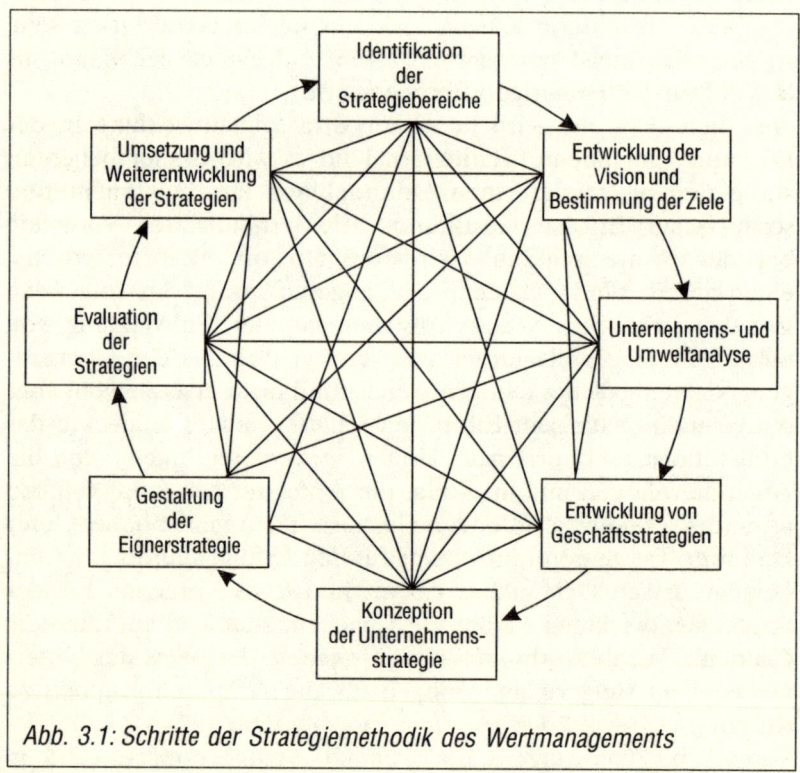

Abb. 3.1: Schritte der Strategiemethodik des Wertmanagements

gestellt, wobei die kreisförmige Anordnung sowie die Verbindungen zwischen den einzelnen Schritten symbolisieren sollen, daß ein solches Vorgehen nicht schön sequentiell abläuft, sondern ein stetes Vorwärts-und-rückwärts-Schreiten der Situation angemessener ist.

Für jeden einzelnen Schritt werden zuerst der grundlegende Denkansatz und das methodische Vorgehen vorgestellt. Diese Ausführungen münden in Strategiegrundsätze, die bei diesem Schritt zu befolgen sind. Das Vorgehen wird anhand verschiedener Beispiele aus der Unternehmenspraxis illustriert, und abschließend wird die jeweilige Phase des Strategieprozesses am Beispiel des Industrieunternehmens nochmals zusammengefaßt, das als integrale »Strategiestudie DELTA« die ganze Methodik begleitet.

3.1 Identifikation der Strategiebereiche

Die Notwendigkeit der Identifikation und klaren Abgrenzung der strategisch relevanten Einheiten oder Bereiche ergibt sich einerseits zwangsläufig aus der Unterscheidung zwischen Geschäfts-, Unternehmens- und Eignerstrategien. Jede dieser Strategien hat einen anderen Wirkungsbereich, und wie die obigen Ausführungen gezeigt haben, führen nur eine klare Trennung und eine entsprechende Fokussierung zu einer erfolgreichen längerfristigen Ausrichtung des Unternehmens. Andererseits sind strategische Einheiten in den wenigsten Fällen deckungsgleich mit den bestehenden organisatorischen Einheiten des Unternehmens. Auch die Abgrenzung des Unternehmens als Ganzes ist im Zeitalter der Allianzen und Kooperationen nicht mehr eindeutig gegeben. Trotzdem wird in vielen Unternehmen versucht, das strategische Denken in das Korsett der jeweiligen Organisation zu stecken, nicht zuletzt deshalb, weil sich dann die Führungskräfte auf vertrautem Grund bewegen und nicht in unbekanntes Gebiet vorstoßen müssen. Aber gerade eine solche Neubestimmung der Grenzen und die damit verbundene »interdisziplinäre« Betrachtungsweise führen oft zu radikal neuen Strategien.

Der erste Grundsatz des Vorgehens der Strategiemethodik lautet deshalb wie folgt:

Erster strategischer Grundsatz

Die Bereiche der Geschäftsstrategie, der Unternehmensstrategie und der Eignerstrategie sind klar voneinander abzugrenzen. Strategiebereiche sind in der Regel nicht identisch mit Organisationseinheiten.

Dieser Grundsatz leuchtet ein, wenn man die funktionale Organisationsform etwas näher betrachtet, die auch heute noch bei den meisten kleineren und mittleren Unternehmen anzutreffen ist. Die organisatorischen Einheiten sind hier die Bereiche Forschung und Entwicklung, die Beschaffung, die Produktion, der Absatz, die Finanzen und das Personal. Stellt man nun die Frage nach strategischen Geschäftseinheiten, so liegen diese quer zu den organisatorischen Bereichen. Der Absatzbereich ist zuständig für die Vermarktung verschiedener Produktgruppen, und die Entwicklung einer allgemeinen Absatzstrategie würde kaum die erwarteten Wettbewerbsvorteile bringen. Auch würde dann die integrierte Sichtweise von der Forschung und Entwicklung bis hin zum Absatz fehlen. Der Übergang von organisatorischen Einheiten zu strategischen Geschäftseinheiten erweist sich als nicht allzu schwierig; der umgekehrte Weg in der Umsetzungsphase ist aber bedeutend anspruchsvoller. Auch das Unternehmen als Ganzes läßt sich heute nicht mehr so klar abgrenzen wie früher, da Allianzen und Kooperationen Grauzonen schaffen. Deshalb ist hier vorgängig zur Strategieentwicklung abzuklären, was alles zum Unternehmen gehört und welche Verflechtungen bestehen.
Aus der Sicht des Eigners ist das Unternehmen ein Teil seines Portefeuilles, und auch hier verwischen sich die Grenzen, wenn beispielsweise der Eigner betriebliche Mittel für Finanztransaktionen einsetzt. Deshalb ist der unternehmensrelevante Bereich des Eignerinteresses zu identifizieren, was vom Management einiges an Fingerspitzengefühl erfordern kann.

Auf der Ebene der *Geschäftsstrategie* sind in diesem Schritt die strategischen Geschäftseinheiten (SGE) zu identifizieren und abzugrenzen. Abbildung 3.2 zeigt die Ansatzpunkte zu einer solchen Abgrenzung.

In Abschnitt 2.2.1 wurde die Abgrenzung von strategischen Geschäftseinheiten bereits diskutiert und mit den Beispielen von Gurit Heberlein, Haefely und BMW illustriert. Hier soll etwas ausführlicher das Beispiel eines Unternehmens vorgestellt werden, das auf dem Gebiet der Gebäudeautomation tätig ist. Wie Abbildung 3.3 zeigt, hat dieses Unternehmen die in Abbildung 3.2 festgehaltenen Kategorien mit Inhalt gefüllt und anschließend

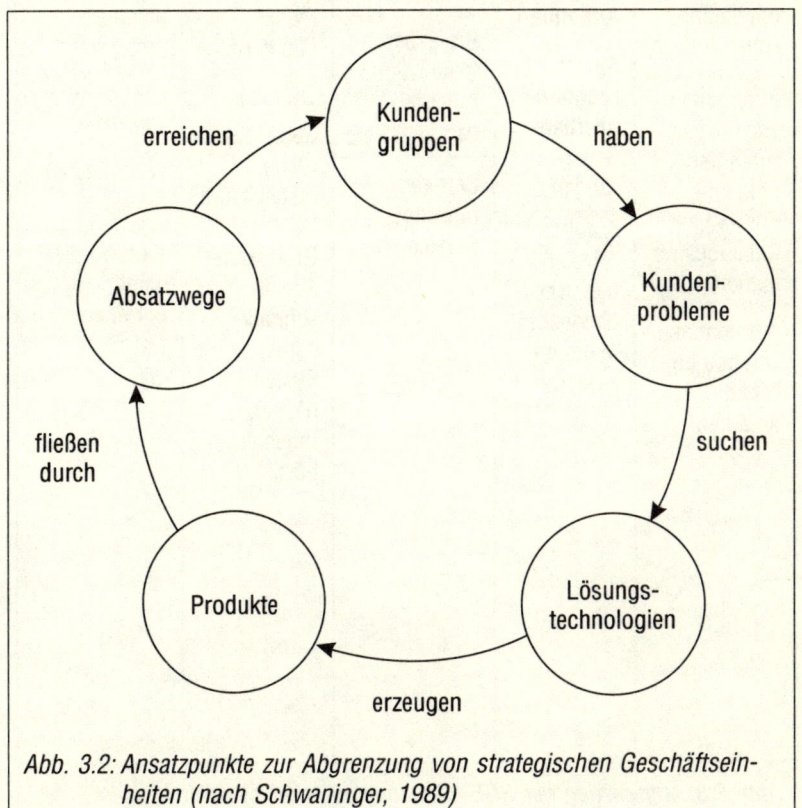

Abb. 3.2: Ansatzpunkte zur Abgrenzung von strategischen Geschäftseinheiten (nach Schwaninger, 1989)

diejenigen Gebiete abgegrenzt, die unter dem Dach einer strategischen Geschäftseinheit vereinigt sein sollen.

Die gerasterten Flächen zeigen, daß die mit »Gebäudeleittechniksysteme« bezeichnete strategische Geschäftseinheit sich auf ganz bestimmte Kundenbedürfnisse, Produkte, Technologien, Ab-

Kunden-bedürfnisse	Produkte	Technologien	Absatzwege	Kunden-gruppen
Ausrüstung von Gebäuden mit technischen Anlagen	Fühler, Stellglieder/ Armaturen	Projekt-management	Direkt an Endkunden, Planer, Generalunternehmer	lokale, regionale, nationale,
Automation von Einzelanlagen der Gebäude, Ausrüstung Gebäudeautomation	Speicher-programmierbare Steuerungen	Projektierung, Installation, Inbetriebnahme		europaweite,
	Automationsstationen, Gebäudeautomations-Systeme	Betriebsführung, Service	Gebäudeausrüster, Installateure, OEM, Großhandel, Schaltschrankbauer, Systemhäuser, Ingenieurbüros	weltweite Wohnbauten-Betreiber
Automation von betrieblichen Abläufen				Nichtwohnbauten-Betreiber

Abb. 3.3: Abgrenzung der SGE »Gebäudeteiltechniksysteme«

satzwege und Kundengruppen ausrichtet und bewußt die anderen Möglichkeiten ausschließt. Es wird hier also eine sehr differenzierte Abgrenzung bei allen Kategorien vorgenommen. Vielfach genügt es aber, sich auf eine Kategorie, zum Beispiel die Kundengruppen, zu konzentrieren und eine Auswahl zu treffen. Dies ist letztlich auch die Frage der Anzahl strategischer Geschäftseinheiten, die in einer Unternehmung abgegrenzt werden sollen. Natürlich gibt es hier keine allgemeingültige Regel. Es hat sich jedoch in der Praxis bewährt, relativ wenige SGEs zu unterscheiden, auch wenn dies manchmal erfordert, einzelne Aktivitäten einer SGE zuzuschlagen, die eigentlich nicht ideal dazu passen. Der Vorteil relativ weniger SGEs besteht darin, daß die Übersichtlichkeit über das Portfolio gewahrt bleibt und die SGEs gezielt gefördert werden können. Wenn also ein Unternehmen mit einigen hundert Millionen DM Umsatz zwanzig SGEs aufweist, so wurde sicher keine sinnvolle Abgrenzung vorgenommen. Es sollte möglich sein, anhand der obigen Kategorien vielleicht fünf bis sieben SGEs zu spezifizieren. Auf der Ebene der *Unternehmensstrategien* stellt sich heute das Problem der Grenzziehung wie noch nie. Viele Unternehmen sind verschachtelt, an Joint-ventures oder Allianzen beteiligt. Deshalb ist es wichtig, zuerst einmal eine Bestandsaufnahme zu machen. Dabei sind folgende Fragen zu stellen:

- Welches ist das Stammgeschäft (Kerngeschäft) des Unternehmens?
- Gibt es weitere, rechtlich oder organisatorisch selbständige Einheiten, die zum Unternehmen gehören?
- Ist das Unternehmen in Joint-ventures oder anderen Allianzen engagiert?
- Verfügt das Unternehmen über Minderheitsbeteiligungen?

Zur Illustration der Notwendigkeit solcher Überlegungen sind in Abbildung 3.4 die Beteiligungen ausgewählter europäischer Fluggesellschaften aufgeführt.

War es beispielsweise vor einem Jahrzehnt noch einfach, die Swissair als Unternehmen abzugrenzen, so fällt dies heute ange-

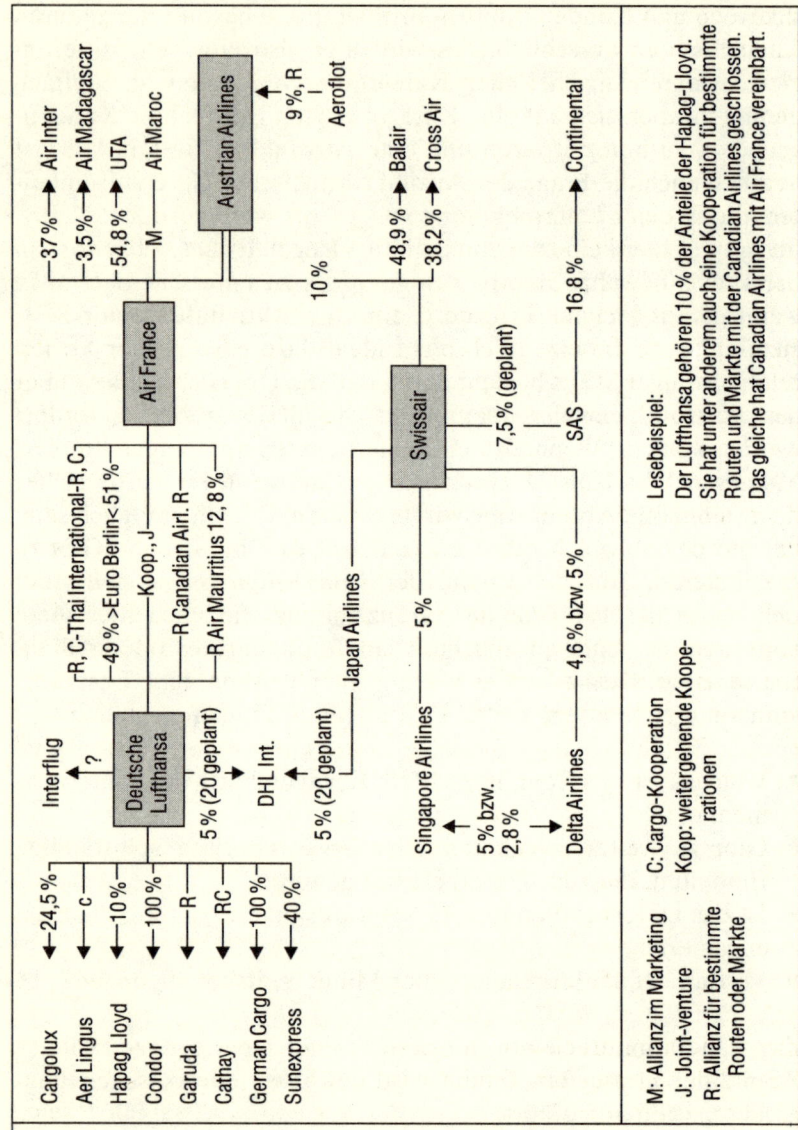

Abb. 3.4: Die Beteiligungen ausgewählter europäischer Fluggesellschaften (Müller-Stewens/Hillig, 1992)

sichts der vielfältigen Verflechtungen sehr schwer, zumal diese einem laufenden Wandel unterworfen sind. Bei der strategischen Positionierung eines Unternehmens ist es deshalb unerläßlich, diese Grenzziehung sorgfältig vorzunehmen, um nicht Strategien zu entwickeln, die mögliche Synergiepotentiale mit Allianzpartnern vernachlässigen oder die den Interessen dieser Partner diametral entgegenlaufen.

Im Bereich der *Eignerstrategie* ist vor allem ein zusätzliches Element zu berücksichtigen, nämlich die Minderheitsbeteiligungen. Es kann für einen Eigner durchaus sinnvoll sein, über solche Beteiligungen Zugang zu interessanten Unternehmen zu erhalten und so mögliche Synergiepotentiale aufzuspüren. Für das Management ist es wichtig, diese Zusammenhänge zu kennen, damit es diese bei der Strategiefindung optimal berücksichtigen kann. Abbildung 3.5 zeigt als Beispiel die Beteiligungsstrukturen des führenden Schweizer Industriellen Stephan Schmidheiny.

Im Bereich Unotec sind technologieorientierte Unternehmen zusammengefaßt, wobei neben zwei mehrheitlich dominierten Unternehmen zwei Minderheitsbeteiligungen vorzufinden sind. Seine Anteile an der Schweizer Uhrenfirma SMH und der Asea Brown Boveri erlauben Schmidheiny, strategische Gemeinsamkeiten mit der Leica sowie der Landis & Gyr zu entdecken und entsprechende Möglichkeiten der Zusammenarbeit in die Wege zu leiten, ohne daß eine Verschmelzung der operativen Geschäfte oder eine zusätzliche Beteiligung notwendig wird.

Instrumente zur Identifikation und Abgrenzung von Strategiebereichen sind also einerseits die Kategorisierung von Geschäftseinheiten nach Kundengruppen, Kundenproblemen, Lösungstechnologien, Produkten und Absatzwegen sowie Organigramme zur Illustration der Beteiligungsverhältnisse oder der Verflechtungen zwischen Unternehmen. Die Abgrenzung anhand dieser Instrumente stellt natürlich nur eine erste Annäherung dar. Im nächsten Schritt der Strategiemethodik wird die Frage nach der »Systemgrenze« viel tiefgründiger aufgeworfen, wenn der Strategiebereich in seinen Umweltbeziehungen und in seiner Interaktion mit den Anspruchsgruppen erfaßt wird. Zudem kommt in diesem Zusammenhang das Vor-und-rückwärts-Schreiten im Strategieprozeß

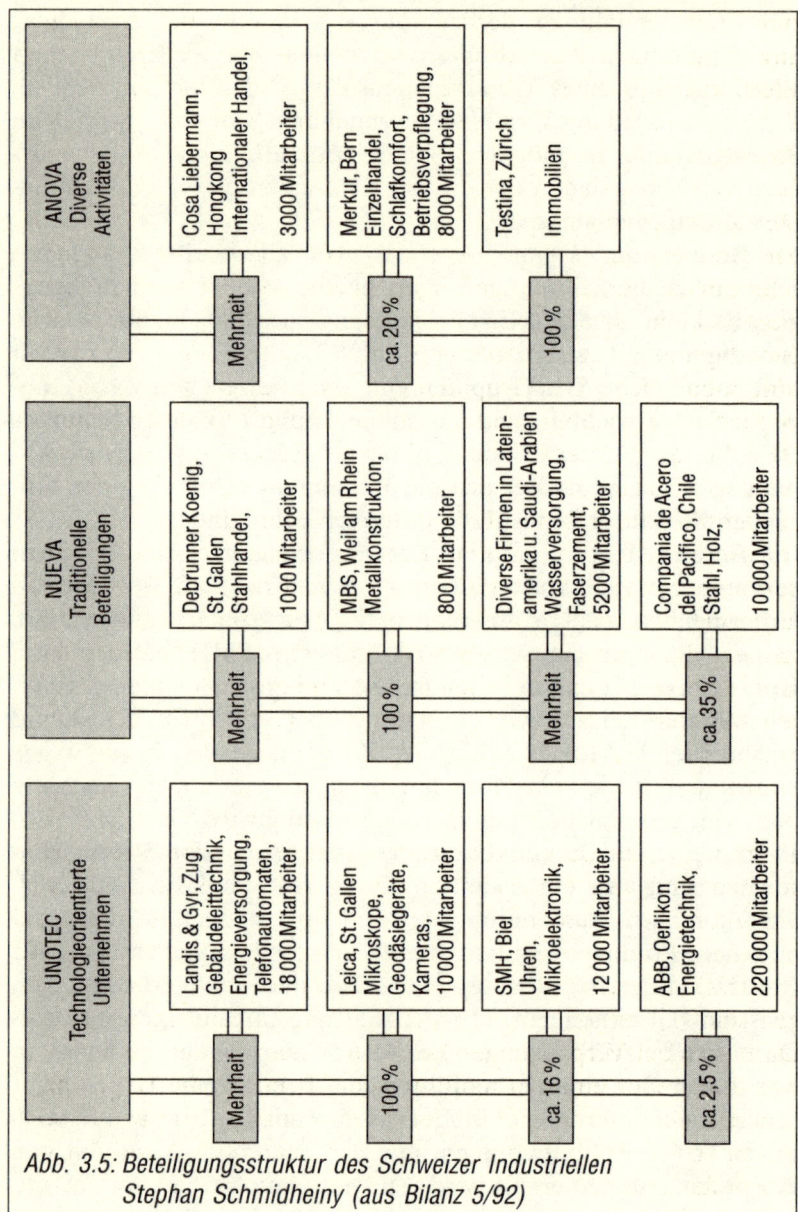

Abb. 3.5: Beteiligungsstruktur des Schweizer Industriellen Stephan Schmidheiny (aus Bilanz 5/92)

zum Tragen, indem bei der Entwicklung der einzelnen Strategien unweigerlich die Frage auftreten wird, ob der Strategiebereich auch richtig abgegrenzt worden ist.

Strategiestudie DELTA: Hintergründe und Daten

DELTA war Ende der achtziger Jahre einer der führenden europäischen Hersteller von Verpackungen industrieller Güter mit zehn operativen Gesellschaften in der Schweiz, Deutschland, Belgien und den Niederlanden. Pro Jahr wurden 300 Millionen Verpackungseinheiten verkauft und ein Gesamtumsatz von sFr. 250 Millionen erzielt. Die Gruppe wurde durch eine Holding mit Sitz in der Schweiz geführt und beschäftigte rund 1300 Mitarbeiter.

DELTA ist das Resultat einer gezielten Europastrategie aus den Anfängen einer kleinen Schweizer Verpackungsfirma mit nicht einmal sFr. 30 Millionen Umsatz. Das Unternehmen wurde 1978 von einer größeren Gruppe übernommen, die selbst noch nicht in der Verpackungsbranche tätig war. Als erstes wurde eine Restrukturierung eingeleitet, da die akquirierte Firma rote Zahlen schrieb. Rationalisierung, Verstärkung im Marketing und eine saubere Abgrenzung der Geschäfte standen im Vordergrund. Es zeigte sich aber bald, daß dies für eine langfristige Gesundung nicht ausreichen würde.

Strategisch gesehen waren zwei Stoßrichtungen offen: Desinvestition oder gezielter Ausbau durch Zusammengehen mit anderen, gleichgelagerten Firmen. Es wurde entschieden, den zweiten Weg zu gehen und eine führende Position in der Schweiz und anschließend in Europa aufzubauen. Als Wettbewerbsstrategie kam dabei nur eine Nischenpolitik in Frage, da der Markt von integrierten Papierfabriken dominiert wird, die Verpackungen in großen Mengen und mit entsprechend günstigen Rohstoffpreisen herstellen. Da es sich bei Verpackungen zudem um eine Commodity handelt, war also weder eine Kostenführerschafts- noch eine Differenzierungsstrategie möglich. Als Ziel der Europastrategie wurde festgelegt, einer der führenden, von Papierfabriken unabhängigen Hersteller zu werden. Dabei sollten die Marktnischen einzelner Länder genutzt werden.

Als erste Unternehmen wurden 1980 zwei Papiersackhersteller in Benelux akquiriert, fusioniert und in die neugegründete DELTA-Holding eingebracht. 1984 folgte ein bedeutender Schweizer Hersteller. Die Schweizer Unternehmen wurden also entflechtet, es gab fortan ein Unternehmen für Papiersäcke und eines für Kunststoffsäcke, was bedeutende Rationalisierungsmöglichkeiten und ein gezielteres Marketing ermöglichte. 1985 wurde die weitere Erschließung des Benelux-Marktes in Angriff genommen. Mit einer holländischen Firma wurde ein 50:50-Joint-venture unter Schweizer Führung geschlossen, da eine mehrheitliche Übernahme nicht möglich war. Damit war die erste Etappe der Europastrategie abgeschlossen. Die DELTA-Gruppe verfügte nun über eine starke Stellung in der Schweiz und in Benelux und damit über eine ausgezeichnete Plattform für ihre Europastrategie.

Nach einer Konsolidierungsphase stellte sich 1986 die Frage nach den nächsten strategischen Schritten. Die Prämissen waren die folgenden:

• Die Entflechtung der Papiersack- und Kunststoffsackaktivitäten in der Schweiz und Benelux war auf gutem Wege, aber noch nicht am Ziel.

• Die Suche nach Akquisitionen im EG-Raum konzentrierte sich auf Deutschland und Spanien, wo auch bereits erste ermutigende Verhandlungen stattgefunden hatten.

• Die Führungs- und Organisationsstruktur der DELTA-Gruppe mußte den neuen Anforderungen angepaßt werden. Auch neue Finanzierungsquellen für das Wachstum waren erforderlich.

• Das Managementpotential der Gruppe bedurfte einer dringenden Aufstockung angesichts der zu erwartenden Aufgaben.

Vor diesem Hintergrund soll nun im Sinne einer Strategiestudie das Vorgehen des Wertmanagements illustriert werden, wobei die tatsächliche Entwicklung 1986 bis 1990 als Referenz genommen wird.

Im ersten Schritt der Strategiemethodik sind die Strategiebereiche zu identifizieren und abzugrenzen, im Fall von DELTA das Unternehmen als Ganzes sowie die einzelnen Geschäftseinheiten. Zuerst zum Unternehmen als Ganzes.

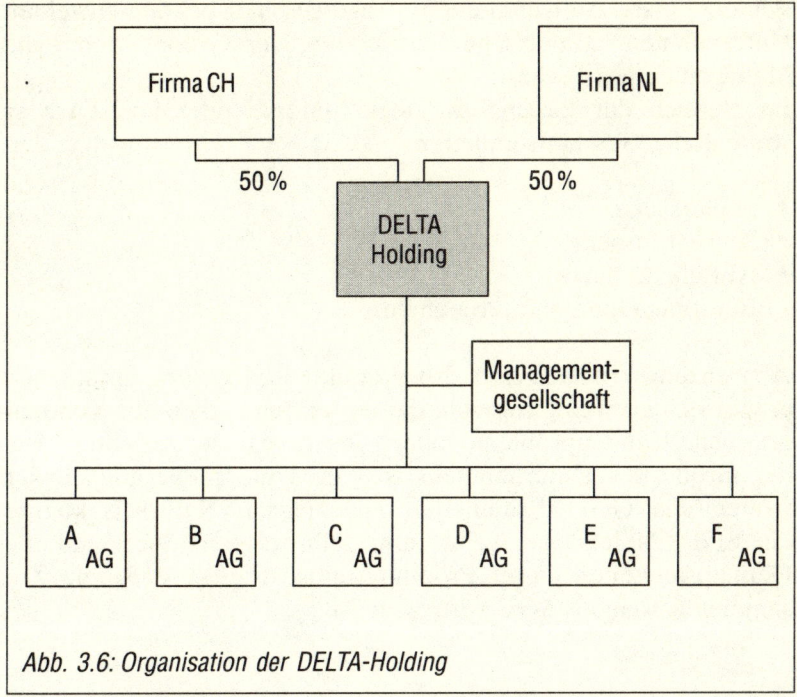

Abb. 3.6: Organisation der DELTA-Holding

DELTA ist ein 50:50-Joint-venture zwischen einer Schweizer und einer holländischen Gruppe. DELTA Schweiz umfaßt ein Papiersackunternehmen A mit 120 Mitarbeitern, ein Kunststoffsackunternehmen B mit 185 Mitarbeitern und ein Papiersackunternehmen C mit 25 Mitarbeitern. DELTA Benelux umfaßt ein Papiersackunternehmen D mit 174 Mitarbeitern und ein Kunststoff-und-Papiersack-Unternehmen E mit 345 Mitarbeitern. Zusätzlich gibt es ein Engineering- und Consultingunternehmen F. Die Organisation des Unternehmens präsentiert sich wie in Abbildung 3.6.

Die Führung der DELTA-Holding liegt bei der Schweizer Firma, die den Leiter stellt. Er delegiert die Gesamtführung an eine Managementgesellschaft mit dem verantwortlichen Direktor an der Spitze. Was die operative Führung anbelangt, so sind die einzelnen Tochtergesellschaften autonom. Um dies zu dokumentieren, wurden sie auch rechtlich verselbständigt. Damit ergibt sich eine klare Aufgabenteilung: Tagesgeschäft bei den einzelnen Unternehmen, strategische Ausrichtung der Gruppe durch die Managementgesellschaft.

Im Bereich der Geschäftsstrategie unterscheidet DELTA vier strategische Geschäftseinheiten:

* Papiersäcke,
* Kunststoffsäcke,
* Abfüllmaschinen,
* Beratung/Generalunternehmen.

Abgrenzungskriterien sind also Produkte und Lösungsansätze. Es erwies sich als wenig sinnvoll, die Geschäftstätigkeit auf Kundengruppen, Kundenprobleme oder Absatzwege auszurichten. Bei der Größe des Unternehmens ist eine Untergliederung in vier strategische Geschäftseinheiten angemessen. Natürlich könnte die SGE Papiersäcke weiter unterteilt werden, doch sind die Gemeinsamkeiten dieser Produktgruppe so groß, daß eine Zusammenfassung als SGE vertretbar ist.

3.2 Entwicklung der Vision und Bestimmung der Ziele

Die Qualität der Strategieentwicklung wird wesentlich davon beeinflußt, welche Visionen und Zielvorstellungen den Strategieprozeß prägen. Sie sind im zweiten Schritt der Strategiemethodik herauszuarbeiten, wobei stets der vorläufige Charakter solcher Leitlinien zu berücksichtigen ist. Oft sind es zündende Ideen, innovative Gedanken, die zum Auslöser des Strategieprozesses werden. Er selbst wiederum modifiziert, bestätigt oder widerlegt die ursprünglichen Ideen, läßt Visionen und Ziele reifen. In diesem Sinne dürfen Visionen und Ziele auch durchaus noch unausgegoren sein, wenn der Wille besteht, an ihnen zu arbeiten. Eine grundsätzliche Anforderung ist jedoch an Visionen und Ziele zu stellen: Sie müssen im Sinne einer ganzheitlichen Strategiefindung den Interessen der Anspruchsgruppen des Unternehmens

Rechnung tragen. Dies wurde bereits in verschiedenen Zusammenhängen illustriert und kann nun als Grundsatz formuliert werden:

Zweiter strategischer Grundsatz

Visionen und Ziele sollen den Interessen aller Anspruchsgruppen des Unternehmens angemessen Rechnung tragen.

Die Entwicklung einer Vision des Eigners oder des Unternehmens und die Bestimmung von Zielen für die einzelnen Geschäftseinheiten erfolgen stufenweise. Drucker (Drucker, 1974) hat schon anfangs der siebziger Jahre jene Fragen gestellt, die bei der Entwicklung einer Vision wegleitend sein sollen:

- Was *ist* unser Unternehmen heute?
- *Wer ist unser Kunde,* und wie sieht er unser Unternehmen?
- Was *wird* unser Unternehmen (bei normalem Lauf der Dinge) in Zukunft sein?
- Vision: Was *sollte* unser Unternehmen in Zukunft sein?

Die letzte Frage darf allerdings nicht nur aus der Perspektive des Managements oder allenfalls des Aktionärs beantwortet werden. Vielmehr sind die vielfältigen Interessen der Anspruchsgruppen zu berücksichtigen. Das entsprechende Vorgehen wurde oben bereits kurz angeschnitten. Die folgenden Beispiele sollen diese Zusammenhänge weiter illustrieren. Dieses Mal sei die *Eignerstrategie* an den Anfang gestellt.

Abbildung 3.7 zeigt, welche Anspruchsgruppen bei der Formulierung einer unternehmensbezogenen Vision des Eigners berücksichtigt werden müssen.

Folgende Anspruchsgruppen und Interessen/Ziele sind bei der Entwicklung der Vision mit einzubeziehen:

- Vermögensinteressen des Eigners: Sicherheit und Vermögenserhaltung.

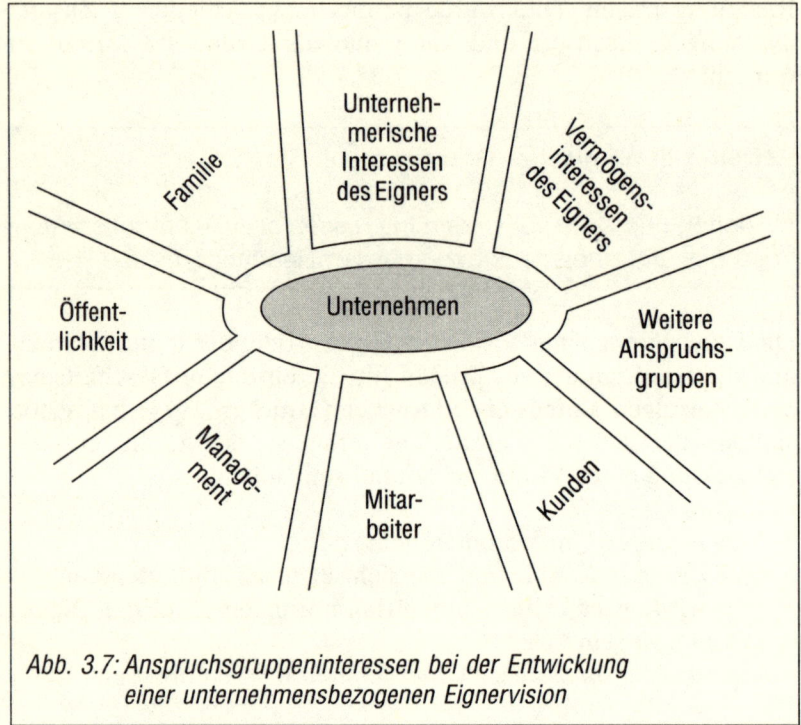

*Abb. 3.7: Anspruchsgruppeninteressen bei der Entwicklung
einer unternehmensbezogenen Eignervision*

- Unternehmerische Interessen des Eigners: Bewahrung der Familientradition, Wertsteigerung des Unternehmens.
- Familie: langfristige Lebensfähigkeit des Unternehmens, Nachfolgeregelung.
- Öffentlichkeit: Erhaltung der Arbeitsplätze, Kontinuität.
- Management: persönliche Erfüllung, Berechenbarkeit des Eigners.
- Mitarbeiter: sichere Arbeitsplätze, Förderung der Mitarbeiter.
- Kunden: Qualität, gutes Kosten-Leistungs-Verhältnis.

Welchen Schaden die Nichtberücksichtigung dieser Interessen bei der Formulierung der Eignerstrategie anrichten kann, zeigt das Beispiel Rudolph Sprünglis, dem Mehrheitsaktionär des führenden Schweizer Schokoladenunternehmens Lindt & Sprüngli. Er setzte sich seit Anfang der neunziger Jahre über sämtliche Anspruchsgruppen hinweg, indem er seine Frau und seinen älteren Sohn aus dem Geschäft ausbootete, oberste Führungskräfte zuhauf entließ und Mitarbeiter wie auch Öffentlichkeit damit schockierte, daß er seine frühere Personalberaterin heiratete und dieser auch Managementverantwortung übergab. Anfang der achtziger Jahre noch hatte Sprüngli einen damals vielbeachteten Vortrag zum Thema »Die zehn Todsünden der Familiengesellschaft« gehalten, in dem er eine die verschiedenen Anspruchsgruppen berücksichtigende Eignervision skizzierte. Die Lindt & Sprüngli als börsenkotiertes Unternehmen mit über einer Milliarde sFr. Umsatz kann nicht einfach den Privatinteressen eines ins Alter kommenden Eigners überlassen werden, da ansonsten in verschiedenen Bereichen Schaden entstehen kann. Auf der *Unternehmensebene* soll als Beispiel für die Einbeziehung der Anspruchsgruppen bei der Entwicklung der Vision die Patria angeführt werden. In Abbil

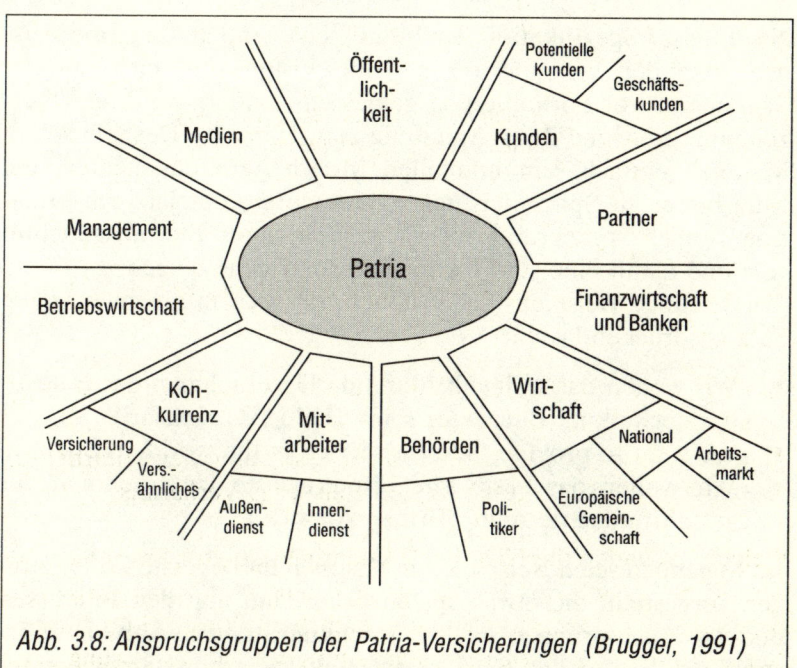

Abb. 3.8: Anspruchsgruppen der Patria-Versicherungen (Brugger, 1991)

dung 3.8 sind die Anspruchsgruppen dieses Versicherungsunternehmens festgehalten, das zu den größten der Schweiz gehört. Auch auf der Ebene der *Geschäftsstrategie* sind die Anspruchsgruppen zu berücksichtigen, allerdings wird hier eher von Zielen als von Visionen gesprochen. Für das obige Beispiel der SGE »Gebäudeleittechniksysteme« könnten die Anspruchsgruppen mit ihren jeweiligen Zielvorstellungen wie folgt festgehalten werden:

- Gebäudebetreiber/Generalunternehmen: Sicherung der gebäudetechnischen Grundfunktionen.
- Kapitalgeber: Erwirtschaftung einer angemessenen Kapitalrendite.
- Management: Festigung der Position als Nummer 1 in Europa.
- Mitarbeiter: Sicherung von interessanten Arbeitsplätzen.
- Umweltschutz: Einsparung von Energie.
- Gesellschaft: Erhaltung des Industriestandortes Schweiz.

Nach dieser Spezifikation der Interessenlagen kann nun die Ausarbeitung der Vision erfolgen. Eine Vision wird nicht an der Schönheit ihrer Formulierung gemessen, sondern an ihrer Überzeugungskraft und ihrer Anleitung zum Handeln. Deshalb sollen Visionen einfach sein und allen Mitarbeitern einleuchten, die Mitarbeiter zu Spitzenleistungen motivieren, der jetzigen Situation zeitlich voraus und auf ein gemeinsames Ziel ausgerichtet sein und damit eine starke Unité de doctrine erzeugen.

Vorab einige Beispiele für Visionen, die sich in einem einzigen Satz ausdrücken lassen:

- »Wir wollen das weltweit führende Unternehmen der Befestigungstechnik im Bausektor sein« (Hilti AG, Schaan).
- »We want to provide the best service in the world« (IBM).
- »Wir wollen das beste und erfolgreichste Unternehmen der Luftfahrtindustrie sein« (British Airways).

Im folgenden seien Beispiele für Visionen und oberste Zielsetzungen vorgestellt, die etwas ausführlicher sind und den Interessen der Anspruchsgruppen explizit Rechnung tragen. Abbildung 3.9 stellt die Vision der Sigri Great Lakes Carbon GmbH, einer

Vision
✓ Aufbau einer Weltmarktposition bei den Karbonprodukten durch Qualitätsführerschaft und Kundenservice.
✓ Verstärkung der Führungsposition bei den Elektroden durch eine wettbewerbsfähige Technologie.
✓ Erringung der Marktführerschaft bei den Graphitspezialitäten durch Technologievorsprung.
✓ Entwicklung profitabler Nischenpositionen der Engineering-produkte.
✓ Erreichung einer Kostenführerschaft durch Optimierung der europäischen und amerikanischen Operationen.
✓ Entwicklung einer verbindenden Unternehmenskultur und Identität auf allen Managementebenen.
✓ Erzielung einer Umsatzrendite von durchschnittlich 5 bis 10 Prozent und einer Rendite von 15 Prozent des eingesetzten Kapitals.
Abb. 3.9: Vision der SGL-Carbon

Tochtergesellschaft von Hoechst (in der Übersetzung durch den Autor), vor.

Merkmal dieser Vision ist es, daß sie einerseits bereits sehr klar festlegt, in welchen Gebieten welche Positionen erreicht werden und wie der Erfolg gemessen werden soll, andererseits aber auch zur Kultur und Identität Aussagen macht. Diese Vision unterscheidet sich wohltuend von all jenen Leitbildern, die sich mit Aussagen des Types »Wir wollen die Bedürfnisse unserer Kunden befriedigen« begnügen.

Völlig anders präsentieren sich die obersten Zielsetzungen von

Zielsetzungen	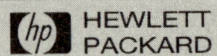 HEWLETT PACKARD

- Wir wollen einen Gewinn erzielen, der ausreicht, um das Wachstum unseres Unternehmens zu finanzieren und die Mittel bereitzustellen, die wir zur Verwirklichung der anderen Zielsetzungen benötigen.

- Unsere Produkte und Dienstleistungen sollen den hohen Ansprüchen unserer Kunden an Qualität und Nutzen voll gerecht werden. Nur dadurch können wir die Anerkennung sowie das Vertrauen der Kunden gewinnen und erhalten.

- Wir wollen uns auf den Gebieten betätigen, in denen wir auf unserer bisherigen Technologie und Kundenbasis aufbauen können, die uns Möglichkeiten für ein kontinuierliches Wachstum bieten und wo wir einen notwendigen und gewinnbringenden Beitrag leisten können.

- Unser Wachstum soll nur durch unsere Erträge begrenzt sein und durch unsere Fähigkeit, innovative Produkte zu entwickeln und herzustellen, die den tatsächlichen Bedürfnissen der Kunden entsprechen.

- Alle HP-Mitarbeiter sollen am Unternehmenserfolg, den sie mit erwirtschaften, teilhaben. Ihre Beschäftigung soll ihnen aufgrund ihrer Leistungen sicher sein. Arbeitsplatz und Arbeitsumgebung sollen sicher und ansprechend gestaltet sein. Die individuellen Leistungen der Mitarbeiter sollen anerkannt werden. Darüber hinaus wollen wir Voraussetzungen schaffen, die es ihnen ermöglichen, persönliche Genugtuung sowie Selbstwertgefühl aus ihrer Arbeit zu gewinnen.

- Wir wollen die Initiative und schöpferische Kraft unserer Mitarbeiter fördern, indem wir dem einzelnen einen weiten Entscheidungsspielraum beim Erreichen der klar definierten Unternehmensziele lassen.

- Wir wollen unsere sozialen Verpflichtungen in jedem Land und jedem Gemeinwesen, in welchem wir tätig sind, erfüllen, indem wir wirtschaftliche, geistige und soziale Beiträge leisten.

Abb. 3.10: Zielsetzungen von Hewlett Packard

Produkt-/Markt-Leitbild:	Finanzwirtschaftliches Leitbild:
• Welche Funktion erfüllen wir in Wirtschaft und Gesellschaft, welche Bedürfnisse wollen wir befriedigen? • Welche Anforderungen stellen wir an unsere Leistungen (Qualität, Zuverlässigkeit, Sicherheit, Effizienz)? • Welches ist unser geographischer Aktivitätsraum (national, international, Schwerpunkte, Verbundenheit)? • Welche Marktstellung wollen wir erreichen (Größe, Bedeutung, Ansehen, Unabhängigkeit)? • Welche Grundsätze bestimmen unser Verhalten gegenüber unseren Partnern (Kunden, Lieferanten, Konkurrenz)? • Welches ist unsere technologische Leitvorstellung (Innovation, Qualität, Kapazitäten)?	• Welches sind unsere Zielsetzungen bezüglich Ertragserzielung und -verwendung (Gewinnziele, Wirtschaftlichkeit, Kostenbewußtsein)? • Welche Grundsätze sollen unser Investitionsverhalten beeinflussen? • Nach welchen Gesichtspunkten erfolgt die Unternehmungsfinanzierung (Kapitalstruktur, Kapitalentwicklung)? • Welche Grundsätze bestimmen die finanzwirtschaftliche Risikopolitik?
Soziales Leitbild:	**Führungsbezogenes Leitbild:**
• Welches ist unsere grundsätzliche Haltung gegenüber dem Staat? • Wie sind wir eingestellt gegenüber wesentlichen gesellschaftlichen Anliegen (Umwelt, Gesundheit, Minderheiten, Frauen im Management)? • Wie stellen wir uns grundsätzlich zu Anliegen der Mitarbeiter (persönliche Entwicklung, Entlohnung, Mitbestimmung, Beteiligung, Verantwortung)?	• Welche Führungsmethoden stehen im Vordergrund (Delegation, Planung, Führen mit Zielen)? • Welche Organisationsvorstellungen prägen unser Unternehmen? • Wie fördern und realisieren wir die Managemententwicklung? • Welche Informationspolitik vertreten wir?

Abb. 3.11: Fragen zur Leitbildentwicklung

Hewlett Packard, die in Abbildung 3.10 festgehalten sind. Diese
Zielsetzungen reflektieren den »HP Way«, eine Unternehmenskultur, die sich vor allem den Mitarbeitern, aber auch der Gesellschaft verpflichtet fühlt.

Verschiedene Firmen ziehen es vor, eine relativ knappe Vision zu
haben und diese in einem Leitbild ausführlicher und präziser zu
fassen (Bleicher, 1992a). In Abbildung 3.11 sind einige grundlegende Fragen zusammengestellt, die zur Entwicklung eines Leitbildes auf den Gebieten Produkt/Markt, Finanzen, Soziales und
Führung beantwortet werden müssen (Ulrich, 1987).

In Anlehnung an diesen Fragenkatalog wurde das Leitbild von
DELTA entwickelt, das nun zusammen mit der entsprechenden
Vision vorgestellt wird.

Strategiestudie DELTA: Vision und Leitbild

Vision: »Wir wollen der führende unabhängige europäische Her-
            steller von Kraftsäcken aus Papier sein.«

Leitbild

* *Produkt/Markt:*
  - Wir wollen Champion der Produktivität und der Innovation
    sein.
  - Wir bauen unsere Serviceorganisation gezielt aus.
  - Wir wollen über Akquisitionen und Joint-ventures im Pa-
    piersackbereich in der EG weiter wachsen.
* *Finanzen:*
  - Wir streben einen Unternehmens-Cash-flow > 8 Prozent des
    Nettoerlöses an.
  - Wir wollen uns selbst finanzieren und unabhängig bleiben.
* *Soziales:*
  - Wir passen uns in den einzelnen Ländern den dortigen
    Gebräuchen und Gepflogenheiten konsequent an.
  - Wir fördern unseren Kader und unsere Mitarbeiter durch
    Übertragung von Ergebnisverantwortung und ein ausgebau-
    tes Development-Programm.
* *Führung:*
  - Wir integrieren die Bereiche der einzelnen Länder durch
    Einsetzung eines einzigen Führungsverantwortlichen. Bei

Joint-ventures übernehmen wir die Führung, und Akquisitionen werden mehrheitlich getätigt.
– Wir führen konsequent mit Zielen.

Was hier nicht vorgestellt wurde, ist die Vision eines Eigners. Das liegt daran, daß sich kaum ein Eigner bereitfinden wird, seine Vision offenzulegen, die ja konsequenterweise auch sehr private Angelegenheiten beinhaltet. Auf das jeweilige Unternehmen bezogen, wird sich eine Eignervision aber vom Grundsatz her nicht stark von den obigen Unternehmensvisionen unterscheiden.

Mit der Vision, dem Leitbild und den obersten Zielsetzungen sind nun jene Leitplanken gesetzt, innerhalb deren sich der Strategieentwicklungsprozeß bewegen muß. Im nächsten Schritt der Strategiemethodik geht es nun darum, die Basis für die Strategieentwicklung zu schaffen und das Rohmaterial bereitzustellen. Dies ist das Ziel der Unternehmens- und Umweltanalyse.

3.3 Unternehmens- und Umweltanalyse

Ganzheitliche Strategiefindung setzt eine gründliche Kenntnis des Zusammenspiels von Unternehmen und Umwelt voraus. Nun bedeuten aber »Unternehmen« und »Umwelt« etwas anderes, je nachdem, ob von Geschäfts-, Unternehmens- oder Eignerstrategien gesprochen wird. Bei den Geschäftsstrategien ist das »Unternehmen« die strategische Geschäftseinheit, und ihre »Umwelt« sind die Branche, die Konkurrenten und der Wettbewerb. Natürlich spielen auch hier die Anspruchsgruppen hinein, vor allem das Management und die Mitarbeiter. Sie haben aber nicht denselben Stellenwert wie bei den Unternehmensstrategien. Diese erfordern ein profundes Verständnis des Unternehmens als Ganzes in seinem Beziehungsgeflecht, das durch die verschiedenen Anspruchsgruppen konstituiert ist. Für den Eigner schließlich ist das Unternehmen nur eines seiner Optionsfelder, und dies muß bei der Abgrenzung der »Umwelt« zum Tragen kommen.

Die Literatur zum Thema Strategie hat für die Unternehmens- und Umweltanalyse umfangreiche Checklisten entwickelt, die in der Unternehmenspraxis weite Verbreitung gefunden haben. Den

Anforderungen einer ganzheitlichen Strategieentwicklung können aber solche Checklisten nicht genügen. Sie zeigen in guter analytischer Tradition die Teile – Umwelt-, Konkurrenz- und Unternehmensgrößen –, sagen aber nichts über das Ganze, das heißt die Zusammenhänge dieser Größen, aus. Sie vermitteln den Führungskräften den Eindruck, eine weitgehende Feldabdeckung erreicht zu haben, dabei führen sie aber meist zu eigentlichen »Datenfriedhöfen«, zu Unmengen von Einzelfaktoren, deren Bedeutung nicht evident ist. Eine einzelne Unternehmens- oder Umweltgröße erhält erst dann aber Bedeutung, wenn sie im Zusammenspiel mit anderen gesehen wird. Dies setzt eine völlig andere Art der Analyse voraus, wie sie vom vernetzten Denken gefordert wird. Analyse von Unternehmen und Umwelt bedeutet Aufdeckung der Wirkungszusammenhänge der wichtigsten Bestimmungsgrößen des Strategiebereiches. Aus dieser Erkenntnis heraus ergibt sich der folgende Grundsatz:

Dritter strategischer Grundsatz

Die Ermittlung der Vernetzung der Unternehmens- und Umweltzusammenhänge muß an die Stelle des Abarbeitens in eindimensionalen Checklisten treten.

Das Vorgehen bei der Ermittlung dieser Vernetzung ist grundsätzlich dasselbe, ob es sich um Geschäfts-, Unternehmens- oder Eignerstrategien handelt. Die Unterschiede liegen im Detail, wie die folgenden Beispiele zeigen werden. Das Vorgehen läßt sich wie folgt charakterisieren:

- Festlegung der Vision und Zielvorstellungen,
- Ermittlung von Schlüsselfaktoren des Erfolgs,
- Entwicklung des Netzwerks,
- Interpretation der Zusammenhänge des Netzwerks,
- Umwelt- und Unternehmensanalyse,
- Erstellung der Chancen-/Gefahren- und Stärken-/Schwächen-Profile.

Dieses Vorgehen soll nun für die Geschäftsstrategie spezifiziert und illustriert werden.

3.3.1 Analysen zur Geschäftsstrategie

Nachdem in den Schritten 1 und 2 der Strategiemethodik die strategischen Geschäftseinheiten abgegrenzt und die Ziele für die Strategieentwicklung formuliert worden sind, beginnt jetzt die Phase der Informationsbeschaffung. Sie soll die Bausteine für das Netzwerk liefern, das im Mittelpunkt dieses Strategieschrittes steht. Voraussetzung für die Entwicklung des Netzwerkes ist die Identifikation von Schlüsselfaktoren des Erfolges der Geschäftseinheit. Um einer ganzheitlichen Sicht Genüge zu tun, sind die Schlüsselfaktoren geordnet nach Anspruchsgruppen und ihren Interessen oder Zielen zu bestimmen.

Das Vorgehen bei der Ermittlung der Schlüsselfaktoren und der anschließenden Entwicklung des Netzwerkes soll am Beispiel eines Computerherstellers illustriert werden. Dieser hat – wie die meisten seiner Konkurrenten – seit Anfang der neunziger Jahre mit einem allgemeinen Preiszerfall bei der Hard- und Software sowie einem generell flauen Geschäftsgang zu kämpfen. Er entschloß sich deshalb, neben den bisherigen Geschäftsaktivitäten eine neue strategische Geschäftseinheit aufzubauen, die Gesamt- oder Systemlösungen im Informatikbereich anbietet. Das Ziel dieser strategischen Geschäftseinheit wurde wie folgt formuliert:

»Wir wollen als Anbieter von schlüsselfertigen Gesamtlösungen auf hohem professionellem Niveau innerhalb von fünf Jahren einen Marktanteil von ... Prozent und eine Umsatzrendite von ... Prozent erreichen.«

Um nun die Schlüsselfaktoren des Erfolges für diese Geschäftseinheit zu ermitteln, wurden die wichtigsten Anspruchsgruppen mit ihren jeweiligen Zielvorstellungen detailliert erfaßt. Wie diesen Zielen Schlüsselfaktoren zugeordnet werden können, zeigt Abbildung 3.12.

Anspruchs-gruppen	Ziele	Schlüsselfaktoren

Kunden	• Schlüsselfertigkeit
	• Qualität
	• Kontinuität/
	  Sicherheit
		• Gesamtlösungen
		• Kosten-Nutzen-
		  Verhältnis
		• Termintreue
		• Total Quality Control

Geschäfts-partner	• Partnerschaft
	• Geschäftsvolumen
	• Folgeprojekte
		• Gemeinsame
		  Innovation
		• Anbindung der
		  Partner
		• Kundenzufriedenheit
		  mit Partner
		• Breite Produktpalette

Management	• Marktanteile • Profitabilität • Wachstum • Selbstverwirkli- chung	• Wettbewerbssituation • Ressourcen • Löhne und Gehälter • Karrieremöglichkeiten

Mitarbeiter	• Interessante Arbeit
	• Förderung
	• Einsatz der
	  Fähigkeiten
		• Motivation
		• Entwicklung der
		  Fähigkeiten
		• Branchen- und
		  Produktekenntnis

Abb. 3.12: Schlüsselfaktoren des Erfolgs
der SGE »Informatik-Gesamtlösungen«

Bei der Ermittlung der Schlüsselfaktoren des Erfolges können herkömmliche Checklisten eine wichtige Rolle als Ideenlieferanten spielen. Die Schlüsselfaktoren allein aber genügen noch nicht, um zu Stärken-/Schwächen- und Chancen-/Gefahren-Profilen zu kommen. Was fehlt, sind die Beziehungen zwischen den Schlüsselfaktoren, die diesen erst Gewicht und Bedeutung für die Geschäftseinheit geben. Wie diese Beziehungen zwischen den Schlüsselfaktoren (und weiteren wichtigen Einflußfaktoren der Geschäftseinheit) verlaufen, zeigt das Netzwerk in Abbildung 3.13. Dieses Netzwerk soll nun näher vorgestellt werden, zum einen in seinen Wirkungsbeziehungen und zum anderen bezüglich der durch verschiedene Symbole gekennzeichneten Lenkungsmöglichkeiten. Im Mittelpunkt des Netzwerkes steht der »Motor« der Geschäftseinheit, der wie folgt funktioniert: Je besser die Qualität der Serviceleistung ist, desto größer die Kundenzufriedenheit, desto mehr Aufträge, desto größer der Umsatz, desto höher der Betriebserfolg, desto größer die Verfügbarkeit von Ressourcen, desto besser die Qualität der Serviceleistung usw. Um diesen zentralen Motor herum sind Kreisläufe mit den obigen Schlüsselfaktoren angeordnet, die beschleunigend oder bremsend wirken. Illustriert seien hier der Mitarbeiterkreislauf, der Gesamtlösungskreislauf und der Imagekreislauf. Ausgangspunkt des Mitarbeiterkreislaufes sind die zur Verfügung stehenden Ressourcen. Diese Ressourcen ermöglichen eine Förderung der Mitarbeiter, die sich einerseits in erhöhten Fähigkeiten und andererseits in einer besseren Motivation niederschlägt. Beides führt zu einer erhöhten Qualität der Mitarbeiter und damit auch der Serviceleistung. Das Ziel der »Total Quality Control« wird ebenfalls durch qualitativ hochstehende Mitarbeiter besser erreicht, genauso wie dadurch die Voraussetzungen für die Entstehung einer Servicekultur geschaffen werden, die für Gesamtlösungen unentbehrlich ist. Um Gesamtlösungen anbieten zu können, sind Ressourcen für die Entwicklung einer entsprechenden Produktepalette bereitzustellen. Weitere Voraussetzungen sind ausgezeichnete Produkte- und Branchenkenntnisse sowie ein gutes Einfühlungsvermögen in die Kundenprobleme. Verfügt die Geschäftseinheit dann noch über eine ausgesprochene Servicekultur, so dürften die Grundlagen für eine qualitativ hohe Serviceleistung geschaffen sein. Das Image schließlich hängt ab von der Kundenzufriedenheit und ist ein zusätzlicher auslösender Faktor für Aufträge. Es ist aber auch wesentliche Voraussetzung für die Gewinnung und Anbindung von Partnerunternehmen, mit denen zusam-

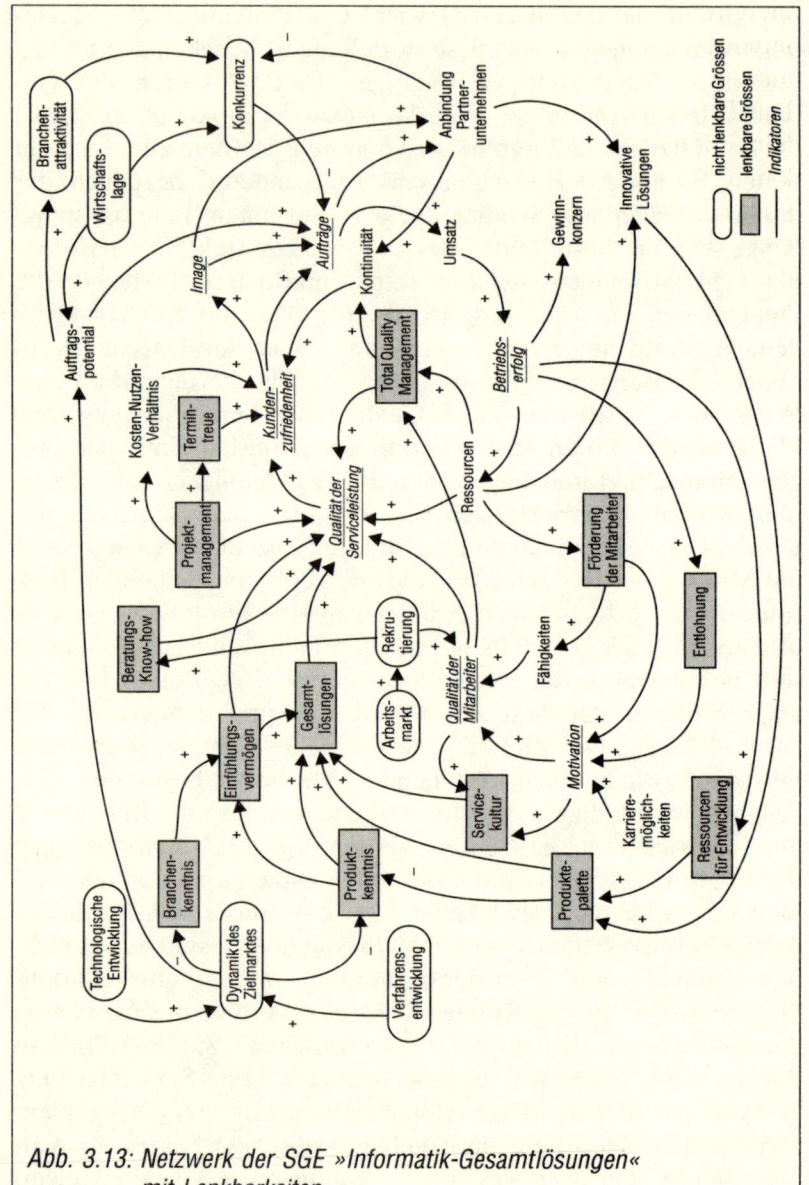

*Abb. 3.13: Netzwerk der SGE »Informatik-Gesamtlösungen«
mit Lenkbarkeiten*

men innovative Lösungen und damit eine attraktive Produktpalette entwickelt werden. Sie sichern jene Kontinuität, die letztlich auch Basis für die Kundenzufriedenheit ist.

Das Netzwerk zeigt eine Vielzahl weiterer Wirkungszusammenhänge auf, auf die hier nicht mehr näher eingegangen werden kann. Vielmehr soll jetzt eine Interpretation des Netzwerkes im Hinblick auf seine Funktion im Rahmen der Analysephase der Geschäftsstrategie erfolgen. Bezüglich folgender Bereiche ist für die strategische Geschäftseinheit eine Informationsanalyse vorzunehmen:

* allgemeine Umwelt,
* Branchenstruktur,
* Wettbewerbssituation,
* strategische Erfolgspositionen der SGEs,
* interne Zusammenhänge.

Ausgangspunkt der Interpretation des Netzwerkes ist die Unterscheidung von lenkbaren Größen, nicht lenkbaren Größen und Indikatoren. Wie der Name besagt, sind lenkbare Größen jene Bestimmungsfaktoren, die von den Verantwortlichen der Geschäftseinheit beeinflußt oder gesteuert werden können. Ein Beispiel dafür ist die Förderung der Mitarbeiter durch verschiedene Maßnahmen. Die nicht lenkbaren Größen, wie beispielsweise die Wirtschaftslage oder die Konkurrenz, liegen außerhalb des eigenen Einflußbereiches. Die Indikatoren schließlich ermöglichen die Beurteilung des Erfolges der Geschäftsstrategien. Hier sind neben den herkömmlichen Meßgrößen wie dem Betriebserfolg die Entwicklung des Images oder die Qualität der Mitarbeiter zu nennen. Die in Abbildung 3.13 durch Rechtecke gekennzeichneten lenkbaren Größen sind vorzügliche interne Bestimmungsfaktoren der Geschäftseinheit. Bei diesen gilt es anzusetzen, wenn die strategischen Erfolgspositionen und die Stärken und Schwächen der Geschäftseinheit ermittelt werden. Die oval eingekreisten, nicht lenkbaren Größen betreffen das allgemeine Umfeld, die Branche und die Wettbewerbssituation. Hier hat die Chancen- und Gefahrenanalyse anzusetzen. Die Indikatoren schließlich kommen in dieser Phase der Strategiemethodik noch nicht zum Zuge; sie werden bei der Strategieevaluation eine bedeutende Rolle spielen.

Ziel dieses Schrittes der Methodik ist es, ein Chancen-/Gefahren-Profil und ein Stärken-/Schwächen-Profil der Geschäftseinheit zu erarbeiten. Ausgangspunkt für die Entwicklung des Chancen-/Gefahren-Profils sind die nicht lenkbaren Größen, im obigen Netzwerk beispielsweise die Wirtschaftslage, der Arbeitsmarkt, die technologische und Verfahrensentwicklung und die Konkurrenzsituation. Diese Größen sollen nun näher unter die Lupe genommen und das methodische Vorgehen der Entwicklung eines Chancen-/Gefahren-Profils vorgestellt werden.

Als Beispiel für die Beurteilung der allgemeinen Umfeldsituation sei der Arbeitsmarkt genommen. Sollen die zukünftigen Möglichkeiten der Rekrutierung geeigneter Mitarbeiter ermittelt werden, so ist eine Abschätzung der künftigen Entwicklung des Arbeitsmarktes unerläßlich. Abschätzen heißt aber nicht prognostizieren, denn eine Prognose der Zukunft ist bekanntlich nicht möglich. Abschätzen heißt vielmehr, Szenarien über mögliche Zukünfte bilden. Zur Entwicklung von Szenarien gibt es heute umfassende Literatur (Geschka/Hammer, 1990). Im folgenden soll ein Vorgehen illustriert werden, das relativ einfach und praxisnah ist. Abbildung 3.14 zeigt, wie für den Bereich des Arbeitsmarktes ein Grundszenario sowie zwei Alternativszenarien entwickelt werden, um anschließend einen Chancen-und-Gefahren-Katalog zu erhalten.

Beim Aufbau einer Geschäftsbasis für Informatik-Gesamtlösungen sind qualifizierte Mitarbeiter die wichtigste Erfolgsvoraussetzung. Bei der Entwicklung des Szenarios steht deshalb die Frage im Vordergrund, wie groß das Potential an solchen Mitarbeitern im Markt ist und wie viele Unternehmen diese Fachkräfte umwerben. Beim Grundszenario – man könnte es auch als das wahrscheinliche Szenario bezeichnen – wird von einem angespannten Arbeitsmarkt für Fachkräfte ausgegangen. Dies vor allem deshalb, weil viele Computerunternehmen die Gesamtlösungen als Markt entdeckt haben. Andererseits wird erwartet, daß die Computerbranche sich im angestammten Geschäft wieder erholt und Res-

Szenario	Entwicklungen	Interpretation	
		Chancen	Gefahren
Grundszenario »Angespannter Arbeitsmarkt für Fachkräfte«	• Computerbranche erholt sich • Viele Computerunternehmen treten in den Markt für »Gesamtlösungen« ein • Beratungsfirmen bauen teilweise Mitarbeiter ab	• Ressourcen für externe Rekrutierung vorhanden • Möglichkeit des Einkaufs von Beratungs-Know-how	• Topsystemberater sind äußerst selten rekrutierbar • Eher schlecht qualifizierte Leute auf dem Markt
Alternativszenario I »Völlig ausgetrockneter Arbeitsmarkt«	• Computerbranche weiterhin im Krebsgang • Alle Unternehmen stürzen sich auf den »Gesamtlösungsmarkt« • Auch Beratungsfirmen treten in diesen Markt ein	• Ausnutzung des internen Mitarbeiterpotentials	• Erforderliche Kompetenzen können nicht von außen beschafft werden; der Einstieg in den Gesamtlösungsmarkt wird verunmöglicht
Alternativszenario II »Kein Fachkräftemangel«	• Computerbranche (Hard-, Softwareverkauf) erholt sich • Es finden Umschulungsprogramme für Informatiker flächendeckend statt • Die Beratungsfirmen wenden sich strategischen/organisatorischen Fragen zu	• Topsystemberater können zu vernünftigen Konditionen eingestellt werden • Genügend Ressourcen vorhanden	• Interne Managemententwicklung kommt zu kurz

Abb. 3.14: Umweltanalyse: Szenario »Arbeitsmarkt«

sourcen bereitstellen kann und daß viele Beratungsfirmen die Voraussetzungen für einen längerfristigen Alleingang nicht haben. Deshalb halten sich die Chancen und Gefahren in etwa die Waage.

Beim Alternativszenario I wird die pessimistische Sicht eines völlig ausgetrockneten Arbeitsmarktes eingenommen. Hier überwiegen natürlich die Gefahren, doch bietet sich immerhin als Chance die Möglichkeit der Nutzung des Potentials der eigenen Mitarbeiter an. Im Alternativszenario II wird die optimistische Sicht vertreten, daß in Zukunft kein Fachkräftemangel herrschen wird. Die Chancen, daß Topsystemberater zu vernünftigen Konditionen eingestellt werden können, sind recht groß. Die Gefahr hier ist lediglich die, daß die Entwicklung der eigenen Nachwuchskräfte vernachlässigt werden könnte.

Wie für den Arbeitsmarkt sind für die anderen Umweltbereiche (Technologie, Gesellschaft, Ressourcen, Wirtschaft, Ökologie) entsprechend Szenarien zu entwickeln. Von großer Bedeutung ist es dabei, daß das obige Netzwerk als Ausgangspunkt genommen wird, da nur so die Szenarien in ihren verästelten Auswirkungen auf die Geschäftseinheit erfaßt werden können. Wird beispielsweise das Alternativszenario I im Netzwerk durchgespielt, so können die Auswirkungen des ausgetrockneten Marktes auf die Rekrutierung und die anschließende Kettenreaktion einer sinkenden Mitarbeiterqualität, einer verminderten Qualität der Serviceleistung und einer sinkenden Kundenzufriedenheit mit all ihren Auswirkungen auf Aufträge, Umsatz und Betriebserfolg erfaßt und diskutiert werden. So wird die Gefahr vermindert, daß Szenarien schöne Gemälde der Zukunft bleiben und keine Maßnahmen auslösen.

Noch ein Wort zur Unterscheidung zwischen dem Grundszenario und den Alternativszenarien I und II. Das wahrscheinliche Grundszenario wird zweifellos bei der Entwicklung der Strategie die Grundlage bilden. Die Alternativszenarien I und II hingegen bilden die Basis für Eventualpläne. Wenn bereits zum heutigen Zeitpunkt denkbare Entwicklungen in ihren Auswirkungen durchdacht und evaluiert werden, so können schon heute Maßnahmen für den Fall entwickelt werden, daß das Unerwartete eintritt. Die

Führungskraft hat bereits einen Plan in der Schublade, wenn erste Anzeichen auftreten, daß der Wind sich dreht.

Im folgenden seien noch die Beispiele einiger Unternehmen angeführt, die Umwelttrends richtig gelesen haben – ob mit oder ohne Szenarien, bleibe dahingestellt. In den fünfziger Jahren hatte BMW das Image des traditionsreichen, etwas altmodischen Herstellers von Motorrädern und Luxuslimousinen. Eine Umfeldanalyse zeigte, daß der Trend Richtung sportlicher Autos ging, die aber trotzdem den Limousinenkomfort aufwiesen. BMW hatte mit dieser Neuausrichtung Erfolg. Es dauerte allerdings acht Jahre, bis die neue Profilierung vom Markt honoriert wurde. Ein anderes Beispiel ist die mittelständische Schweizer Möbelfabrik Lüthi, die frühzeitig das Aufkommen des individuellen Wohnstils erkannt und sich so eine führende Stellung für Sitzgruppen im Weltmarkt unter der Marke »De Sede« erobern konnte. Zu erwähnen ist auch noch die Schweizer Weichkäserei Baer, die frühzeitig auf umweltfreundliche Produktion und Produkte setzte

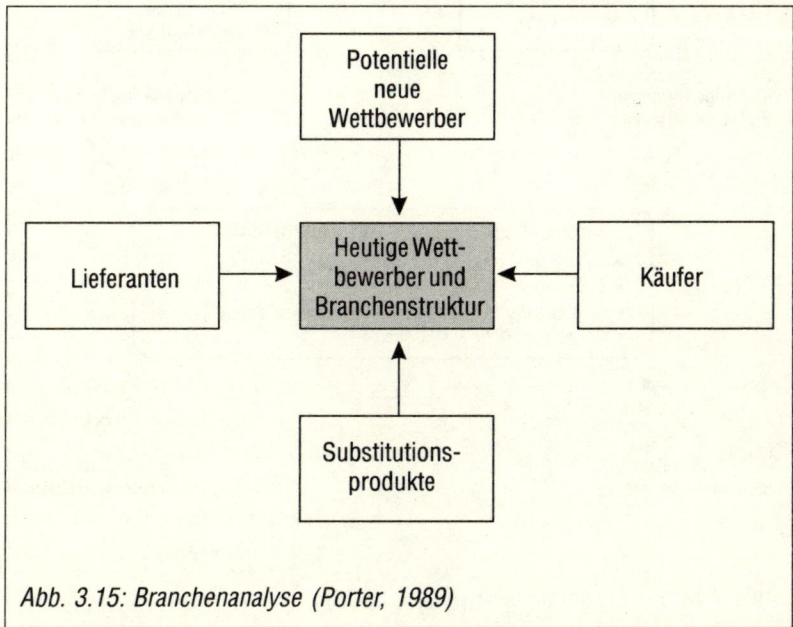

Abb. 3.15: Branchenanalyse (Porter, 1989)

und damit vor ihren Konkurrenten im Markt war, als der eigentliche Ökoboom Anfang der neunziger Jahre einsetzte.

Nach der Analyse des weiteren Umfeldes der Geschäftseinheit wird im nächsten Schritt die Branche untersucht, in der sie sich dem Wettbewerb stellt. Ein in der Praxis bewährtes Vorgehen zur Branchenanalyse stammt von Porter (Porter, 1980) und ist in Abbildung 3.15 dargestellt.

Um dieses Bild noch etwas anzureichern, seien weitere Stichworte genannt, die eine Branchenanalyse charakterisieren können: Produktlinien, Käuferverhalten, komplementäre Produkte, Substitutionsprodukte, Wachstum (Rate, Determinanten), Technologie (Kostenstruktur, Wertschöpfung, Logistik, Personal), Marketing/Verkauf (Marktsegmentierung, Marketingpraxis), Lieferanten, Verteilkanäle, Innovation (Typen, Quellen, Raten), Wettbewerber (Strategie, Ziele, Stärken, Schwächen). Ein konkretes Beispiel

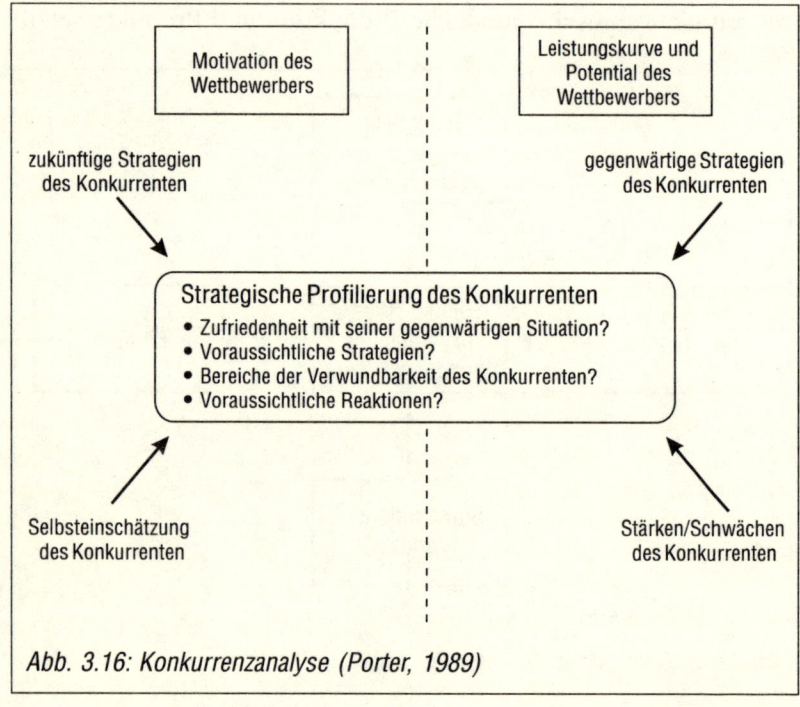

Abb. 3.16: Konkurrenzanalyse (Porter, 1989)

für eine solche Branchenanalyse wird an späterer Stelle im Rahmen der Strategiestudie DELTA gegeben.

Der nächste und letzte Schritt der Umfeldanalyse besteht in der Beurteilung der stärksten Konkurrenten im Markt. Hier hat wiederum Porter (Porter, 1980) einen Raster entwickelt, der in Abbildung 3.16 festgehalten ist.

Es genügt nicht, gegenwärtige Strategien als auch Stärken und Schwächen des Konkurrenten zu kennen. Künftige mögliche Strategien sowie die Selbsteinschätzung der Konkurrenz sind ebenso zu erforschen wie deren Verwundbarkeit und allfällige Reaktionen auf einen gezielten Angriff. Auch diese Zusammenhänge sollen anhand der Strategiestudie DELTA weiter unten illustriert werden.

Zum Abschluß der Umweltanalyse seien noch einige Unternehmen angeführt, die sich aufgrund einer guten Branchen- und Konkurrenzanalyse hervorragend positionieren konnten. Als erstes ist das japanische Unternehmen Honda zu erwähnen. Yamaha hatte es sich zum Ziel gesetzt, bei den Motorrädern Honda zu überholen und weltweit die Nummer eins zu werden. Honda konterte innerhalb von zwölf Monaten mit Preisunterbietung und Innovation, worauf Yamaha gewaltige Absatzeinbußen und schwere Verluste erlitt. Yamaha gab sich damit zufrieden, die Position Nummer zwei zu sichern. Dieser Gegenschlag war nur dank genauer Kenntnisse von Branche und Konkurrenz möglich.

Im deutschen Reisemarkt liefern sich die vier größten Wettbewerber einen harten Kampf, der zudem durch neu aufkommende Konkurrenz verschäft wird. Dabei ist die preisaggressive Karstadt-Tochter NUR Touristic am erfolgreichsten. Sie verstand es frühzeitig, eigene Vertriebskanäle zu installieren (derzeit 120 Reisebüros), die es ihr ermöglichen, die aufkommende Macht des Handels zu umgehen. Er kann nämlich aufgrund immer leistungsfähigerer Reservierungssysteme zunehmend selbst Flug- und Hotelangebote zu Produktpaketen bündeln und wird somit zum schlagkräftigen Wettbewerber der Veranstalter. Das Wissen um die entscheidenden Kräfte im Markt und Wettbewerb wird erst durch intensive Branchenanalysen möglich. Zum Abschluß sei das Beispiel eines Unternehmens angeführt, das seine »Hausaufgaben« auf diesem Gebiet nicht gemacht hat. Adidas verkannte den Trend zu einfallsreichem und frechem Design, und Newcomer wie Nike und Reebok eroberten große Teile des Marktes.

Die vielfältigen Erkenntnisse der Umweltanalyse müssen nun in eine konzentrierte Form gebracht werden, um als Plattform für die Strategieentwicklung dienen zu können. Hierzu bietet sich ein Chancen-/Gefahren-Profil an, wie es in Abbildung 3.17 für die SGE Informatik-Gesamtlösungen festgehalten ist. Es trägt den Titel »Marktattraktivität«, interpretiert diese aber im weitesten Sinne und umfaßt auch die allgemeine Umweltkonstellation.

Nachdem die Umwelt der SGEs mit ihren Chancen und Gefahren erfaßt worden ist, sind nun die Stärken und Schwächen der SGEs selbst zu ermitteln. Ausgangspunkt ist dabei die Bestimmung der erforderlichen Kompetenzen oder strategischen Erfolgspositionen, um dieses Geschäft betreiben zu können. Die Eigenschaften von strategischen Erfolgspositionen (SEP) wurden bereits im Abschnitt 2.2.1 umschrieben und illustriert. Hier stellt sich die Frage, wie die erforderlichen SEPs identifiziert werden können. Das Netzwerk in Abbildung 3.13 sollte uns die entsprechende Auskunft geben. Es sind nämlich die rechteckig eingerahmten lenkbaren Größen, bei denen von der strategischen Geschäftseinheit Kompetenz erwartet wird. Faßt man nun die erforderlichen Kompetenzen oder strategischen Erfolgspositionen für Informatik-Gesamtlösungen zusammen und beurteilt die strategische Geschäftseinheit auf ihre diesbezüglichen Stärken und Schwächen, so ergibt sich das Bild in Abbildung 3.18.

Neben den erforderlichen Kompetenzen und ihrer Abdeckung durch die SGE sind die weiteren Stärken und Schwächen der Geschäftseinheit zu erheben. Dabei gilt es als Prinzip, daß die Beurteilung immer in Beziehung zu dem oder den wichtigsten Konkurrenten erfolgt. Es geht hier also bei der Ermittlung von Stärken und Schwächen um die Bestimmung des *relativen* Wettbewerbvorteils. Als Beispiel für eine solche konkurrenzbezogene Beurteilung ist in Abbildung 3.19 eine Kostenstrukturanalyse festgehalten. Auf den einzelnen Wertschöpfungsstufen der SGEs werden die Kosten erhoben und zu den Kosten des wichtigsten Konkurrenten A in Beziehung gesetzt.

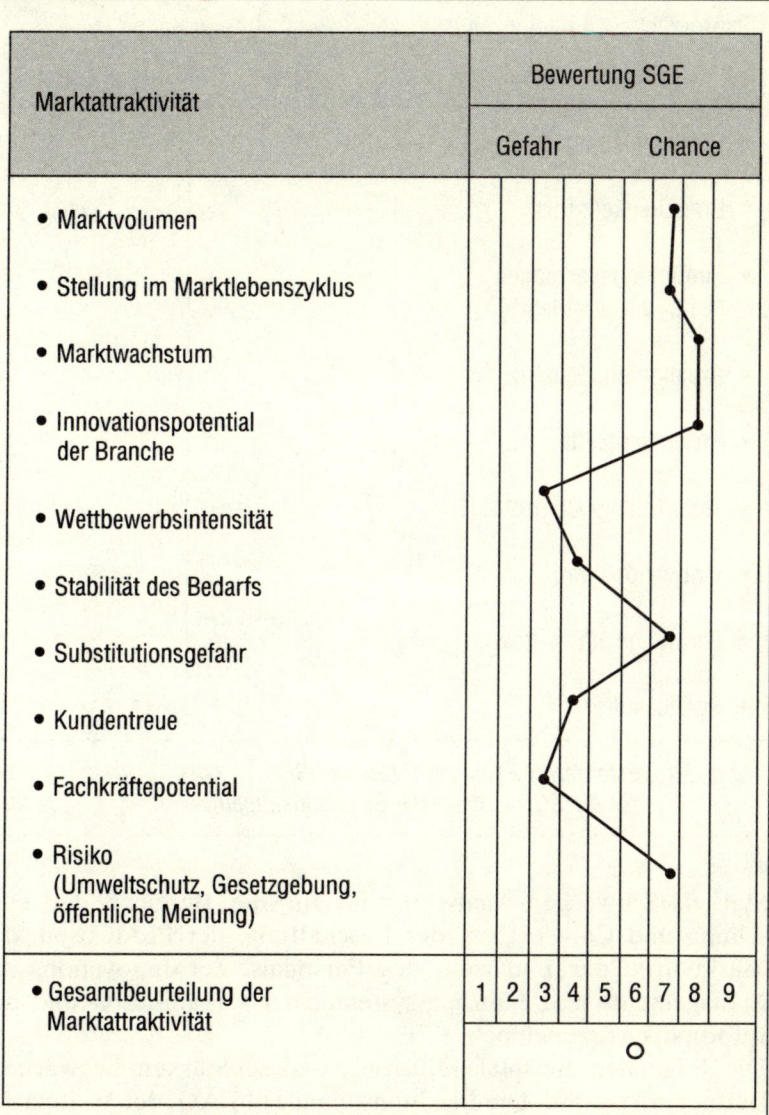

Abb. 3.17: Chancen-/Gefahren-Profil
der SGE »Informatik-Gesamtlösungen«

Erforderliche Kompetenzen/SEP	Interpretation	
	Stärke	Schwäche
• Produktekenntnis	✓	
• Branchenkenntnis		✓
• Einfühlungsvermögen in Kunden(problem)		✓
• Projektmanagement	✓	
• Produktepalette	✓	
• Total Quality Control		✓
• Innovationskraft	✓	
• Beratungs-Know-how		✓
• Servicekultur		✓

Abb. 3.18: Erforderliche Kompetenzen und SEP
für die SGE »Informatik-Gesamtlösungen«

Stärken-/Schwächen-Analysen sind für die Bereiche der Forschung und Entwicklung, der Beschaffung, der Produktion, des Marketings, der Finanzen, des Personals, der Innovation, der Management- und Führungssysteme, der Organisation und der Informatik vorzunehmen.

Die folgenden Beispiele illustrieren diese Stärken-/Schwächen-Betrachtungsweise. Die Liechtensteiner Hilti AG, der Weltmarktleader für Befestigungstechnik im Bausektor, erreicht diese Position durch die absolut stärkste Verkaufs- und Serviceorganisation der Branche und die konsequente Ausrichtung auf den Kunden.

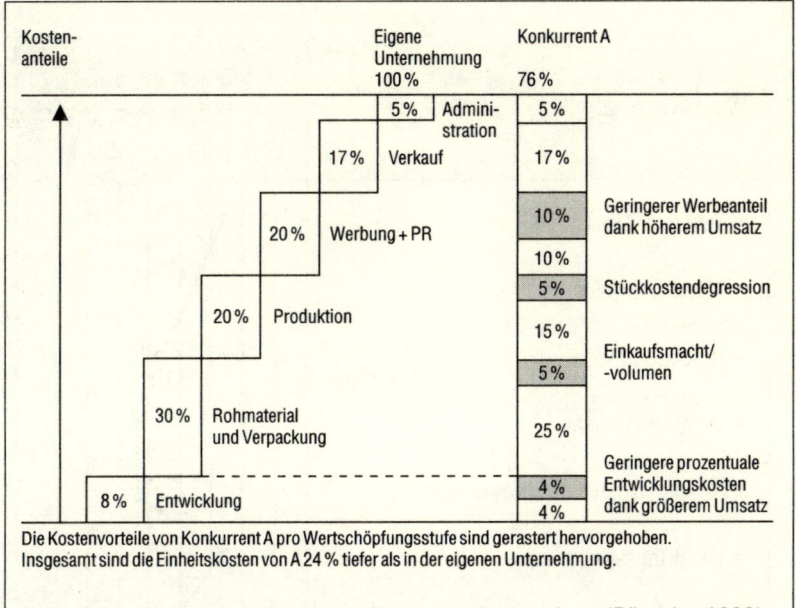

Abb. 3.19: Wettbewerbsbezogene Kostenstrukturanalyse (Pümpin, 1992)

Zu dieser Kundenorientierung gehört auch die ständige Neu- und Weiterentwicklung von Produkten im Sinne von Kundenlösungen. Das mittelständische Schweizer Unternehmen Victorinox erlangte Weltruf durch seine Herstellung des »Schweizer Offiziersmessers«. Dank dem höchsten Qualitätsstandard konnte es sich als größter Taschenmesserhersteller der Welt etablieren. Schließlich sei der französische Hersteller von Luxusartikeln Louis Vuitton genannt, der durch vollendete, in der Verarbeitung hochqualifizierte Produkte eine Spitzenstellung im Markt einnehmen konnte. Erprobte Handwerkskunst und modernste Technologie wurden reibungslos verbunden.

Analog zum Chancen-/Gefahren-Profil ist nun für die SGE ein Stärken-/Schwächen-Profil zu erstellen. In Abbildung 3.20 ist dies wiederum für die SGE Informatik-Gesamtlösungen illustriert.

Im Netzwerk von Abbildung 3.13 werden neben den lenkbaren Größen und den nichtlenkbaren Größen sogenannte Indikatoren

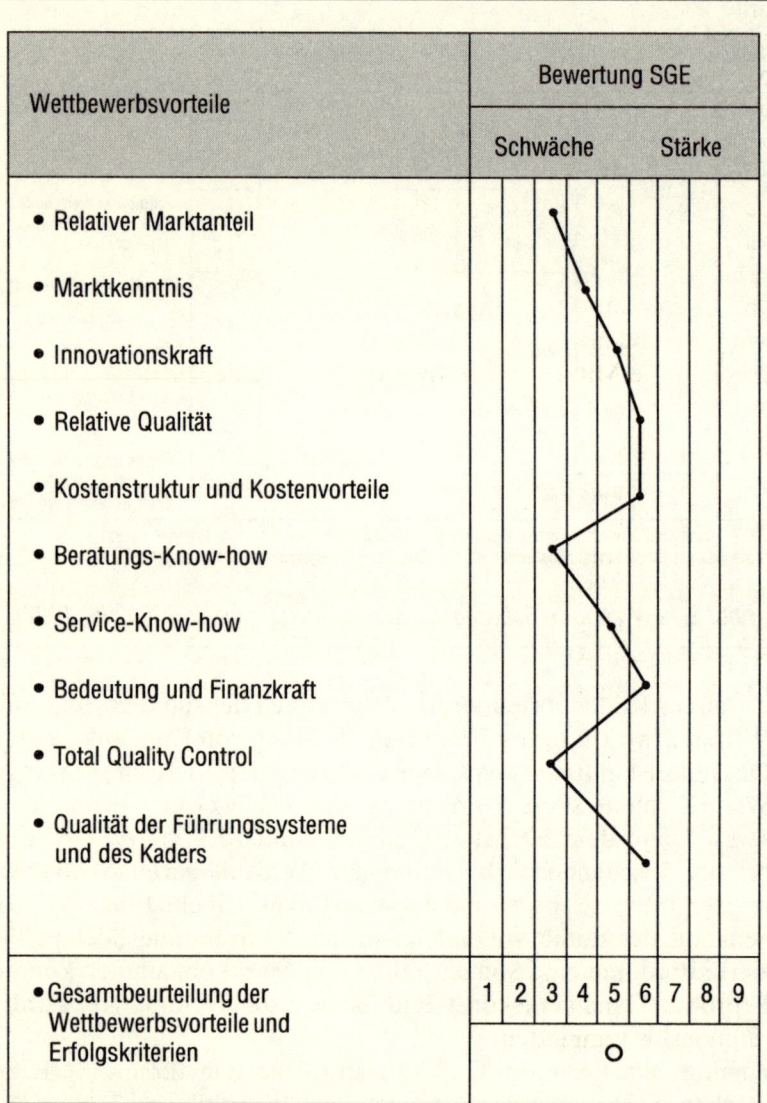

Abb. 3.20: Stärken-Schwächen-Profil
der SGE »Informatik-Gesamtlösungen«

unterschieden, die durch Unterstreichung gekennzeichnet sind. Diese Indikatoren sollen anzeigen, ob der SGE Strategie Erfolg beschieden ist. Da die Strategieevaluation Gegenstand eines späteren Schrittes der Methodik sein und in Abschnitt 3.7 behandelt werden wird, sei auf diese Indikatoren hier nicht näher eingegangen. Es sei lediglich erwähnt, daß diese die Qualität der Frühwarnung aufweisen müssen, da sonst die SGE nicht mehr rechtzeitig auf ungünstige Entwicklungen reagieren kann. Deshalb sind es eben nicht nur der Auftragsbestand und der Betriebserfolg, die überwacht werden müssen, sondern frühzeitig reagierende, eher weiche Größen wie die Qualität der Serviceleistung und der Mitarbeiter, die Mitarbeitermotivation, die Kundenzufriedenheit und das Image der SGE.

Strategiestudie DELTA: Analyse zur Geschäftsstrategie
Zur Abrundung der Ausführungen über die Umwelt- und Unternehmensanalyse im Hinblick auf die Entwicklung der Geschäftsstrategie sei nun der Prozeß der diesbezüglichen Informationsbeschaffung von DELTA illustriert. Dabei wird auf die SGE »Papiersäcke« abgestellt, deren Wirkungszusammenhänge im Netzwerk von Abbildung 3.21 festgehalten sind.
Zur Umweltanalyse (nicht lenkbare Größen) hat die SGE drei Gebiete abgedeckt, die im folgenden vorgestellt werden: allgemeine Umweltentwicklungen, Branchenstrukturen und wichtigster Konkurrent.
Bei den allgemeinen Umweltentwicklungen wurden folgende Szenarien durchgespielt:

- Strukturbereinigung und Kapazitätsverminderung in Europa,
- Trend zu kleinen Säcken und damit Verbrauchssteigerung,
- Preisauftrieb durch starke Stellung der Papierhersteller,
- erhöhte Nachfrage nach Differenzierung der Produkte und Dienstleistungen,
- vermehrt zentral vergebene Großaufträge und Betonung von Service und Qualität,
- vermehrte Nachfrage nach Systemlösungen,
- ökologische Anforderungen erfordern neue innovative Verpackungslösungen.

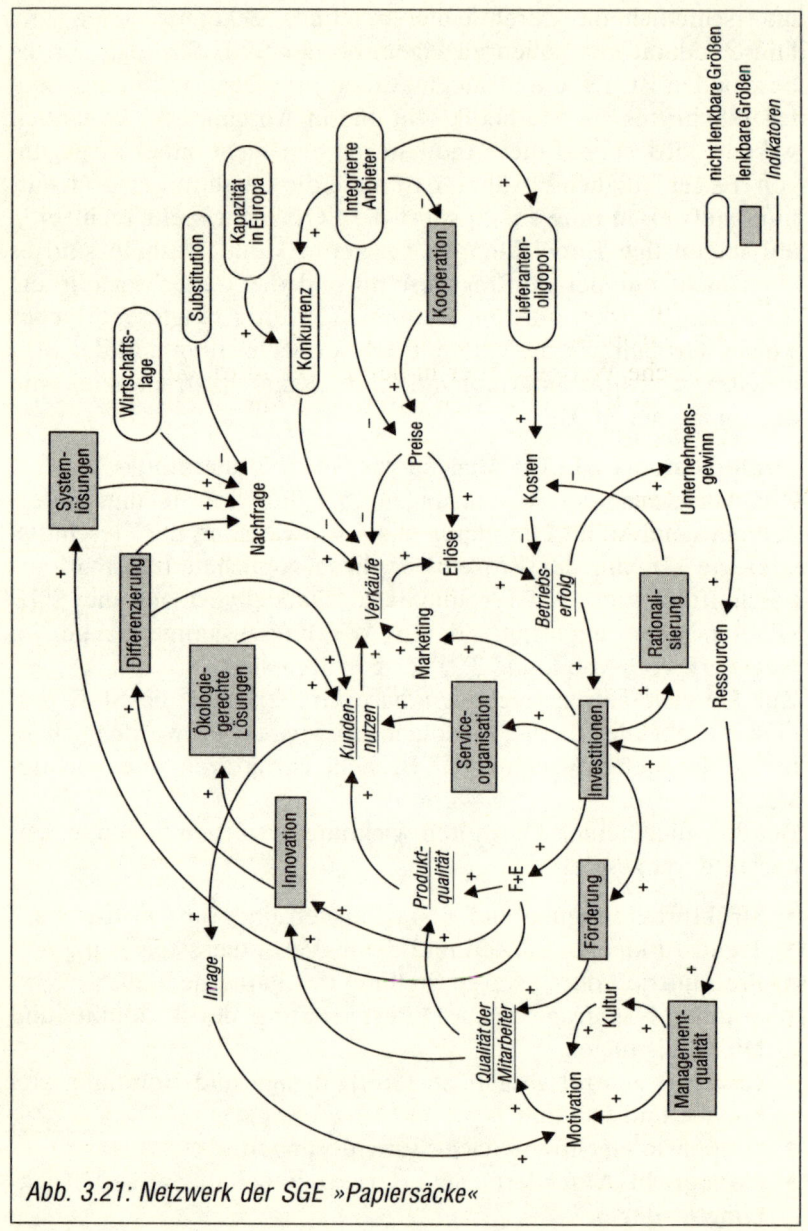

Abb. 3.21: Netzwerk der SGE »Papiersäcke«

Die Untersuchung der Branchenstruktur erfolgte gemäß Abbildung 3.15 und erbrachte folgende Lösungen:

– Heutige Wettbewerber und Branchenstruktur:
  • zu viele Anbieter: Verdrängungskampf,
  • geringes Marktwachstum: Überkapazität,
  • hohe Kapitalintensität: Zwang zur Vollauslastung,
  • wenig Produktdifferenzierung: Verkauf über Preis.

– Potentielle neue Wettbewerber:
  • Der europäische Markt läßt Länderschranken fallen: ausländische Wettbewerber in nationalen Märkten.
  • Wichtige Kunden kaufen europaweit ein.
  • Generelle Verschärfung des Wettbewerbs.

– Lieferanten:
  • Wenige Anbieter: Gefahr oligopolistischer Manipulation,
  • unelastisches Angebot mit großen Preisfluktuationen,
  • Differenzierungsmöglichkeiten für integrierte Hersteller.

– Käufer:
  • Einkäuferdruck, da Produkte Commodities und relativ transparenter Markt,
  • Preissensitivität vor allem der Bauindustrie.

– Substitutionsprodukte:
  • Papiersack wird zum Teil durch Kunststoffprodukte ersetzt werden.

Die Analyse des wichtigsten europäischen Konkurrenten gemäß Schema von Abbildung 3.16 führte zu folgender Charakterisierung:

– Ziele:
  • unbestrittene Nummer eins in Europa,
  • möglichst großer Absatz der eigenen Papierprodukte (integrierter Hersteller),
  • Sprengung des Gebietsschutzes.

– Strategien:
  • Preiskampf,
  • Mengenwachstum zur Auslastung der Kapazitäten,
  • Sicherung der Märkte durch feste Käuferbeziehungen (Bauindustrie),
  • Akquisition kleinerer, unabhängiger Produzenten zur Gewinnung von Marktanteilen,
  • Lobbying zum Fall des Gebietsschutzes.

– Eigene Einschätzung:
  • Potential zur Marktführerschaft,
  • Erreichung der dominierenden Stellung nur eine Frage der Zeit.

– Stärken/Schwächen:
  • Die Integration des Verpackungsgeschäftes mit der Papierherstellung ist gleichzeitig eine große Stärke (Preispolitik, finanzielle Stärke) wie eine Schwäche (Notwendigkeit der Kapazitätsauslastung).

– Zufriedenheit mit eigener Position:
  • erst zufrieden, wenn Marktführerschaft gesichert.

– Mögliche Strategieänderungen:
  • keine abzusehen.

– Verletzbarkeit:
  • wenn Absatzmärkte (Bauindustrie) nicht gesichert werden können,
  • wenn Gebietsschutz bestehenbleibt.

– Abwehrhaltung:
  • Preiskampf.

Die zur Umwelt, Branche und Konkurrenz gesammelten Informationen führten zu dem in Abbildung 3.22 vorgestellten Chancen-/Gefahren-Profil der SGE Papiersäcke.

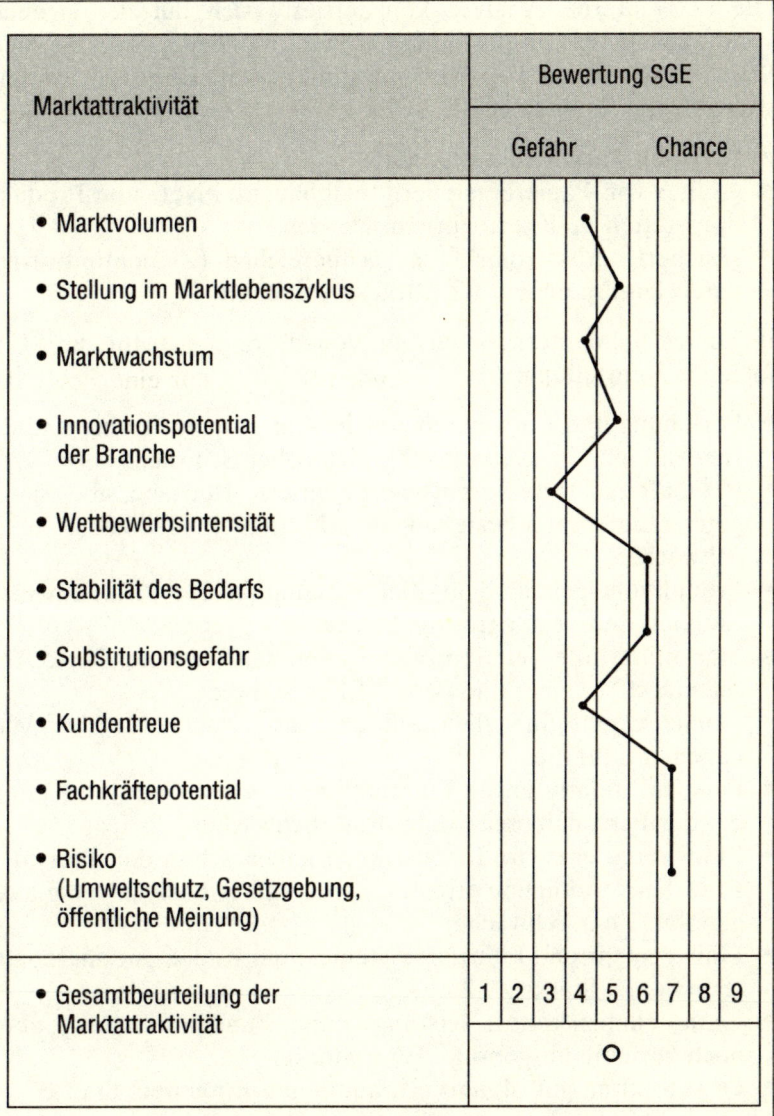

Marktattraktivität	Bewertung SGE		
	Gefahr		Chance
• Marktvolumen			
• Stellung im Marktlebenszyklus			
• Marktwachstum			
• Innovationspotential der Branche			
• Wettbewerbsintensität			
• Stabilität des Bedarfs			
• Substitutionsgefahr			
• Kundentreue			
• Fachkräftepotential			
• Risiko (Umweltschutz, Gesetzgebung, öffentliche Meinung)			
• Gesamtbeurteilung der Marktattraktivität	1 2 3 4 5 6 7 8 9		

Abb. 3.22: Chancen-/Gefahren-Profil der SGE Papiersäcke

Die SGE-interne Analyse konzentrierte sich auf die eigenen strategischen Erfolgspositionen sowie mögliche Stärken und Schwächen bei den Unternehmensfunktionen. Die SGE Papiersäcke verfügt über folgende SEPs:

- Spezialprodukte hoher Qualität,
- größtes von Papierherstellern unabhängiges Netz von Produktionsstätten und Verteilorganisationen,
- gesicherte Absatzmärkte in Teilbereichen (Zementindustrie) durch Unternehmen der Muttergesellschaft.

Bezüglich der Unternehmensfunktionen ergab sich für die SGE folgende Beurteilung:

- Forschung und Entwicklung: nicht sehr ausgeprägt, hie und da Innovationen im Kunststoffbereich. Eher Schwäche.
- Beschaffung: nicht so gut wie integrierte Betriebe, aber dank guter Lieferantenbeziehungen akzeptabel. Trotzdem eher Schwäche.
- Produktion: gemäß dem Ziel »Champion der Produktivität« rationell und kostengünstig. Stärke.
- Marketing: gute Vertriebsorganisation, teilweise gesicherte Absatzmärkte (Zementindustrie). Eher Stärke.
- Finanzen: gute finanzielle Führung, ausgezeichnetes Cash-Management. Stärke.
- Personal: relativ große Fluktuation, teilweise Schwierigkeiten bei der Personalbeschaffung. Eher Schwäche.
- Innovation: einzelne Innovationen haben schon den Preis der Branchenvereinigung erhalten. Aber immer noch zuwenig ausgeprägt. Eher Schwäche.
- Management und Führungssysteme: gute Kader, gut ausgebaute Systeme. Stärke.
- Unternehmenskultur: leistungs- und kundenorientiert, aber noch zuwenig ausgeprägt. Eher Stärke.
- Organisation: gut organisiert, autonome Einheiten. Stärke.
- Informatik: noch zuwenig profiliert, daher eher Schwäche.

Faßt man die SGE-interne Beurteilung zu einem Stärken-/Schwächen-Profil zusammen, so zeigt sich folgendes Bild.

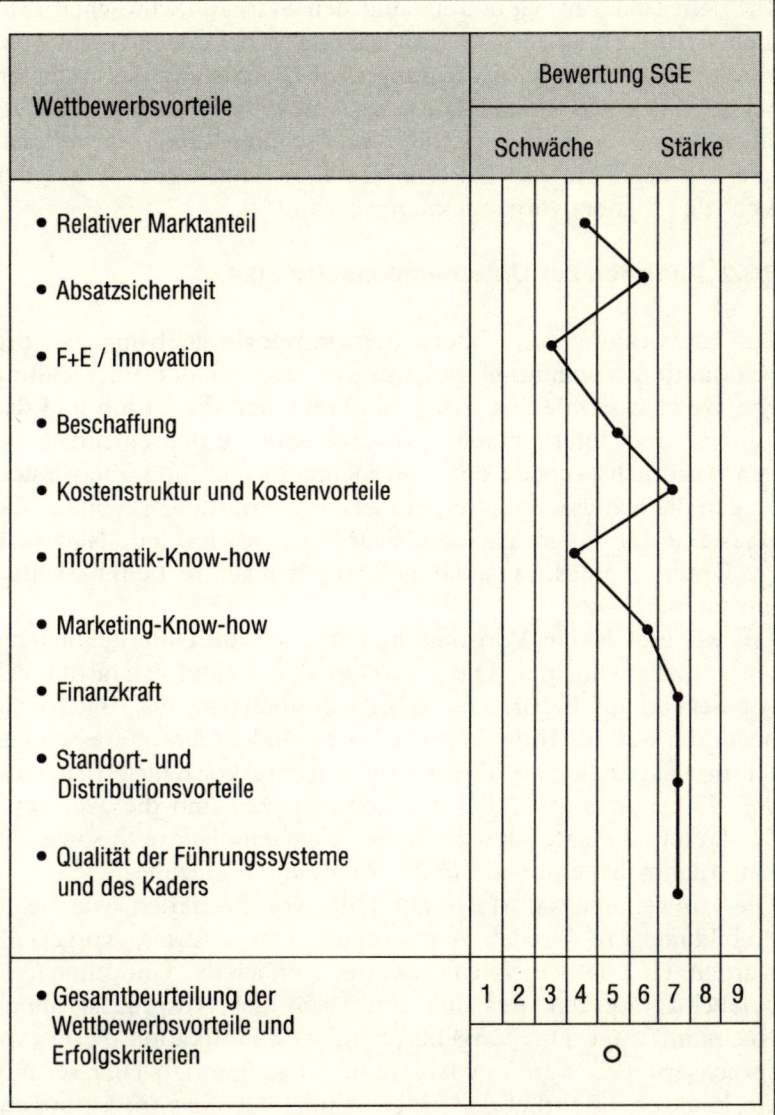

Wettbewerbsvorteile	Bewertung SGE		
	Schwäche		Stärke
• Relativer Marktanteil			
• Absatzsicherheit			
• F+E / Innovation			
• Beschaffung			
• Kostenstruktur und Kostenvorteile			
• Informatik-Know-how			
• Marketing-Know-how			
• Finanzkraft			
• Standort- und Distributionsvorteile			
• Qualität der Führungssysteme und des Kaders			
• Gesamtbeurteilung der Wettbewerbsvorteile und Erfolgskriterien	1 2 3 4 5	6 7 8 9	

Abb. 3.23: Stärken-/Schwächen-Profil der SGE Papiersäcke

Mit dem Chancen-/Gefahren- und den Stärken-/Schwächen-Profilen ist die Basis für die Entwicklung von Geschäftsstrategien bereitgestellt. Diese Entwicklung wird Gegenstand des nächsten Schrittes der Strategiemethodik in Abschnitt 3.4 sein. Vorher ist jedoch noch zu zeigen, wie die Unternehmens- und Umweltanalyse aus der Sicht des Unternehmens als Ganzes sowie aus der Sicht des Eigners vorgenommen werden.

3.3.2 Analysen zur Unternehmensstrategie

Zur Entwicklung von Unternehmensstrategie geht man bei der Informationsbeschaffung genauso vor wie bei der Entwicklung von Geschäftsstrategien. Ausgangspunkt sind die Vision und das Leitbild des Unternehmens. Anschließend werden entsprechend den Anspruchsgruppen des Unternehmens und ihrer Zielvorstellungen die Schlüsselfaktoren des Erfolges ermittelt. Sie bilden die Bausteine für das im nächsten Schritt zu entwickelnde Netzwerk des Unternehmens, das sodann im Hinblick auf die Lenkbarkeiten interpretiert wird.

Des weiteren ist das Vorgehen nun aber auf das Unternehmen als Ganzes zuzuschneiden. Die Umweltanalyse richtet sich nicht mehr vorwiegend auf die Branche und die Konkurrenz aus, sondern sie deckt die weitere Umwelt und ganz besonders die Interessen der Anspruchsgruppen ab. Die interne Analyse konzentriert sich auf die Nutzenpotentiale, die Kernkompetenzen und die Wertkette des Unternehmens. Aber auch die »weichen« Faktoren sowie die Unternehmenskultur sind in die Analyse mit einzubeziehen.

Die Umweltanalyse erfolgt mit Hilfe von Szenarien, wie sie in Abbildung 3.14 für den Arbeitsmarkt beispielsweise vorgestellt wurden. Hier soll der zweite wichtige Bereich der Umweltanalyse beleuchtet werden, der den Interessen der Anspruchsgruppen Rechnung trägt. Das Vorgehen bei der Identifikation dieser Anspruchsgruppen wurde in Abschnitt 3.1 aufgezeigt. Hier sei nun ein konkretes Beispiel der Einbeziehung der Anspruchsgruppeninteressen im Rahmen der Umweltanalyse vorgestellt, nämlich die entsprechenden Zusammenhänge bei der Fusion von Krupp und Hoesch. Wie Abbildung 3.24 zeigt, wurden im Vorfeld der Fusion

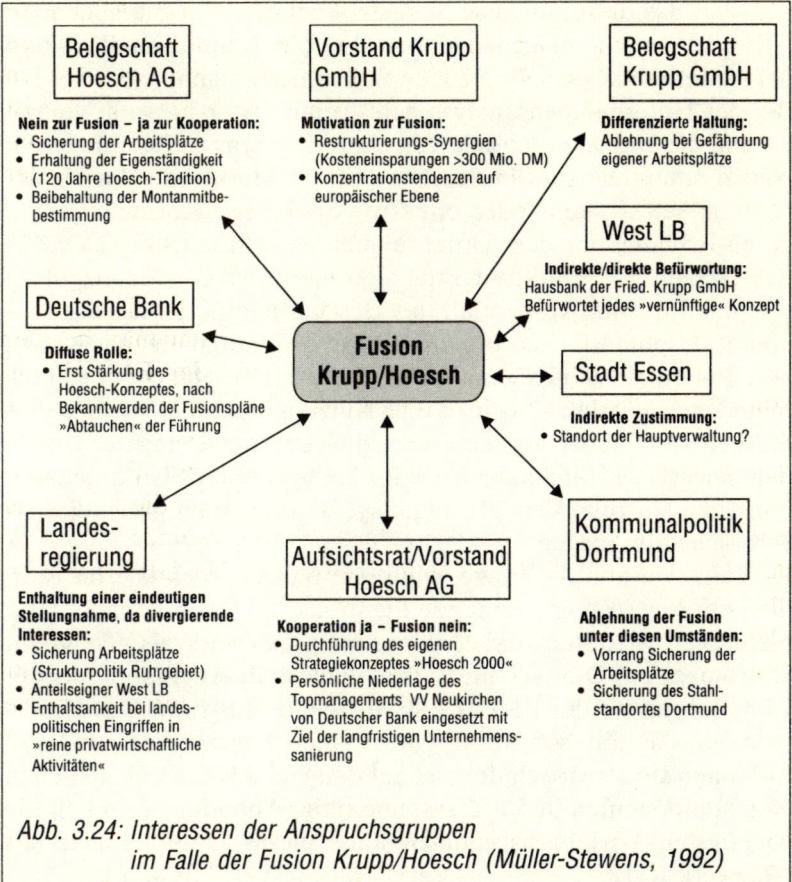

Belegschaft Hoesch AG

Nein zur Fusion – ja zur Kooperation:
- Sicherung der Arbeitsplätze
- Erhaltung der Eigenständigkeit (120 Jahre Hoesch-Tradition)
- Beibehaltung der Montanmitbestimmung

Vorstand Krupp GmbH

Motivation zur Fusion:
- Restrukturierungs-Synergien (Kosteneinsparungen >300 Mio. DM)
- Konzentrationstendenzen auf europäischer Ebene

Belegschaft Krupp GmbH

Differenzierte Haltung:
Ablehnung bei Gefährdung eigener Arbeitsplätze

West LB

Indirekte/direkte Befürwortung:
Hausbank der Fried. Krupp GmbH
Befürwortet jedes »vernünftige« Konzept

Deutsche Bank

Diffuse Rolle:
- Erst Stärkung des Hoesch-Konzeptes, nach Bekanntwerden der Fusionspläne »Abtauchen« der Führung

Fusion Krupp/Hoesch

Stadt Essen

Indirekte Zustimmung:
- Standort der Hauptverwaltung?

Landesregierung

Enthaltung einer eindeutigen Stellungnahme, da divergierende Interessen:
- Sicherung Arbeitsplätze (Strukturpolitik Ruhrgebiet)
- Anteilseigner West LB
- Enthaltsamkeit bei landespolitischen Eingriffen in »reine privatwirtschaftliche Aktivitäten«

Aufsichtsrat/Vorstand Hoesch AG

Kooperation ja – Fusion nein:
- Durchführung des eigenen Strategiekonzeptes »Hoesch 2000«
- Persönliche Niederlage des Topmanagements VV Neukirchen von Deutscher Bank eingesetzt mit Ziel der langfristigen Unternehmenssanierung

Kommunalpolitik Dortmund

Ablehnung der Fusion unter diesen Umständen:
- Vorrang Sicherung der Arbeitsplätze
- Sicherung des Stahlstandortes Dortmund

Abb. 3.24: Interessen der Anspruchsgruppen im Falle der Fusion Krupp/Hoesch (Müller-Stewens, 1992)

die Interessen der Vorstände und der Belegschaften der beiden Unternehmen, der verschiedenen Banken sowie der staatlichen und kommunalen Institutionen in die Überlegungen mit einbezogen.

Eine systematische Umweltanalyse müßte im obigen Fall noch weitere Anspruchsgruppen mit einbeziehen, so die Kunden, die Lieferanten und die Konkurrenten. Auch wäre es angezeigt, sich über die künftige Entwicklung der verschiedenen Interessenlagen Gedanken zu machen und entsprechende Szenarien auszuarbeiten. Auf das diesbezügliche Vorgehen wurde im vorhergehenden Abschnitt bereits eingegangen, so daß die Aufmerksamkeit nun der Unternehmensanalyse zugewandt werden kann.

Bei der Unternehmensanalyse geht es mit erster Priorität einmal darum, die Nutzenpotentiale des Unternehmens zu identifizieren. Nutzenpotentiale sind in der Umwelt, im Markt oder im Unternehmen selbst latent oder effektiv vorhandene Konstellationen, deren Erschließung dem Unternehmen neue Möglichkeiten eröffnet. Neben dem Marktpotential sind hier etwa das Finanzpotential, das Informatikpotential, das Beschaffungspotential, das Kooperationspotential, das organisatorische Potential und das Know-how-Potential zu nennen. Verfügt das Unternehmen über verschiedene, qualitativ hochwertige Nutzenpotentiale, so sind dies Stärken im Hinblick auf die Zielsetzung der Steigerung des Unternehmenswertes. Sind jedoch die für ein bestimmtes Unternehmen typischen Nutzenpotentiale ungenügend ausgeprägt, so ist dies als Schwäche auszulegen.

Es stellt sich nun die Frage, wie diese Nutzenpotentiale im Rahmen der Unternehmensanalyse identifiziert werden können. Hier bietet sich wiederum das Unternehmensnetzwerk als geeignetes Instrument an. Dies sei am Beispiel eines Unternehmens aus der Zulieferbranche der Elektrizitätswirtschaft illustriert. Das Unternehmen, das mit 800 Mitarbeitern einen Umsatz von rund 120 Millionen sFr. erwirtschaftet, ist auf den Gebieten der elektrischen Netzkomponenten und Prüfsysteme tätig. Abbildung 3.25 hält die wichtigsten Wirkungszusammenhänge dieses Unternehmens als Netzwerk fest.

Das Netzwerk ist wiederum so aufgebaut, daß sich um den zentralen »Motor« herum verschiedene Kreislaufsysteme gruppieren. Im oberen Teil sind links der Bereich der allgemeinen Umwelt und rechts der Konkurrenzbereich zu erkennen. Umweltszenarien sind somit beispielsweise zu künftigen Investitionen in Energiesysteme zu erstellen, da diese das Marktvolumen und damit die künftigen Verkäufe entscheidend prägen werden. Hierbei sind Faktoren wie das Umweltbewußtsein, das Energiesparen, der Ersatzbedarf der Industrie, neue Technologien sowie allfällige Substitutionsmöglichkeiten mit zu berücksichtigen.

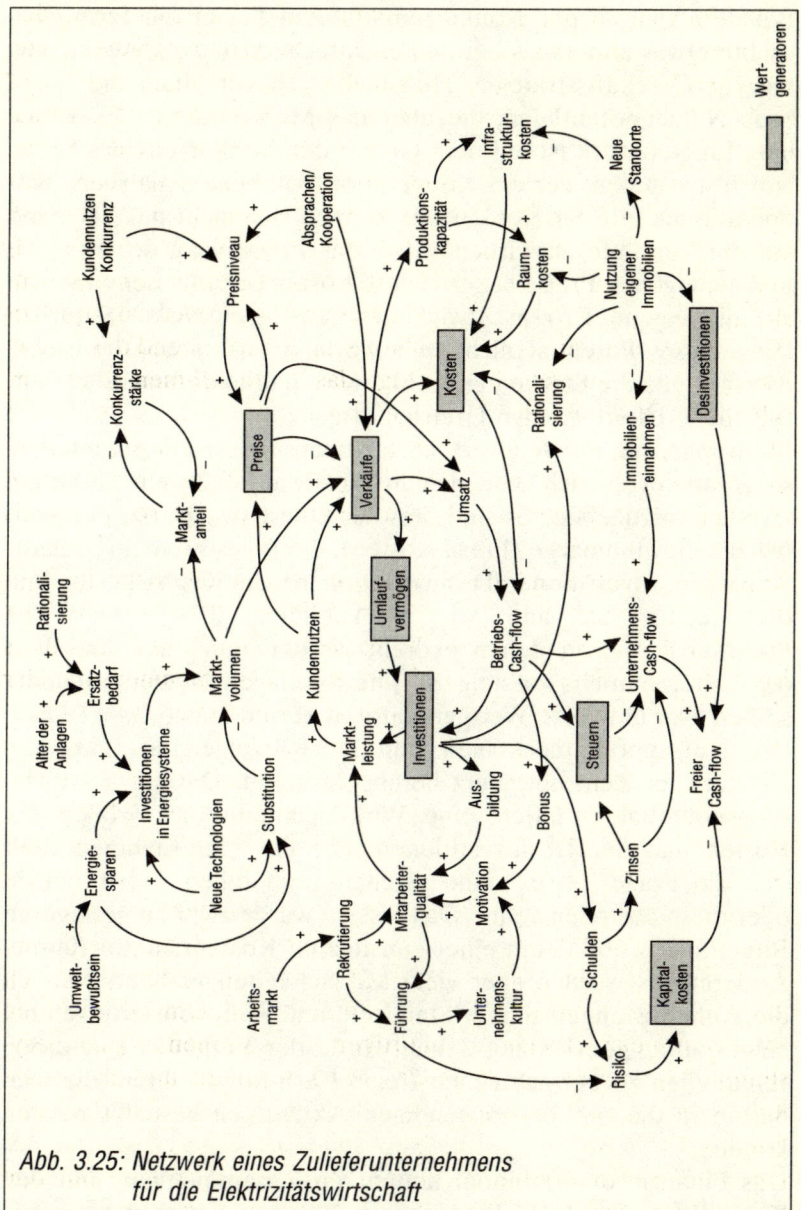

*Abb. 3.25: Netzwerk eines Zulieferunternehmens
für die Elektrizitätswirtschaft*

Bei der Analyse der Konkurrenzsituation liegen die Schwerge-
wichte etwas anders als bei den entsprechenden Analyseaktivitä-
ten zur Geschäftsstrategie. Hier stellt sich vor allem die Frage
nach Nutzenpotentialen, die über das Marktpotential hinausge-
hen. Im Netzwerk ist auf dem Gebiet der Konkurrenz ein Kreislauf festzustellen, der ein Kooperationspotential signalisiert. Kooperationen mit der Konkurrenz können sich nicht nur belebend
auf die Verkäufe auswirken. Auch das Preisniveau der Branche
und die eigenen Preise lassen sich so positiv beeinflussen, was sich
auf die eigene Ertragsentwicklung günstig auswirkt. Natürlich
kann dieses Potential nicht unbeschränkt ausgeschöpft werden,
da einerseits die Stärke der Konkurrenz und andererseits kartell-
rechtliche Überlegungen Grenzen setzen.

Sucht man nun im Netzwerk nach weiteren Nutzungspotentialen,
so empfiehlt es sich, von den in Abbildung 3.25 eingerahmten
Größen auszugehen. Es sind dies das Umsatzwachstum (Verkäufe), die Gewinnmarge (Preis, Kosten), die Investitionen (Umlaufvermögen, Investitionen/Desinvestitionen), die Kapitalkosten und
die Steuern. Sie sind, wie in Abbildung 2.20 gezeigt, die
»Schräubchen«, an denen gedreht werden muß, um den Wert
des Unternehmens zu steigern. Die jeweiligen Nutzenpotentiale
sollten also um diese Wertgeneratoren herum angeordnet sein.

Die Nutzenpotentiale seien nun im Uhrzeigersinn (mit dem
»Motor« im Zentrum) kurz herausgearbeitet. Das Restrukturierungspotential entfaltet seine Wirkungen auf die Größen der
Kosten und der Desinvestitionen. Für das Unternehmen stellt
sich die Frage, ob es seine eigenen Immobilien selber nutzen
oder diese abstoßen sollte. Das erstere würde zwar zu geringeren
Raumkosten und damit einer günstigeren Kostenstruktur führen.
Andererseits werden aber viele Möglichkeiten verbaut, nämlich
die Wahl kostengünstigerer Standorte und Rationalisierungen bei
einem allfälligen Umzug. Auch würde der Verkauf der eigenen
Immobilien zu beträchtlichen freien Cash-flows führen, die wiederum in die betriebsnotwendigen Aktivitäten gesteckt werden
könnten.

Das Finanzierungspotential kommt im Zusammenhang mit den
Kapitalkosten und den Steuern zum Tragen. Hier geht es einmal

darum, ein optimales Finanzierungsverhältnis zu erreichen und die Unternehmensrisiken so zu senken, daß die Kapitalkosten optimiert werden. Bei den Steuern stehen organisatorische und rechtliche Konstruktionen zur Diskussion, die zu einer geringeren Belastung führen können.

Im Zusammenhang der Investitionen ist das Humanpotential zu nennen. Werden gezielt Mittel in die Ausbildung und die Förderung der Mitarbeiter investiert, so können nicht nur die Mitarbeiterqualität und damit letztlich die Marktleistung erhöht werden, sondern es erfolgt auch ein Motivationsschub. Dieses Potential ist insofern von größtem Interesse, als für das betroffene Unternehmen gute Fachkräfte die wichtigste Ressource darstellen.

Schließlich ist noch im Zusammenhang mit dem Management des Umlaufvermögens das Logistikpotential zu erwähnen. Hier stehen die Just-in-time-Bewirtschaftung und weitere Maßnahmen zur Lageroptimierung im Vordergrund.

Mit der Ermittlung der Nutzenpotentiale sind die Möglichkeiten der Unternehmensanalyse noch nicht erschöpft. Zwei weitere Instrumente stehen zur Verfügung, nämlich die Ermittlung der Kernkompetenzen sowie die Analyse des Unternehmens in seiner Wertkette. Zur Illustration dieser Instrumente soll das Beispiel zweier weiterer industrieller Unternehmen herangezogen werden.

In Abschnitt 2.2.2 wurde das Konzept der *Kernkompetenzen* vorgestellt und am Beispiel Canon in Abbildung 2.19 illustriert. Als Teil der Unternehmensanalyse empfiehlt es sich, in erster Annäherung die erforderlichen und tatsächlichen Kernkompetenzen des Unternehmens zu ermitteln, dies in Analogie zur Ermittlung der strategischen Erfolgspositionen im Zusammenhang der Geschäftsstrategie. Natürlich wird die klare Umschreibung der Kernkompetenzen ein zentrales Resultat des gesamten Strategieprozesses sein. Aber bereits zu diesem Zeitpunkt des Vorgehens lassen sich erste Hinweise finden.

Kernkompetenzen sind Fähigkeiten eines Unternehmens, die sich quer durch die Geschäftseinheiten hindurchziehen und die es ermöglichen, in rascher Folge Produktinnovationen in verschiedenen Bereichen hervorzubringen. Welches solche Kernkompetenzen in der Praxis sein können, soll am Beispiel eines Unternehmens der Investitionsgüterbranche aufgezeigt werden. Dieses mittelständische Unternehmen erzielt mit 800 Mitarbeitern einen Umsatz von rund 200 Millionen sFr. Es produziert Schweißanlagen zur Herstellung von Armierungsgittern, Heizkörpern und Normteilen für Automobile. Das Unternehmen beruft sich auf drei Kernkompetenzen, nämlich Schweißtechnik, Mechatronik und Systemtechnik. Während Schweißtechnik die eigentliche Basistechnologie darstellt, besteht die Mechatronik aus einer Kombination von Mechanik und Elektronik und beinhaltet die Systemtechnik der Herstellung von Gesamtlösungen auf dem Schweißgebiet. Abbildung 3.26 zeigt diese drei Kernkompetenzen und die entsprechenden Fähigkeiten auf. Die im Verlauf der bisherigen Unternehmensanalyse identifizierten Nutzenpotentiale und Kernkompetenzen sind Stärken des Unternehmens. Man kann allerdings die Analyse auch aus der Perspektive der *erforderlichen* Nutzenpotentiale und Kernkompetenzen machen. Dann stellt sich die Frage, wo das Unternehmen Stärken und wo es Schwächen hat. Allerdings läßt sich dieses Vorgehen nicht so gradlinig durchziehen wie bei den strategischen Erfolgspositionen. Nutzenpotentiale oder Kernkompetenzen können überraschend auftauchen und vielleicht neu sein für eine Branche. Was also »erforderlich« ist, läßt sich nicht unbedingt vorgängig bestimmen.

Ein weiteres Instrument zur Unternehmensanalyse ist die *Wertkette* oder »Value Chain« (Porter, 1985). Die Wertkette unterteilt ein Unternehmen in ihre strategisch relevanten Aktivitäten. Dabei wird unterschieden zwischen Hauptaktivitäten und Unterstützungsaktivitäten. Die Hauptaktivitäten lassen sich in Beschaffung/Beschaffungslogistik, Produktion, Marketing/Verkauf und Service/Vertrieb/Logistik unterteilen. Je nach Bedarf kann eine feinere Untergliederung gewählt werden. Bei den Unterstützungsaktivitäten wird üblicherweise unterschieden zwischen Unternehmensinfrastruktur, Human-Ressources-Management und Forschung und Entwicklung. Für jede einzelne Stufe wird im Rahmen der Unternehmensanalyse ein Stärken-/Schwächen-Profil erstellt.

Die Anwendung der Wertkette als Analyseinstrument soll am

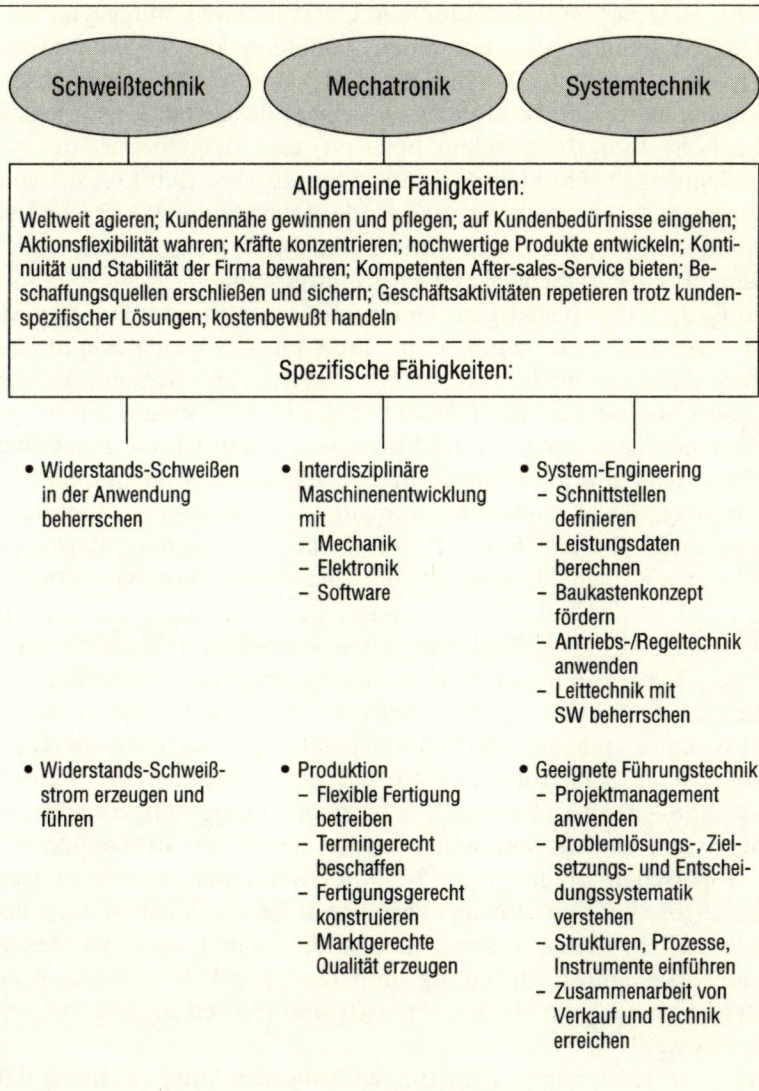

Abb. 3.26: Kernkompetenzen und Fähigkeiten eines Investitionsgüterunternehmens

Beispiel eines mittelständischen Unternehmens aufgezeigt werden. Es handelt sich um einen Zulieferer der Druckindustrie, der einen qualitativ hochwertigen Bestandteil für Druckmaschinen herstellt. Ein wesentliches Merkmal dieses Unternehmens ist die hohe Lieferbereitschaft bei Erst- und Ersatzbedarf für eine Vielzahl auch sehr kleiner Kunden. Service/Vertrieb/Logistik spielen deshalb eine sehr wichtige Rolle. In Abbildung 3.27 ist dieses Glied der Wertkette des Unternehmens herausgegriffen und in seinem Stärken-/Schwächen-Profil dargestellt.

Aufgrund der bisherigen Unternehmensanalyse sollte nun die »Logik« des Unternehmens in ihren Grundzügen bekannt sein. Was allerdings noch fehlt, ist die »Psycho- und Soziologik« oder anders ausgedrückt die Einsicht in die Unternehmenskultur.

Hier stellt sich zunächst die Frage, was eigentlich die Persönlichkeit eines Unternehmens ausmacht. Jedes Unternehmen hat eine Identität, die es mehr oder weniger klar von anderen Unternehmen unterscheidet. Diese Persönlichkeit läßt sich analytisch nur schwer erfassen, es handelt sich mehr um eine Art intuitives Begreifen. Deshalb sollen hier Beispiele für sich sprechen. Mövenpick wurde von Ueli Prager aus kleinen Anfängen heraus zu einem Gastronomieunternehmen aufgebaut, das von seiner Ausstrahlung her einmalig in der Schweiz und auch in Deutschland ist. Mövenpick steht für Qualität, Originalität, Zuverlässigkeit. Kaum eine andere Gastronomiekette hat eine annähernd ausgeprägte »Persönlichkeit«. Praktisch aus dem Nichts aufgetaucht, beherrscht Benetton mit seinen Läden heute das Straßenbild aller europäischen Städte. Man ist »in«, wenn man Benetton trägt. Benetton hat ein unverwechselbares Image, eine »Persönlichkeit«. Nicht fehlen in dieser Aufzählung darf Coca-Cola, das mit einer exzellenten Marketing- und Kommunikationsstrategie den Zeitgeschmack immer wieder trifft und sich einzigartig zu profilieren weiß.

Mit »Persönlichkeit« wird die Wirkung des Unternehmens nach außen umschrieben. Sie ist aber letztlich Ausdruck der inneren Unternehmenskultur. Diese äußert sich in den grundlegenden Wertvorstellungen und Normen, die dem wirtschaftlichen Handeln zugrunde gelegt werden. Im Gegensatz zur Organisation als

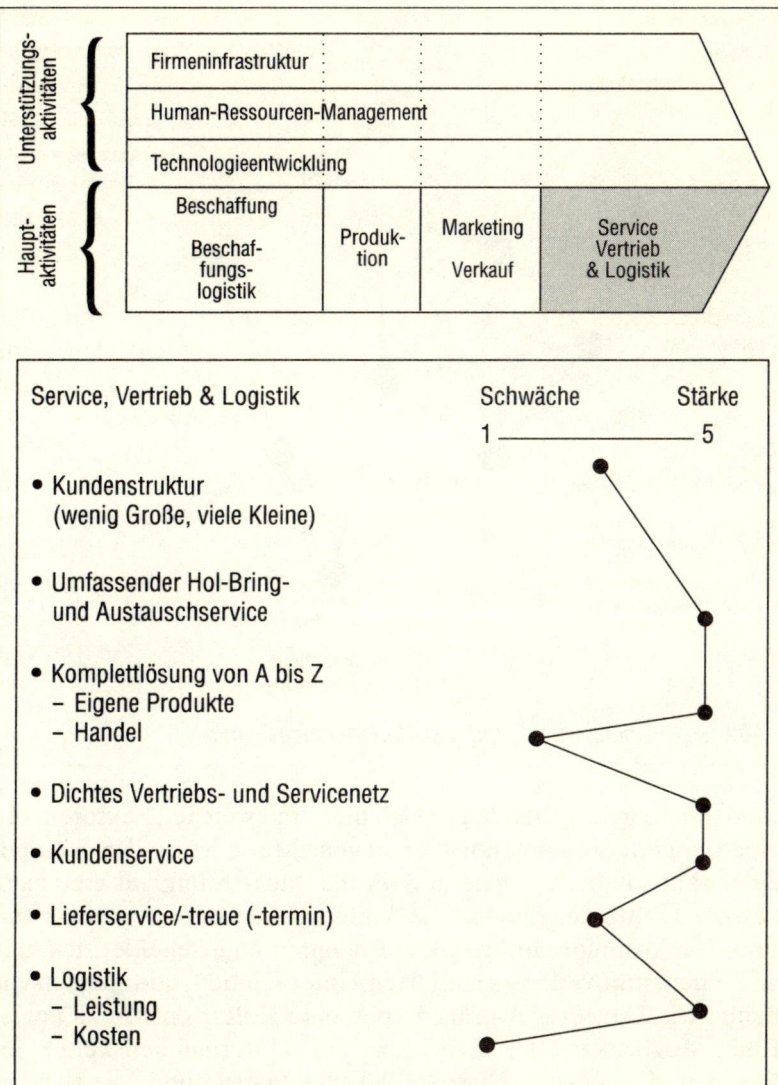

Abb. 3.27: Wertkette eines Zulieferers der Druckindustrie mit Stärken-/
Schwächen-Profil für Service/Vertrieb/Logistik

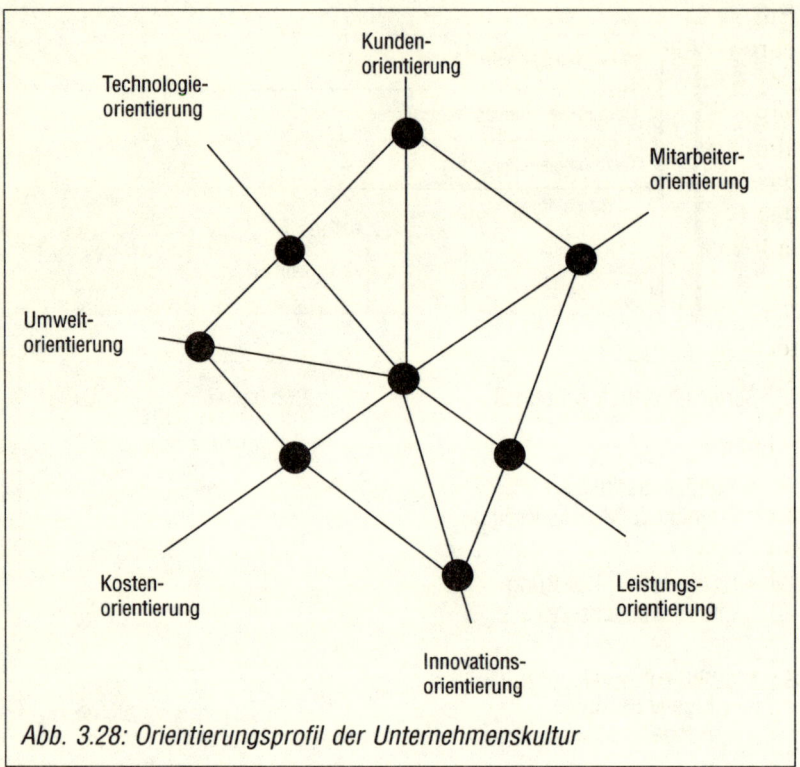

Abb. 3.28: Orientierungsprofil der Unternehmenskultur

formaler Regelung handelt es sich hier um »weiche« Faktoren, die einen engen Zusammenhalt erzeugen. Meist ist es der Stempel einer charismatischen Person oder die Ausrichtung auf eine ganz bestimmte Stärke, die für die Unternehmenskultur maßgebend sind. Ein kostenorientiertes Unternehmen unterscheidet sich klar von einem innovationsorientierten Unternehmen, und Persönlichkeiten wie Ueli Prager prägen eben eine Kultur entscheidend.

Eine Möglichkeit der Erfassung der Unternehmenskultur im Rahmen der Analysephase bildet die Darstellung als Netz in Abbildung 3.28. Je größer die Entfernung vom Mittelpunkt, desto stärker prägt dieser Faktor die Unternehmenskultur, hier also die Kundenorientierung, die Mitarbeiterorientierung und die Innovationsorientierung.

Ein Beispiel für klare Mitarbeiterorientierung ist Hewlett Pakkard. Die Mitarbeiter und ihre Entwicklungsmöglichkeiten stehen im Vordergrund der Kultur, des sogenannten »HP-Way«. Dies wird bereits beim Betreten des Unternehmens sichtbar, in dem alle Arbeitsplätze zur Zirkulation von Ideen und im Hinblick auf das Wohlbefinden der Mitarbeiter optimal eingerichtet sind. Wie der Wechsel an der Führungsspitze die Kultur beeinflussen kann, läßt sich eindrücklich an der Firma Apple Computers aufzeigen, als im Jahre 1983 Steven Jobs die oberste Verantwortung an John Sculley weitergab. War Apple unter Jobs vor allem innovations-, technologie- und mitarbeiterorientiert, so traten unter Sculley die Kunden- und Leistungsorientierung markant in den Vordergrund.

Die Einschätzung der Unternehmenskultur ist ein äußerst schwieriges Unterfangen. Trotzdem darf sich eine Unternehmensanalyse nicht vor dieser Aufgabe drücken. Dabei muß die Wirkung nach außen (»Persönlichkeit«) und nach innen (Orientierung der Kultur) erfaßt werden. Denn mögen die ausgearbeiteten Strategien sachlich noch so überzeugend sein, wenn sie der Unternehmenskultur widersprechen, werden sie scheitern.

Strategiestudie DELTA: Analyse zur Unternehmensstrategie
Für DELTA werden in diesem Schritt zwei Analysen aufgezeigt, nämlich einerseits die Ermittlung der Nutzenpotentiale und ihrer Multiplikationsmöglichkeiten und andererseits die Beurteilung der »Persönlichkeit« und der Unternehmenskultur.
Neben der konsequenten Positionierung der einzelnen Geschäftseinheiten im Wettbewerb und der damit verbundenen Nutzung des Potentials des Absatzmarktes konzentriert sich DELTA vorwiegend auf folgende weiteren Nutzenpotentiale:

• Beschaffungspotential:
Zwei Ziele stehen hier im Vordergrund, nämlich die Erhöhung der Einkaufsmengen beim Papier zur Erreichung besserer Konditionen und die Sicherstellung der Belieferung. Zu diesem Zweck werden Papierlieferverträge mit Meistbegünstigungsklausel abgeschlossen, die Zusammenarbeit mit Papierfabriken gesucht, eine dezentrale Beschaffung aus verschiedenen

europäischen Ländern angestrebt, mit anderen Sackherstellern kooperiert und steuergünstige Lösungen gesucht.

• Mitarbeiter-/Managementpotential:
Durch eine gezielte Kaderplanung und eine konsequente Mitarbeiterförderung sollen vorhandene Lücken geschlossen, strategische Personalreserven aufgebaut und die Mitarbeiter zum unternehmerischen Denken und Handeln angespornt werden. Hier gilt der Slogan »Führen statt Verwalten«.

• Akquisitions-/Restrukturierungspotential:
Durch die Übernahme weiterer Unternehmen im Papiersackbereich soll die europäische Präsenz erhöht und ein Gegengewicht zu den integrierten Papiersackherstellern geschaffen werden. Das vorhandene Know-how soll es ermöglichen, diese Unternehmen optimal zu restrukturieren.

• Logistik-/Informatikpotential:
Auf dem Gebiet der Informatik und Logistik sind heute noch viele Applikationen »handgestrickt«. Durch die Einführung moderner Produktionsplanungssysteme, Managementinformationssysteme und Rechnungswesenapplikationen können hier bedeutende Verbesserungen erzielt werden.

Zwei Nutzenpotentiale bieten sich für DELTA zur Multiplikation geradezu an:

• Akquisitions-/Restrukturierungspotential:
DELTA hat schon eine bedeutende Erfahrung auf dem Gebiet der Akquisition und anschließenden Restrukturierung von Unternehmen. Charakteristikum von Sackherstellern in Europa ist es, daß Papiersack- und Kunststoffaktivitäten meist ineinander verwoben vorkommen. DELTA hat sich das Know-how erarbeitet, wie diese beiden Bereiche entflechtet und bedeutende Kostensenkungsmöglichkeiten realisiert werden können. Auch das Vorgehen bei der Akquisition dieser Unternehmen ist gut bekannt und kann erfolgreich multipliziert werden.

- Beschaffungspotential:
  DELTA hat in verschiedenen Fällen Kooperationen mit anderen Sackherstellern und Papierfabriken aufgebaut, um den Einkauf zu optimieren. Das dabei gewonnene Know-how kann für weitere Allianzen ohne großen zusätzlichen Aufwand multipliziert werden. Entscheidend ist, daß dieses Know-how nicht nur länderspezifisch, sondern europaweit eingesetzt werden kann.

Was die »Persönlichkeit« anbetrifft, so hat es DELTA bisher noch nicht geschafft, eine unverwechselbare Identität aufzubauen. Ansatzpunkte dafür wären eine Profilierung als größter von Papierfabriken unabhängiger Hersteller von Säcken oder als europaweiter, flächendeckender Anbieter (nach weiteren Akquisitionen).

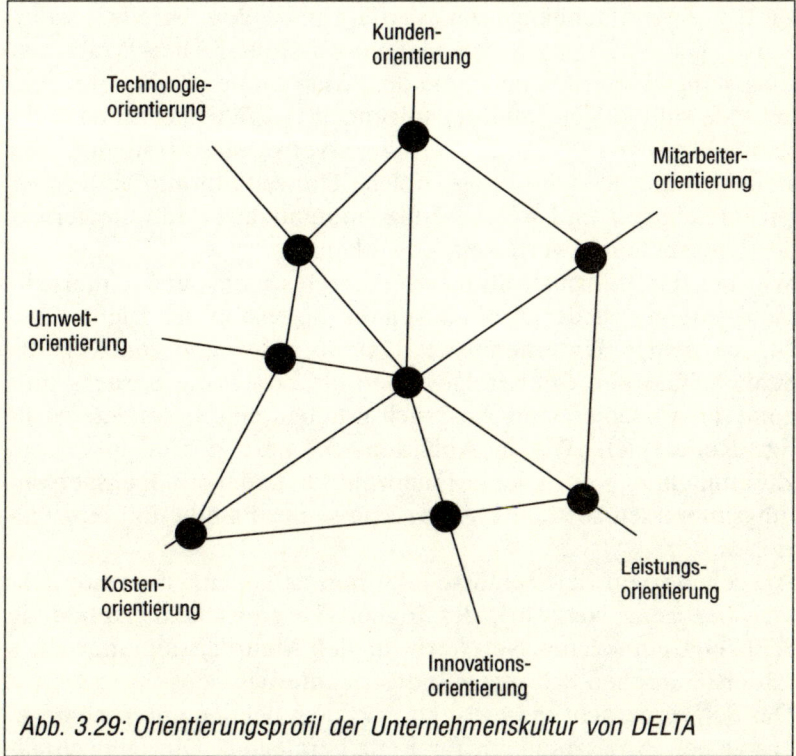

Abb. 3.29: Orientierungsprofil der Unternehmenskultur von DELTA

Das Produkt und die Dienstleistung eignen sich kaum zu einer Persönlichkeitsprofilierung. Die Kultur von DELTA ist geprägt durch zwei Begriffe:»Champion der Produktivität« und»Service«. Das Kulturnetz des Unternehmens hat demnach die Ausprägungen von Abbildung 3.29.
Nachdem die Informationen zum Unternehmen als Ganzes gesammelt sind, sind nun zum Abschluß dieses Schrittes der Strategiemethodik die Umwelt und das Unternehmen aus der Sicht des Eigners zu analysieren.

3.3.3 Analysen zur Eignerstrategie

Bei der Aufbereitung der Information im Vorfeld der Entwicklung einer Eignerstrategie stehen hier die für das Unternehmen relevanten Zusammenhänge im Vordergrund. Wie bereits gezeigt wurde, hat der Eigner Möglichkeiten zur strategischen Positionierung seines Unternehmens, die dem Management nicht offenstehen. Sie sind Gegenstand der folgenden Ausführungen und nicht seine Finanzmarkt- und Vermögensverwaltungsstrategien. Es stellt sich hier also die Frage, welche Umweltfaktoren ein Eigner berücksichtigen und welche Nutzenpotentiale er zur Steigerung des Unternehmenswertes einsetzen kann.
Wie bei der Informationsanalyse zur Geschäfts- und Unternehmensstrategie ist der Ausgangspunkt die Vision des Eigners bezüglich seines Unternehmens. Darauf aufbauend muß er die Schlüsselfaktoren des Erfolges ermitteln, wobei die Berücksichtigung der verschiedenen Anspruchsgruppen eine besonders wichtige Rolle spielt. Wie in Abbildung 3.7 gezeigt, sind in diesem Zusammenhang auch seine Finanzmarkt- und Vermögensverwaltungsinteressen sowie die Ansprüche seiner Familie mit einzubeziehen.
Ausgehend von den Schlüsselfaktoren, ist sodann das unternehmensbezogene Netzwerk des Eigners zu entwickeln. Abbildung 3.30 zeigt ein solches Netzwerk für den Mehrheitsaktionär eines mittelständischen Schweizer Industrieunternehmens.
Das Schwergewicht dieses Netzwerks liegt bei den unternehmensbezogenen Ansatzpunkten für Eignerstrategien. Die Umweltfak-

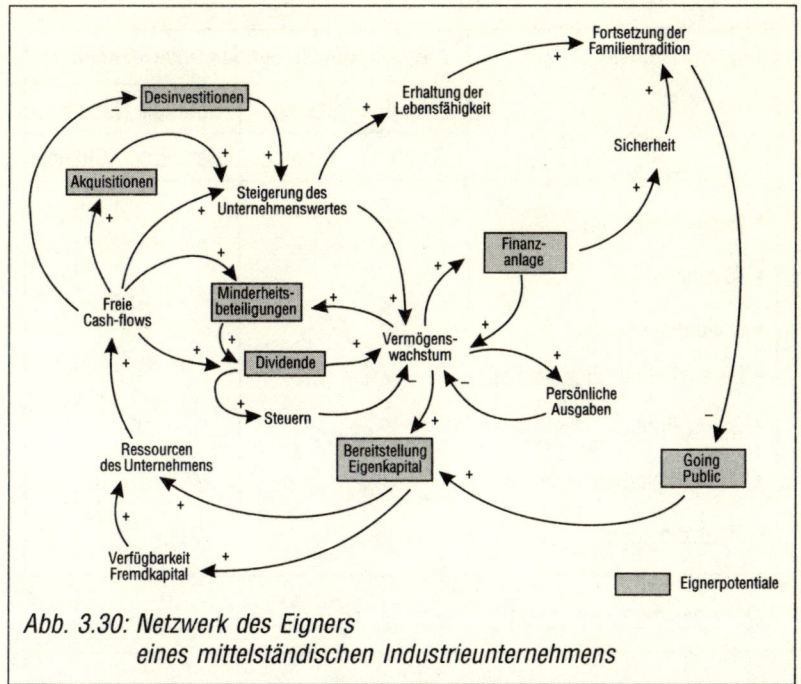

Abb. 3.30: Netzwerk des Eigners
eines mittelständischen Industrieunternehmens

toren und die sich aus den Interessen der Anspruchsgruppen ergebenden Bestimmungsfaktoren wurden nur am Rande berücksichtigt. Dies deshalb, weil wie bei der Geschäfts- und Unternehmensstrategie vom Grundsatz her die Umweltanalyse gleich vorzunehmen ist.

Was hier interessiert, sind die unternehmensbezogenen Eignerpotentiale. Sie sind in Abbildung 3.30 eingerahmt. Aus der Sicht des Unternehmens stellt sich die Frage, inwieweit die heutige Nutzung dieser Potentiale für das Unternehmen eine Gefahr oder eine Chance darstellt und wie eine optimale Nutzung der Eignerpotentiale sich zu Chancen oder Gefahren entwickeln könnten. Abbildung 3.31 zeigt ein solches Chancen-/Gefahren-Profil für das untersuchte Unternehmen.

Bei der Desinvestition von wenig attraktiven Unternehmensteilen ist der Eigner heute noch sehr zurückhaltend, was als Gefahr

Eignerpotentiale	Auswirkungen auf das Unternehmen			
	Heutige Nutzung		Optimale Nutzung	
	Gefahr	Chance	Gefahr	Chance
• Desinvestitionen				
• Akquisitionen				
• Dividendenpolitik				
• Bereitstellung Eigenkapital				
• Going Public				
• Minderheitsbeteiligungen				
• Finanzanlagen				

Abb. 3.31: Chancen-/Gefahren-Profil der Nutzung von Eignerpotentialen

interpretiert wird. Eine Chance bestände darin, dieses Problem systematisch anzugehen. Bei den Akquisitionen ist die Situation etwas besser, jedoch schlummern hier auch noch bedeutende Möglichkeiten. Die heutige Dividendenpolitik wird als günstig für das Unternehmen eingeschätzt. Hier könnte sich bei einer Politikänderung eine Verschlechterung ergeben, wobei die möglichen negativen Auswirkungen sich in Grenzen halten würden. Bei der Bereitstellung von Eigenkapital ist ebenfalls noch ein Defizit festzustellen, ein Going Public indessen wird eher als neutral bezüglich des Nutzens für das Unternehmen eingeschätzt. Minderheitsbeteiligungen und Finanzanlagen sind heute weniger ein Thema für den Eigner. Sollte er jedoch für das Unternehmen vorgesehene Mittel in fremde Investments stecken, so könnte dies eine bedeutende Gefahr für das Unternehmen werden.

Ein besonderes Gewicht bei den Überlegungen des Eigners hat die Risikoeinschätzung. Aus der Sicht des Unternehmens ist es natürlich wünschenswert, daß ihm möglichst viele Mittel des Eigners zur Verfügung stehen. Andererseits wird ein kluger Eigner nicht alle Eier in einen Korb legen. Dies vor allem dann, wenn das Unternehmen ein relativ hohes Risiko aufweist, sei es aufgrund der Art des Geschäftes oder der Volatilität des Marktes. Auch aus diesem Grund muß sich das Management bei der strategischen Ausrichtung intensiv mit der Frage des Risikos auseinandersetzen.

Strategiestudie DELTA: Analyse zur Eignerstrategie

Das Management von DELTA hat Überlegungen dazu angestellt, welche Potentiale der Eigner zusätzlich nutzen und welche Risikostreuung er anstreben könnte. Folgende Eignerpotentiale wurden identifiziert:

- Akquisitionspotential (in Unternehmen verwandter oder artfremder Branchen),
- Joint-venture-Potential,
- Finanzierungspotential,
- Restrukturierungspotential (mit Möglichkeit der Desinvestition).

Diese Potentiale können auf verschiedene Art genutzt werden, wie bei der Entwicklung der Eignerstrategie zu zeigen sein wird. Was die Risiken anbetrifft, so muß der Eigner von DELTA versuchen, die folgenden möglichen Probleme auszugleichen:

- Abhängigkeit von den Papierlieferanten,
- Umweltgefährdung durch Kunststoffsäcke und -produkte,
- Isolation bei europäischer Öffnung.

Zur Reduktion der Abhängigkeit von Papierlieferanten sowie zur Vermeidung einer Isolation in einem geöffneten Europa bietet sich die Nutzung des Akquisitionspotentials an. Als Beispiel sei die mögliche Akquisition eines integrierten Papierherstellers in Spanien genannt, bei dem einerseits Rohstoffquellen erschlossen werden und andererseits in einem EG-Land Fuß gefaßt wird. Die

Nutzung des Restrukturierungspotentials bietet sich im Zusammenhang mit der ökologischen Problemstellung an, indem die Papier- und Kunststoffsackaktivitäten konsequent entflochten werden, um die letzteren anschließend zu desinvestieren. Damit vermindert sich das Risiko von Umweltauflagen. Es sei noch hinzugefügt, daß der Eigner von DELTA im Portefeuille auch Unternehmen anderer Branchen führt und daher aus übergeordneter Sicht bereits eine Risikostreuung vorgenommen hat.

Mit den Informationen zu Potentialen und Interessen des Eigners liegt nun das gesamte Rohmaterial zur Entwicklung von Strategien vor. Man wäre geneigt zu sagen, man verfügt jetzt über die Puzzleteile, die im folgenden Schritt der Strategiemethodik zu einem Bild zusammengesetzt werden sollen. Diese Vorstellung ist aber unzutreffend – aus der Informationsanalyse folgt nicht zwangsläufig eine bestimmte Strategie. Vielmehr handelt es sich bei der Strategieentwicklung um einen kreativen Prozeß, der allerdings durch praktisch bewährte Instrumente gesteuert werden kann. Die entsprechende Vorgehensweise soll in den nächsten Abschnitten vorgestellt werden.

3.4 Entwicklung von Geschäftsstrategien

Wenn es heute ein Gebiet der strategischen Unternehmensführung gibt, das instrumentell und in der Literatur ausgiebig dokumentiert ist, so ist dies zweifellos das Vorgehen bei der Entwicklung von Geschäftsstrategien. Die entsprechenden Stichworte wurden schon verschiedentlich genannt: Produkt-Markt-Matrix, Portfolio-Normstrategien, Wettbewerbsstrategien. In diesem Kapitel sollen die verschiedenen Ansätze nicht noch einmal vorgestellt und beschrieben werden. Vielmehr soll am praktischen Beispiel illustriert werden, wie bei der Entwicklung von Geschäftsstrategien vorgegangen werden soll.

Ausgangspunkt ist die in Abbildung 3.32 festgehaltene Aufstellung von geläufigen Strategieansätzen mit ihren Gestaltungsempfehlungen im Sinne strategischer Stoßrichtungen.

Während die Portfolio-Normstrategien, die Wettbewerbsstrate-

Portfolio-Normstrategien	• Desinvestitions-strategie	Teile des Unternehmens veräußern, um Ressourcen für erfolgversprechendere Teile freizumachen
	• Abschöpfungs-strategie	Position halten und so lange als möglich hohe Cash-flows generieren, ohne dabei zusätzliche Mittel zu binden
	• Investitionsstrategie	Ausbau der Marktposition durch eine gezielte Investitionspolitik
	• Segmentations-strategie	Konzentration der Kräfte und Investitionen auf attraktive Märkte, um eine Wettbewerbsposition aufzubauen
Wettbewerbs-strategien	• Kostenführerschaft	Produktions- und Gemeinkostenvorteile gegenüber der Konkurrenz erzielen und durch tiefe Preise Marktanteile gewinnen
	• Differenzierung (Leistungsführer-schaft)	Gezieltes Abheben der eigenen Produkte und Dienstleistungen gegenüber der Konkurrenz durch Innovation und Service
	• Konzentration auf Marktnische	Konsequente Ausrichtung auf bestimmte (Teil-) Märkte, Kundengruppen, Technologien, Absatzmärkte, Regionen
	• Neue Regeln im Markt	Ein »neues Spiel« aufziehen, die Markt- und Branchenregeln bewußt verletzen und neu gestalten
Produkt-/Markt-strategien	• Marktdurch-dringung	Intensivierung der Marktbearbeitung, Kosten-/Preissenkung und ähnliche Maßnahmen, um den Markt besser in den Griff zu bekommen
	• Marktentwicklung	Erschließung neuer Abnehmerschichten, Bereitstellung neuer Verwendungszwecke, Dienstleistungen, Vertriebswege und Problem-/Systemlösungen
	• Produktentwicklung	Entwicklung neuer Produkte und Produktlinien
	• Diversifikation	Mit neuen Produkten in neue Märkte eindringen, sei es durch gezielten Eigenaufbau oder Akquisitionen
Synergie-strategien	• Technologie-orientierung	Konzentration auf Produkte und Leistungen, die auf der gleichen Produktetechnologie basieren oder mit denselben Produktionsmitteln hergestellt werden
	• Abnehmer-orientierung	Anbieten von allen Produkten, die eine bestimmte Bedürfnissituation eines Kundenkreises zu befriedigen vermögen (zum Beispiel alle Produkte für Skifahrer)
	• Funktions-orientierung	Bereitstellung einer breiten Produktepalette zur Erfüllung einer bestimmten Funktion (zum Beispiel Beleuchtung)
Integrations-strategien	• Vorwärtsintegration	Erschließung eines direkten Zugangs zum Markt, beispielsweise durch Aufbau einer eigenen Absatzorganisation oder die Zusammenlegung von Handelsstufen
	• Rückwärts-integration	Stärkung der eigenen Position durch Sicherung der Beschaffungsquellen und Realisation von Kostenvorteilen durch Integration vorgelagerter Stufen

Abb. 3.32: Ansätze von Geschäftsstrategien mit Stoßrichtungen

gien und die Produkt-Markt-Strategie in Abschnitt 2.2.1 bereits vorgestellt und illustriert wurden, sind zu den Synergie- und Integrationsstrategien noch einige Anmerkungen notwendig. Synergiestrategien betreffen einen ganz spezifischen Abschnitt des unternehmerischen Geschehens und fokussieren alle Kräfte darauf. Beispiele dafür sind eine abnehmerorientierte Strategie, die sich auf den Skifahrer mit all seinen Bedürfnissen – Skier, Schuhe, Bekleidung, Accessoires – ausrichtet, oder eine funktionsorientierte Strategie, die ausschließlich eine Palette rund um die Beleuchtung bereitstellt. Mit Integrationsstrategien wird über eine Zusammenlegung von Wertschöpfungsstufen eine bessere Marktposition angestrebt. Bei der Vorwärtsintegration sucht beispielsweise eine produktiv tätige strategische Geschäftseinheit nach einer Kooperation mit einer geeigneten Absatzorganisation, während bei einer Rückwärtsintegration beispielsweise ein Lieferant von Rohstoffen akquiriert wird.

Wie entwickelt man nun Geschäftsstrategien, basierend auf den in Abbildung 3.32 vorgestellten Zusammenhängen? War die Analysephase bereits zielstrebig auf die zwei Dimensionen der Marktattraktivität und der relativen Wettbewerbsvorteile ausgerichtet, so bieten sich fast zwangsläufig die Portfolio-Strategien an. Weniger eindeutig ist der Zusammenhang von Informationsbeschaffung und Strategieansatz bei den anderen Instrumenten. Deshalb empfiehlt sich ein Vorgehen, das bei jedem möglichen Strategieansatz eine sinnvolle Stoßrichtung identifiziert. Dadurch wird einmal der gefährliche »Automatismus« der Strategieentwicklung vermieden, wie er vor allem bei den Portfolio-Normstrategien zum Tragen kommt. Wie der Name besagt, kann gemäß diesem Ansatz einer bestimmten heutigen Position im Spannungsfeld von Marktattraktivität und relativem Wettbewerbsvorteil eine erfolgversprechende Strategie eindeutig zugeordnet werden. Dieser Anspruch kann jedoch in der praktischen Anwendung nicht erfüllt werden. Zum anderen verhilft das Durcharbeiten der verschiedenen Strategieansätze mit ihren möglichen Stoßrichtungen zu einer Vielzahl von Ideen und fördert den kreativen Prozeß, der Erfolgsvoraussetzung jeder strategischen Führung ist.

In Abbildung 3.33 wird das Beispiel der SGE »Informatik-Ge-

Ansatz	Strategische Stoßrichtungen
Portfolio-Strategien	*Investitionsstrategie:* Aufbau einer Marktposition
Wettbewerbs-strategien	*Differenzierung (Leistungsführerschaft):* gezieltes Abheben gegenüber der Konkurrenz
Produkt-Markt-Strategien	*Marktentwicklung:* Vom Hard- und Software-Lieferanten zum Anbieter von Systemlösungen
Synergiestrategien	*Abnehmerorientierung:* maßgeschneiderte, »schlüsselfertige« Problemlösungen
Integrations-strategien	*Vorwärtsintegration:* Kooperation mit geeigneten Beratungsfirmen

Abb. 3.33: Mögliche strategische Stoßrichtungen
für die SGE »Informatik-Gesamtlösungen«

samtlösungen« wiederaufgenommen und das Vorgehen bei der Auswahl strategischer Stoßrichtungen illustriert.

Basierend auf den Chancen-/Gefahren- und Stärken-/Schwächen-Profilen, ist für diese SGE beim Portfolio-Ansatz eine Investitionsstrategie anzustreben. Bei der Wettbewerbsstrategie erweist sich die Differenzierung oder Leistungsführerschaft als sinnvoll. Durch ein gezieltes Abheben des Leistungsspektrums gegenüber der Konkurrenz kann eine vorteilhafte Wettbewerbsposition aufgebaut werden. Kostenführerschaft oder Nischenstrategie wäre hier weniger erfolgversprechend. Bei den Produkt-Markt-Strategien steht eindeutig die Marktentwicklung im Vordergrund. Man will vom Hard- und Softwarelieferanten zum umfassenden Anbieter von Systemlösungen werden. Bei den Synergiestrategien erweist sich eine Abnehmerorientierung als vorteilhaft. Für den Kunden maßgeschneiderte, »schlüsselfertige« Problemlösungen müssen alle Ressourcen auf sich vereinigen. Bei einer möglichen Integration schließlich ist eine Vorwärtsstrategie gefragt. Um die kritische Masse an Aufträgen und kompetenten Mitarbeitern zu erreichen, ist eine Kooperation mit geeigneten Beratungsfirmen unumgänglich.

Das weitere Vorgehen bei der Strategieentwicklung besteht nun darin, sich auf einen Ansatz und eine strategische Stoßrichtung festzulegen und diese anschließend in ihren Einzelheiten auszuarbeiten. Auch eine Kombination von zwei Ansätzen – hier zum Beispiel einer Investitionsstrategie mit einer Differenzierungsstrategie – ist denkbar. Es wäre jedoch grundsätzlich falsch, in derselben Breite weiterzufahren. Dies würde zu einer Verzettelung führen und einer klaren strategischen Positionierung Abbruch tun. Damit läßt sich auch der vierte strategische Grundsatz formulieren:

Vierter strategischer Grundsatz

Die strategischen Geschäftseinheiten sind im Spannungsfeld von Marktattraktivität und relativen Wettbewerbsanteilen zu positionieren. Darauf aufbauend ist eine strategische Stoßrichtung konsequent zu verfolgen.

3.4.1 Bestimmung der strategischen Stoßrichtung

Im Beispiel der SGE »Informatik-Gesamtlösungen« hat sich die Firma für den Portfolio-Ansatz entschieden. Diese Entscheidung zeichnete sich bereits in der Phase der Informationsbeschaffung ab, als Profile für die Marktattraktivität und die relativen Wettbewerbsvorteile dieser strategischen Geschäftseinheit erstellt wurden. Aufgrund der Erkenntnisse der Abbildungen 3.17 und 3.20 ergibt sich die in Abbildung 3.34 festgehaltene Ist-Positionierung. Die strategische Geschäftseinheit ordnet sich selbst in einer »Mittelfeldposition« ein, allerdings auf der rechten Seite der Diagonale und damit in der Zone der Mittelbindung. Das Geschäft ist noch relativ unbedeutend, was durch den geringen

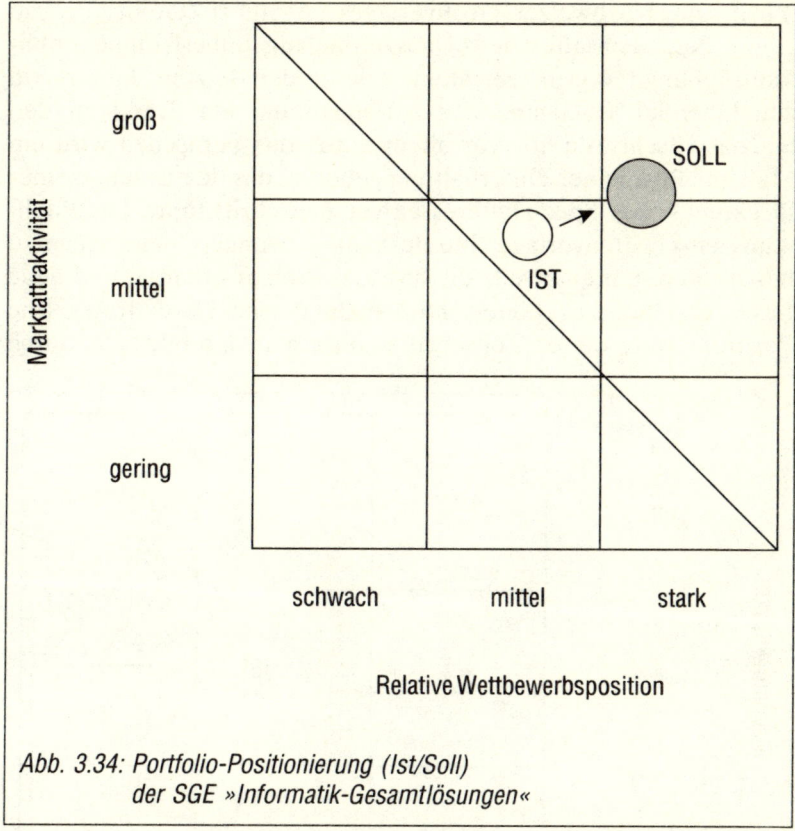

Abb. 3.34: Portfolio-Positionierung (Ist/Soll)
der SGE »Informatik-Gesamtlösungen«

Durchmesser des Kreises symbolisiert wird. Für die SGE »Informatik-Gesamtlösungen« bietet sich eine Wachstumsstrategie an, die zu einer Soll-Position im rechten oberen Teil der Matrix führen soll. Bei dieser Entwicklung, die auch zu einer durch einen größeren Kreis symbolisierten Ausweitung des Geschäftes führen soll, ist die SGE nicht nur von ihrer eigenen Initiative bezüglich der Entwicklung der relativen Wettbewerbsposition abhängig. Sie geht auch von der Erwartung aus, daß der Markt für solche Gesamtlösungen attraktiver wird.

Als weiteres Beispiel für die Positionierung einer strategischen Geschäftseinheit in der Portfolio-Matrix sei die Publikumszeitschrift eines Schweizer Großverlages angeführt (Gomez/Probst, 1991). Nachdem Illustrierte jahrzehntelang unbestrittene Publikumslieblinge waren, zeichnen sich in den letzten Jahren ein zunehmender Rückgang der Auflagen und ein Trend zu den Spezialzeitschriften ab. Vor allem durch das Fernsehen wird ein Maß an allgemeiner Unterhaltung geboten, das den Leser zu einer Deckung seiner Spezialinteressen via Zeitschrift führt. Die Publikumszeitschriftenverlage sind deshalb gezwungen, neue Wege zu beschreiten, um einerseits die alte Leserschaft erhalten und neue Leser anziehen zu können. Dies bedingt eine klare strategische Positionierung dieser Zeitschriften in einem Umfeld, das durch

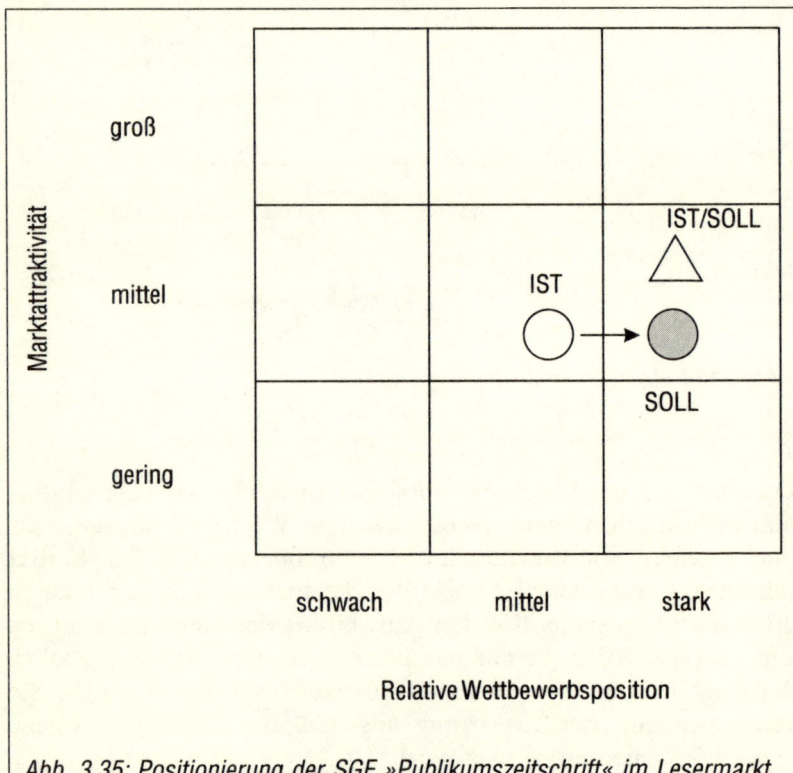

Abb. 3.35: Positionierung der SGE »Publikumszeitschrift« im Lesermarkt (△) und im Anzeigenmarkt (○)

einen enormen gesellschaftlichen Wandel und das Auftreten der neuen Medien geprägt wird.

Diese Positionierung ist insofern anspruchsvoll, als neben der veränderten Umwelt verschiedene unternehmensinterne Interessenlagen unter einen Hut zu bringen sind. Hier ist vor allem wesentlich, daß der Verlag seine Produkte auf zwei völlig verschiedenen Märkten anbietet, nämlich dem Lesermarkt und dem Anzeigenmarkt. Demzufolge muß für beide Märkte eine Einordnung in die Portfolio-Matrix vorgenommen werden. Sie präsentiert sich wie in Abbildung 3.35.

Nimmt man die Normstrategien von Abbildung 2.16, so lautet die Devise »Marktposition sichern für den Lesermarkt« und »Schwerpunktbildung« für den Anzeigenmarkt. Damit ist die grundlegende Stoßrichtung des Zeitschriftenverlages gegeben. Wie er die Stoßrichtung in Strategien und Maßnahmenpakete umsetzt, wird weiter unten zu zeigen sein.

Die Anfänge der Marktpositionierung einer strategischen Geschäftseinheit mit Hilfe der Portfolio-Matrix liegen in den frühen siebziger Jahren. In der Zwischenzeit hat dieses Instrumentarium eine weite Verbreitung gefunden und gilt als der Strategieansatz schlechthin. Die Matrix erfuhr aber auch Weiterentwicklungen in verschiedener Hinsicht. So wurden etwa Länder-, Technologie- oder Ökologie-Portfolios entwickelt. In Abbildung 3.36 wird eine Kombination solcher Portfolios illustriert (Hahn, 1990).

Um das Markt-, Technologie- und Ökologie-Portfolio kompatibel zu machen, mußten die Achsen im gleichen Sinne bezeichnet werden. Beim Markt-Portfolio sind dies bekannterweise die Marktattraktivität und die relative Wettbewerbsstärke. Beim Technologie-Portfolio ergibt sich die Attraktivität aus der Gesamtheit der technisch-ökonomischen Vorteile, die unter Anwendung der betreffenden Technologie gewonnen werden können. Die andere Achse bezeichnet die relative Ressourcenstärke der strategischen Geschäftseinheit im Vergleich zur Konkurrenz. Beim Ökologie-Portfolio wird die Attraktivität definiert als die Vorteile, die sich durch ein ökologieorientiertes Verhalten erzielen lassen, und zwar bei der Produktherstellung, -verwendung und -entsorgung. Entscheidend ist hier die entsprechende öffentliche

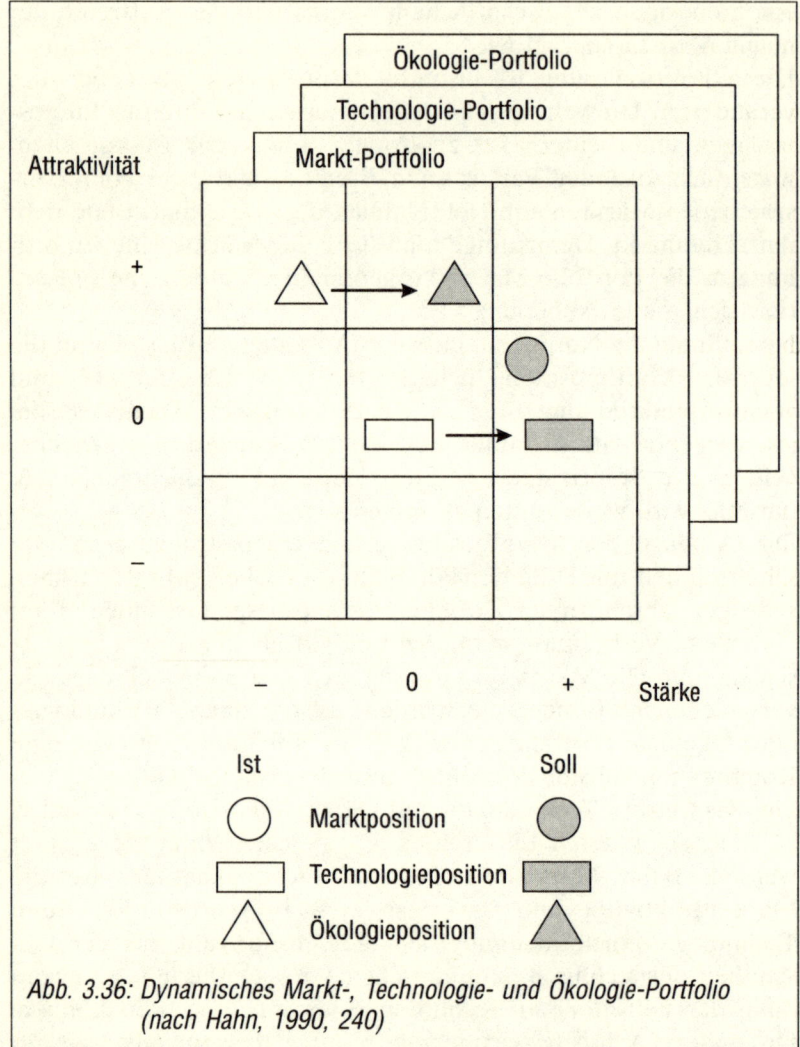

Abb. 3.36: Dynamisches Markt-, Technologie- und Ökologie-Portfolio
(nach Hahn, 1990, 240)

Wahrnehmung. Als Stärke wird die tatsächliche relative Umwelt-
verträglichkeit der erzeugten Produkte bezeichnet.
Faßt man nun die drei Portfolios zusammen, so lassen sich Ist- und
Soll-Positionen festhalten. In Abbildung 3.36 wird eine Marktposi-

tion der eigenen Stärke bei einem Markt mittlerer Attraktivität angenommen. Diese Portfolio-Position wird als optimal beurteilt, da offensichtlich keine Steigerung der Marktattraktivität erwartet werden darf. Die heutige Technologieposition liegt im Mittelfeld, das heißt, die verwendete Technologie bietet noch einige, allerdings nicht mehr überragende Vorteile, und die zur Verfügung stehenden Ressourcen sind genügend, relativ zur Konkurrenz aber nicht überdurchschnittlich. Dies soll aber geändert werden, indem durch die Soll-Position eine Aufstockung der Ressourcen für diese Technologie gefordert wird. Die Ökologieposition läßt sich dadurch charakterisieren, daß ein großes Potential in der ökologiebewußten Unternehmensführung liegen würde, dieses aber noch wenig ausgenutzt wird. Hier soll schrittweise eine bessere Position geschaffen und die Ökologie zu einer eigenen Stärke ausgebaut werden.

Der zweite wichtige Ansatz zur strategischen Positionierung einer Geschäftseinheit ist die Produkt-Markt-Matrix. Sie wurde in Abbildung 2.13 vorgestellt. Im folgenden sei das Beispiel des Zulieferers der Druckindustrie wiederaufgenommen, dessen Wertkette

	Gegenwärtige Produkte	Neue Produkte
Gegenwärtige Märkte	**Marktdurchdringung** • Verfahrensimitation auf angestammtem Gebiet	**Produktentwicklung** • Walzen für Kopiergeräte • Keramikwalzen
Neue Märkte	**Marktentwicklung** • Walzen für den Textil-/Holzbereich • Umfassender Service/Ersatzbedarf • Reinigungsmittel	**Diversifikation** • Kunststoffbereich • Medizinal-/Orthopädie-Technik

Abb. 3.37: Produkt-Markt-Matrix eines Zulieferers der Druckindustrie

in Abbildung 3.27 zu finden ist, um das Prinzip der Strategiefindung über diese Matrix zu illustrieren. In Abbildung 3.37 sind für jedes Feld der Matrix mögliche strategische Stoßrichtungen festgehalten.

In seinem angestammten Geschäft der Herstellung von Druckwalzen hat das Unternehmen die Möglichkeiten der Marktdurchdringung, der Marktentwicklung sowie der Produktentwicklung. Bei der Marktdurchdringung steht die Imitation anderer Verfahren zur Druckwalzenherstellung durch die Konkurrenz im Vordergrund. Bei der Marktentwicklung bestehen Möglichkeiten der Marktausweitung auf den Textil- und Holzbereich, der Bereitstellung von Systemlösungen (umfassender Service/Ersatzbedarf) sowie des Angebots neuer Dienstleistungen für die Reinigung der Druckwalzen. Bei der Produktentwicklung zeichnet sich als erfolgversprechende Alternative der Einstieg in die Walzen für Kopiergeräte sowie in das Gebiet der Keramikwalzen ab. Beim vierten Feld der Produkt-Markt-Matrix stehen bei gleichzeitig neuen Produkten und neuen Märkten alle Möglichkeiten offen. Allerdings bedeutet Diversifikation, wie in Abschnitt 3.5.3 zu zeigen sein wird, nicht wahlloser Einstieg in irgendein erfolgversprechendes Gebiet. Vielmehr soll auf die heutigen Stärken und Fähigkeiten abgestellt werden. Die überragenden Fähigkeiten des Unternehmens liegen auf dem Gebiet der hochpräzisen Herstellung eines Produkts, das zudem ausgezeichnete Werkstoffkenntnisse erfordert. Deshalb bieten sich als Diversifikationsmöglichkeiten bestimmte Spezialbereiche des Kunststoffsektors sowie die Medizinal- und Orthopädie-Technik an. Die Kreise können aber noch weiter gezogen werden, solange strategische Gemeinsamkeiten zum bestehenden Geschäft vorhanden sind. Aus dieser Perspektive wäre aber beispielsweise ein Einstieg in Finanzdienstleistungen oder Versicherungen kaum zu empfehlen.

Bleibt als letzter hier zu behandelnder Ansatz die Wettbewerbsstrategie. In Abbildung 2.17 wurden die drei »generischen« Strategien vorgestellt, die eine Geschäftseinheit zur Erreichung von Wettbewerbsvorteilen einschlagen kann: Kostenführerschaft, Differenzierung oder Konzentration auf eine Marktnische. Wie die praktische Umsetzung dieses Ansatzes erfolgen kann, sei am

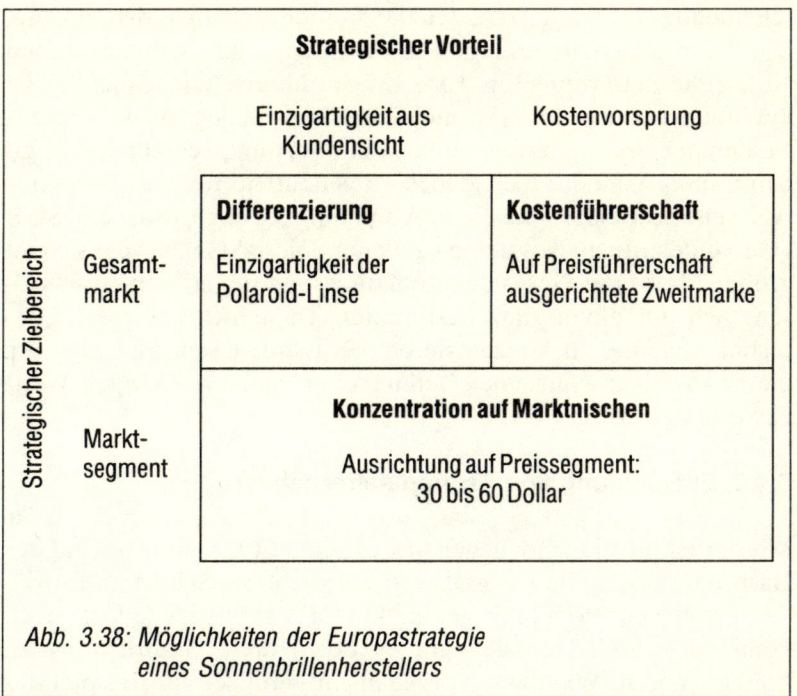

Abb. 3.38: Möglichkeiten der Europastrategie
eines Sonnenbrillenherstellers

Beispiel der Europastrategie eines Sonnenbrillenherstellers dargestellt. Abbildung 3.38 zeigt, welche strategischen Alternativen dieser Geschäftseinheit eines großen internationalen Unternehmens offenstehen.

Nachdem der Sonnenbrillenhersteller dank seiner einmaligen Linse während Jahren eine ausgezeichnete Marktposition halten konnte, bröckelt diese angesichts der Innovationskraft und der Marketingfähigkeiten der Konkurrenz zunehmend ab. Eine Neuausrichtung erweist sich als unumgänglich. Für alle drei strategischen Stoßrichtungen bieten sich Möglichkeiten an. Im Sinne der Konzentration auf eine Marktnische kann sich das Unternehmen konsequent im Preissegment zwischen 30 und 60 Dollar bewegen. Das heißt, daß es sowohl auf die billige Massenware wie auch auf die Luxus- und Designerbrille verzichtet. Bei der Differenzierung ist die Einzigartigkeit der Polaroid-Linse immer noch der entscheidende Kundennutzen, den die Konkurrenz nicht bieten kann. Sämtliche unternehmerischen Aktivitäten sollen sich um diesen Nutzen herum gruppieren. Eine Kostenführerschaft schließlich ist nur mit einer Zweitmarke möglich, die – analog zu den Zweitweinen der Bordeaux-Châteaux – eine Verwandtschaft zum Originalprodukt herstellt, dies jedoch zu bedeutend tieferen Preisen.

Als weiteres Beispiel sei die in Abbildung 3.3 angesprochene SGE »Gebäudeleittechniksysteme« genannt. Diese SGE bewegt sich im großen Markt der Gebäudeautomation, und sie hat sich entschlossen, sich auf einen ganz bestimmten Teilmarkt, eben die Leittechniksysteme, zu konzentrieren. Es handelt sich hier also um die Fokussierung auf einen Teilmarkt im Sinne der obigen Wettbewerbsstrategien.

3.4.2 Entwicklung von Strategiealternativen

Mit der Ermittlung möglicher strategischer Stoßrichtungen auf der Basis der vorgestellten Ansätze ist ein wichtiger Schritt im Prozeß der Strategieentwicklung getan. Dieser Prozeß ist jedoch noch keineswegs abgeschlossen, gilt es doch, diese Stoßrichtung zu konkretisieren. Wie dabei vorgegangen wird, sei am Beispiel der SGE »Gebäudeleittechniksysteme« und der SGE »Publikumszeitschriften« illustriert.

Abbildung 3.39 hält die Strategiealternativen der SGE »Gebäudeleittechniksysteme« fest.

Ausgangspunkt ist die konsequente Ausrichtung auf einen Teilmarkt. Hier bieten sich wiederum vier Alternativen an, von denen die Alternativen 1.2 bis 1.4 nicht weiterverfolgt werden. Die Alternative 1.1 wird wiederum in vier mögliche Bereiche gegliedert, worauf schließlich die Alternative 1.1.4 zur weiteren Bearbeitung ausgewählt wird.

In Abbildung 3.40 sind die Strategiealternativen der SGE »Publikumszeitschriften« festgehalten. Gemäß der Position in der Portfolio-Matrix von Abbildung 3.35 lautet die strategische Stoßrichtung im Lesermarkt: Marktposition sichern. Dies kann dadurch erreicht werden, daß man sich in bestimmten Segmenten verstärkt, sich bewußt auf Qualität konzentriert oder aber im

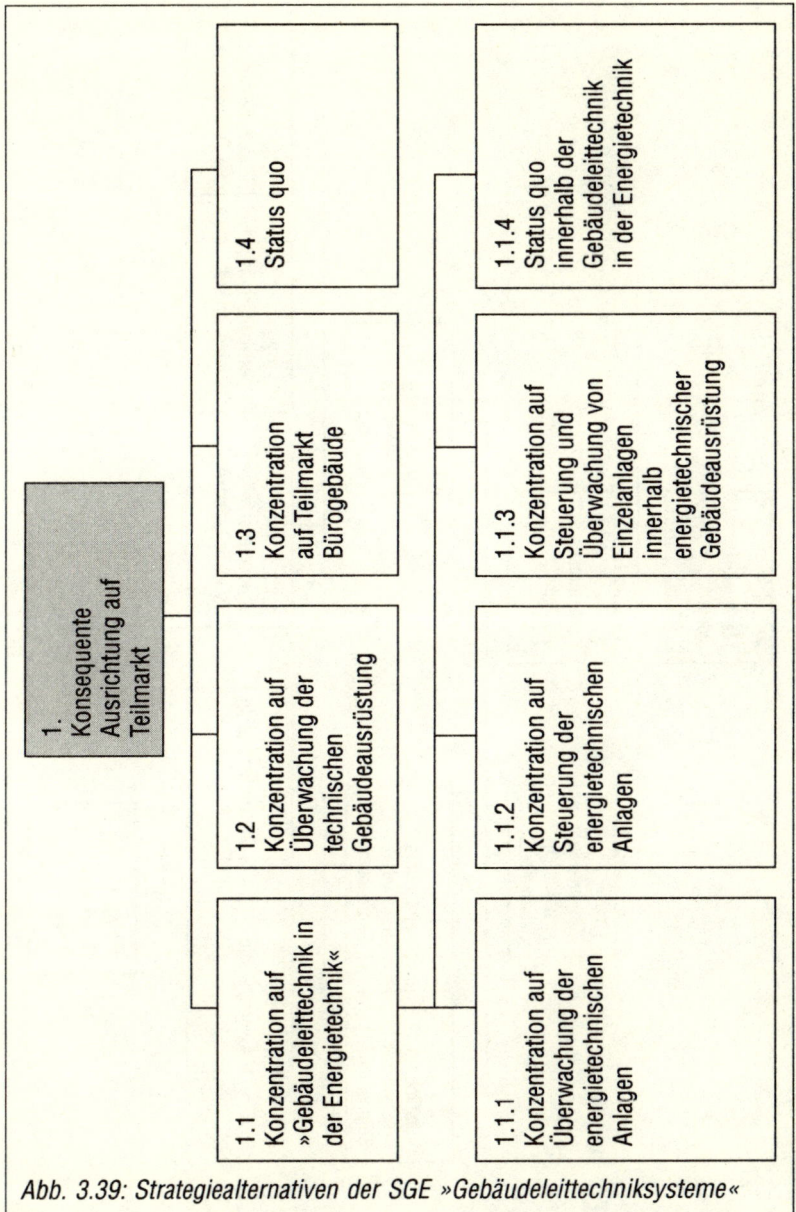

Abb. 3.39: Strategiealternativen der SGE »Gebäudeleittechniksysteme«

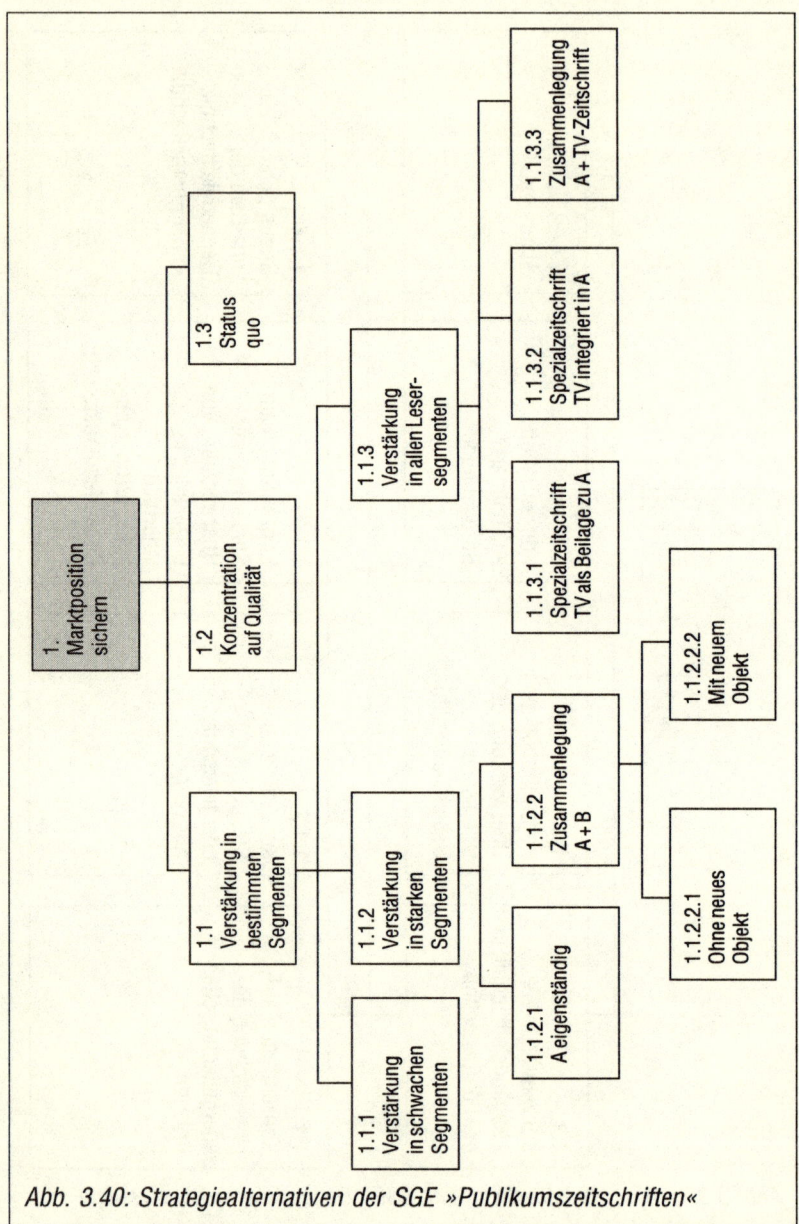

Abb. 3.40: Strategiealternativen der SGE »Publikumszeitschriften«

heutigen Sinne weitermacht. Die Alternativen 1.2 und 1.3 fallen aus dem Rennen, so daß überlegt werden muß, in welchen Segmenten eine Verstärkung erfolgen soll. Hier bietet sich die Wahl zwischen einer Verstärkung in den starken Segmenten und in allen Segmenten an.

Das weitere Vorgehen kann eigenständig sein oder aber die Zusammenlegung mit einer anderen Zeitschrift des Hauses bedingen. Auch hier gilt es schließlich, sich für eine Strategie zu entscheiden, wobei die entsprechende SGE sich entschlossen hat, einen eigenständigen Weg zu gehen.

Strategiestudie DELTA: Entwicklung der Geschäftsstrategien
Wie bereits in Abschnitt 3.1 gezeigt, ist DELTA in vier Geschäften tätig: Papiersäcke, Kunststoffsäcke, Abfüllmaschinen und Beratung/Generalunternehmen.

Aus der Sicht möglicher *Wettbewerbsstrategien* steht die Kostenführerschaft nicht zur Diskussion. Hier haben die Integrierten, das heißt die Papierhersteller mit Verpackungsunternehmungen, einen so großen Vorteil, daß eine Kostenführerschaft nicht erreicht werden kann. Bleiben also die Leistungsführerschaft oder Differenzierung und die Erschließung einer Marktnische. DELTA hat sich zu folgender Strategie entschlossen:

*   Papiersäcke: Leistungsführerschaft,
*   Kunststoffsäcke: Nischenpolitik,
*   Abfüllmaschinen: Nischenpolitik,
*   Beratung/Generalunternehmen: Nischenpolitik.

Die Leistungsführerschaft bei den Papiersäcken ist deshalb gerechtfertigt, weil DELTA vor allem bei den Kraftsäcken gegenüber der Konkurrenz einen Know-how-Vorteil besitzt. Bei Kunststoffsäcken ist es nur möglich, mit einer Nischenpolitik zu überleben, da es sich hier um einen typischen Commodity-Markt handelt. Die Bereiche der Abfüllmaschinen und der Beratung sind zu klein, um eine andere als eine Nischenpolitik zu fahren. Trägt man die vier strategischen Geschäftseinheiten in die Portfolio-Matrix ein, so ergibt sich das Bild von Abbildung 3.41.

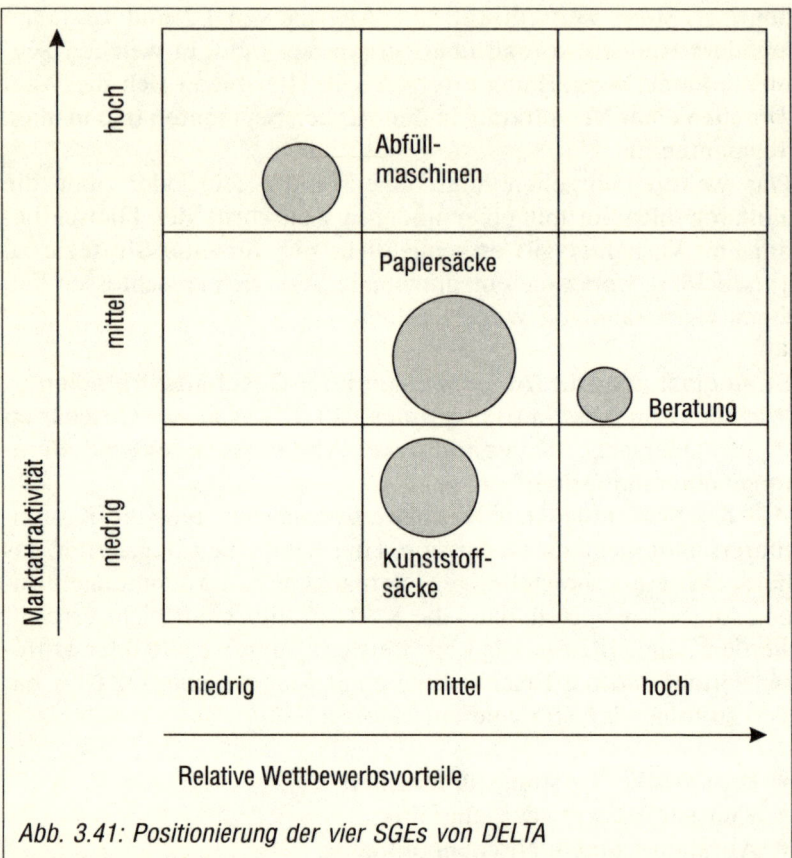

Abb. 3.41: Positionierung der vier SGEs von DELTA

Die Fläche der Kreise zeigt die relative Bedeutung der einzelnen Geschäfte. Die bedeutendste Geschäftseinheit, die Papiersäcke, befindet sich sowohl bei der Marktattraktivität als auch bei den relativen Wettbewerbsvorteilen im Mittelfeld. Das bedeutet Halten und ein selektives Vorgehen. Mit der oben beschriebenen Strategie der Leistungsführerschaft kann dieses Ziel erreicht werden. Auch ist ein weiteres Wachstum über Akquisitionen unter günstigen Umständen sinnvoll. Die Geschäftseinheit Kunststoffsäcke befindet sich sowohl von der Marktattraktivität wie von den relativen Wettbewerbsvorteilen her gesehen in einem Bereich, der längerfristig an einen Rückzug denken läßt. Auch wenn die oben beschriebene Nischenstrategie erfolgreich wäre, könnte kaum eine substantielle Verbesserung erzielt werden. Abfüllmaschinen und Beratung sind beides kleine Bereiche, die aber aufgrund ihrer Positionierung eine weitere Pflege verdienen, da entweder die Marktattraktivität (Abfüllmaschinen) oder die Wettbewerbsvorteile (Beratung) zu einer Weiterführung ermutigen. Entscheidend ist aber die strategische Ausrichtung des Geschäftsbereichs Papiersäcke.

Natürlich muß die Strategie der Leistungsführerschaft im Detail ausformuliert werden. Dazu einige Stichworte:

- Ausrichtung auf Produkte mit Know-how-Vorteil (Kraftsäcke),
- Intensivierung der Forschung und Entwicklung zur Erhöhung der Innovationsrate,
- Champion der Produktivität werden,
- Angebot von Systemlösungen mit entsprechender Beratung,
- Erhöhung der Flexibilität in der Produktion.

Mit der Entwicklung alternativer Geschäftsstrategien ist das Unternehmen einen bedeutenden Schritt in seiner Ausrichtung auf die Zukunft vorangekommen. Die Strategiealternativen sind nun als nächstes zu beurteilen, und die beste ist auszuwählen. Das entsprechende Vorgehen wird in Abschnitt 3.7 vorgestellt.

Vorher sind aber noch Unternehmensstrategien und im Anschluß daran Eignerstrategien zu entwickeln, denn Geschäftsstrategien allein reichen für eine umfassende strategische Ausrichtung noch nicht aus.

3.5 Konzeption der Unternehmensstrategie

Die Entwicklung einer Unternehmensstrategie ist eine ungleich schwierigere Aufgabe als die Ermittlung strategischer Stoßrichtungen für die einzelnen Geschäftseinheiten. Dies liegt nicht nur daran, daß das Instrumentarium zur Entwicklung von Geschäftsstrategien ausgebauter und praxiserprobter ist als die entsprechen-

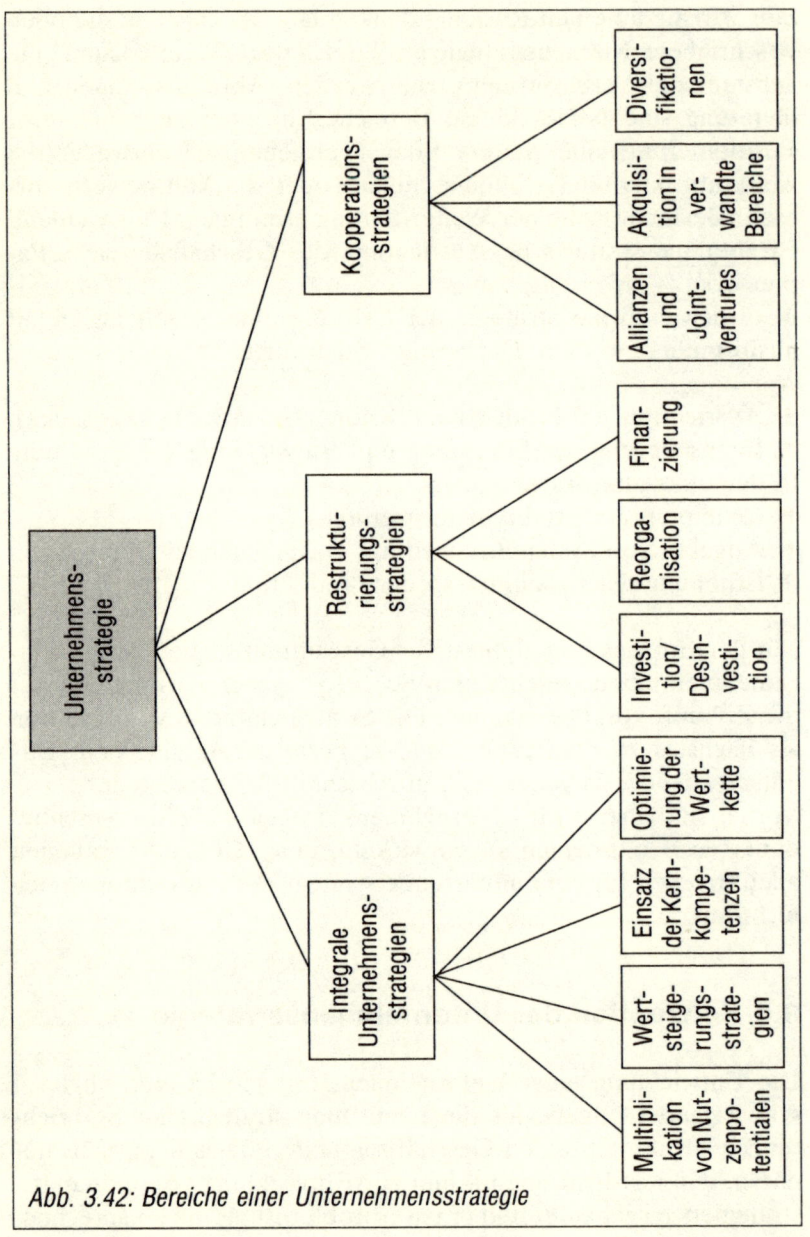

Abb. 3.42: Bereiche einer Unternehmensstrategie

den Ansätze zu Unternehmensstrategien. Bei der Entwicklung von Unternehmensstrategien sind bedeutend mehr Einflußfaktoren zu berücksichtigen als bei der Ausrichtung auf den Markt und den Wettbewerb. Nicht nur verlangen die verschiedenen Anspruchsgruppen oder Stakeholders nach ihrem Recht; auch finanzielle und steuerliche Aspekte sind bei den Überlegungen mit einzubeziehen, wofür viele Linienverantwortliche die notwendige Erfahrung nicht aufbringen. Soll aber die oben geforderte Integration von strategischem und finanziellem Denken Wirklichkeit werden, so dürfen sich Führungskräfte dieser Herausforderung nicht entziehen.

Abbildung 3.42 hält die durch eine Unternehmensstrategie abzudeckenden Bereiche fest. Sie soll als Leitfaden die Ausführungen dieses Kapitels strukturieren.

Bei der Entwicklung einer Unternehmensstrategie kommen drei Typen von Strategien zum Zug: integrale Unternehmensstrategien, Restrukturierungsstrategien und Kooperationsstrategien.

Die *integralen Unternehmensstrategien* (Abschnitt 3.5.1) betreffen das Unternehmen in seinem Gesamtzusammenhang und betrachten es auf einer Stand-alone-Basis. Ausgangspunkt sind die Erkenntnisse der Analysen in Abschnitt 3.3.2. Stichworte hierzu sind Nutzenpotentiale, Kernkompetenzen, Stärken-Schwächen-Profile auf der Basis der Wertkette. Vier Strategieansätze sind zu diskutieren:

- Multiplikation von Nutzenpotentialen,
- Wertsteigerungsstrategien,
- Einsatz von Kernkompetenzen,
- Optimierung der Wertkette.

Bei den *Restrukturierungsstrategien* (Abschnitt 3.5.2) geht es um die Frage, wie durch gezielte Maßnahmen in Teilbereichen des Unternehmens dessen Wert erhöht werden kann. Hierzu bieten sich folgende Möglichkeiten an:

- Investitionen/Desinvestitionen beim Anlage- und Nettoumlaufvermögen,

- Reorganisation des Unternehmens oder einzelner seiner Teile,
- Optimierung der Finanzierung und Steuern.

Bei den *Kooperationsstrategien* (Abschnitt 3.5.3) schließlich wird das Unternehmen nicht mehr auf einer Stand-alone-Basis betrachtet, sondern es werden die wertsteigernden Möglichkeiten des Zusammengehens mit anderen Unternehmen untersucht. Hierbei bieten sich folgende Möglichkeiten an:

- Allianzen und Joint-ventures,
- Akquisitionen in verwandten Bereichen,
- Diversifikationen.

Aus dieser Zusammenstellung läßt sich auch der fünfte strategische Grundsatz ableiten.

Fünfter strategischer Grundsatz

Bei der strategischen Ausrichtung eines Unternehmens sind die Grenzen zu sprengen: Strategisches und finanzielles Denken sind zu verschmelzen, bestehende Strukturen zu hinterfragen, Kooperationen mit anderen Unternehmen in Betracht zu ziehen.

3.5.1 Bestimmung integraler Unternehmensstrategien

Erster Ansatzpunkt zur Entwicklung umfassender Unternehmensstrategien sind die unternehmerischen Nutzenpotentiale. Sie wurden im vorangegangenen Analyseschritt der Strategiemethodik ermittelt und sollen nun optimal ausgeschöpft werden. Zwei Strategieansätze stellen die Nutzenpotentiale in den Mittelpunkt ihres Vorgehens, nämlich das Multiplikationskonzept und der Ansatz der Wertsteigerungsstrategien. Diese beiden Ansätze werden im folgenden am praktischen Beispiel illustriert.

Das in Abschnitt 2.2.2 bereits vorgestellte *Multiplikationskonzept* will das Prinzip der Mehrfachnutzung konsequent umsetzen. Ein

Ziel ist dabei die Konzentration der Unternehmenskräfte. Vor allem aber soll durch die wiederholte Abwicklung ähnlicher Aktivitäten der Koordinationsaufwand geringer werden, sollen sich die Prozesse vereinfachen und soll ein Zeitgewinn resultieren. Auch wird davon ausgegangen, daß sich die Qualität durch die zunehmende Erfahrung erhöht. Das Multiplikationskonzept geht die Mehrfachnutzung systematisch an und beurteilt Prozesse, Systeme, Produkte/Dienstleistungen, Know-how/Fähigkeiten sowie Image/Goodwill/Marken auf ihr Potential. Eine ausgezeichnete praktische Illustration des entsprechenden Vorgehens stammt von Pümpin/Imboden (Pümpin/Imboden, 1991), die das Gastronomieunternehmen Mövenpick im Hinblick auf seine Multiplikationsmöglichkeiten untersucht haben. Abbildung 3.43 faßt diese Möglichkeiten zusammen.

Diese Abbildung ist weitgehend selbsterklärend. Trotzdem soll ein Aspekt herausgegriffen und kurz erörtert werden. In den letzten Jahren hat die Ice Cream von Mövenpick im deutschsprachigen Raum einen eigentlichen Siegeszug angetreten. Zuerst war sie ein ganz besonderes Dessert, das viel zur Anziehungskraft der Mövenpick-Restaurants beitrug. Ganz im Sinne des Multiplikationskonzeptes stellte sich aber bald die Frage, ob das Geschäftsvolumen durch einen Verkauf an anderen Standorten (zum Beispiel Straßenstände) und durch den Vertrieb über den Einzelhandel nicht wesentlich gesteigert werden konnte. Auch war es nicht zwingend, daß nur die deutschsprachigen Länder in Genuß der Mövenpick-Ice Cream kommen sollten. Und schließlich waren den verschiedenen Geschmacksrichtungen keine Grenzen gesetzt. Damit stellte sich aber sofort die Frage, ob Mövenpick besser die Eigenproduktion und den Eigenvertrieb forcieren oder eine Lizenzproduktion und einen Lizenzvertrieb ins Auge fassen sollte. Damit ergaben sich für das Unternehmen eine Vielzahl von strategischen Optionen, die auch geschickt genutzt wurden. Etwas weniger Erfolg hatte Mövenpick mit der Multiplikation auf einem Gebiet, das in der obigen Darstellung nicht aufgeführt ist. Die Investitionen in den weltweiten Aufbau einer Mövenpick-Hotelkette erwiesen sich nicht immer als sehr glücklich. Allerdings dürfte der Grund nicht allein in einer verfehlten Multiplikations-

Formen der Multiplikation

Objekte der Multiplikation	Wer?		Wie?		Wann?	
	intern	extern	quantitativ	qualitativ	simultan	sukzessiv
Prozesse *Vertrieb von Lebensmitteln*	• über Mövenpick-Gastronomiebetriebe • über eigene Verkaufsstellen	• über den Lebensmittelhandel	• innerhalb eines Vertriebstyps	• von Vertriebstyp zu Vertriebstyp	• parallele Erschließung aller Vertriebskanäle	• gestaffelte Erschließung der Vertriebskanäle
Systeme *System-gastronomie*	• Silberkugel Stadt • Silberkugel Autobahn • Cindy • Marché Stadt • Marché Autobahn	• Franchising von Restaurants im Fernen Osten	• innerhalb eines Restauranttyps von Standort zu Standort	• von Restauranttyp zu Restauranttyp	• parallele Eröffnung verschiedener Restaurants	• gestaffelte Eröffnung von Restaurants (Typen)
Produkte/Dienstleistungen *Swiss Premium Ice Cream*	• Swiss Premium Ice Cream: Eigenproduktion und -vertrieb	• Lizenzproduktion und -vertrieb	• innerhalb eines Geschmacks • innerhalb einer Produkteform	• von Geschmacksrichtung zu Geschmacksrichtung • von Produkteform zu Produkteform	• weltweite parallele Einführung von Swiss Premium Ice Cream	• gestaffelte Einführung von Land zu Land
Know-how/Fähigkeiten *Restaurant-management*	• eigener Betrieb • Temporär-Management • Beratung	• Lizenzbetriebe	• innerhalb einer Managementform	• von Managementform zu Managementform	• paralleler Einsatz der Managementfähigkeiten	• gestaffelter Einsatz von Managementfähigkeiten
Image/Goodwill/Marken *Markenname »Mövenpick«*	• Restaurants • Hotels • Ice Cream • Salatsauce • Lachs • Kaffee	• Lizenzbetriebe • Lizenzprodukte	• derselbe Markenname für jedes Produkt	• Abwandlung des Markennamens: »Mövenpiccolo«	• parallele Übertragung des Markennamens	• gestaffelte Übertragung des Markennamens

Abb. 3.43: Mögliche Multiplikationsstrategien für Mövenpick (Pümpin/Imboden, 1991)

politik liegen, ist doch das Hotelgeschäft von den übrigen Aktivitäten von Mövenpick recht weit entfernt und erfordert ein ganz bestimmtes Know-how und eine sehr langfristige Denkweise.

Ebenfalls auf den Nutzenpotentialen als tragenden Säulen basiert der Ansatz der *Wertsteigerungsstrategien*. Im Mittelpunkt steht die Valcor-Matrix, wie sie in Abbildung 2.21 bereits vorgestellt wurde. Die Valcor-Matrix (Gomez/Weber, 1989) kombiniert die unternehmerischen Nutzenpotentiale mit den Wertgeneratoren zur Steigerung der künftigen freien Cash-flows. Aus der Logik des Wertsteigerungsansatzes heraus bleiben die Wertgeneratoren immer dieselben: Umsatzwachstum, Gewinnmarge, Investitionen, Kapitalkosten und Ertragsteuerrate. Was hingegen auf das Unternehmen zugeschnitten sein muß, sind die Nutzenpotentiale. Sie wurden im Analyseschritt der Strategiemethodik aus dem jeweiligen Netzwerk abgeleitet. Wenn in Abbildung 3.44 das Beispiel eines Zulieferers der Elektrizitätswirtschaft wieder aufgenommen wird, so ist der Ausgangspunkt das Netzwerk von Abbildung 3.25 mit den entsprechenden Nutzenpotentialen. Werden nun diese Nutzenpotentiale mit den Wertgeneratoren kombiniert, so ergeben sich an den jeweiligen Schnittstellen strategische Optionen. Die Strategieentwicklung unterliegt hier jedoch keineswegs einem »Automatismus«. Die Erstellung einer Valcor-Matrix erfordert eine ausgezeichnete Kenntnis des Unternehmens sowie eine ausgeprägte Kreativität. Abbildung 3.44 zeigt das Resultat dieses kreativen Prozesses für den Zulieferer der Elektrizitätswirtschaft. Fünf Nutzenpotentiale stehen bei diesem Unternehmen gemäß Ergebnis der Analysephase im Vordergrund: das Restrukturierungspotential, das Finanzierungspotential, das Informatik- und Logistikpotential, das Humanpotential und das Kooperationspotential. Welche strategischen Optionen ergeben sich nun für die einzelnen Potentiale mit Bezug auf die jeweiligen Wertgeneratoren? Einige Felder der Matrix seien hier kurz kommentiert. Beim Umsatzwachstum bietet sich auf dem Gebiet der Restrukturierung die Zusammenfassung aller Elektronikaktivitäten und eine anschließende Verselbständigung dieses Bereiches an. Im Zusammenhang mit einer möglichen Holding-Konstruktion könnte dies

Nutzenpotentiale / Wertgeneratoren	Restrukturierungspotential	Finanzierungspotential	Informatik- und Logistikpotential	Humanpotential	Kooperationspotential
Umsatzwachstum	Verselbständigung der Kernkompetenz »Elektronik«	Gewährung günstigerer Zahlungsziele/ Konditionen	Vernetzung Kundenservice IAS-System	Incentives für Verkäufer, kundenorientierte Ausbildung	Übernahme Konkurrent A zur Gewinnung von Marktanteilen
Gewinnmarge	Zusammenschluß der Testaktivitäten	Absicherung des Währungsrisikos, Hedging	Computer-Integrated Manufacturing (CIM)	Flexible Arbeitszeiten, Qualitätszirkel	Preispolitik in Abstimmung mit ausgewählten Konkurrenten
Investitionen • Umlaufvermögen • Anlagevermögen	Desinvestition der Liegenschaften X und Y: Verkauf der Komponentendivision	Verkauf und Zurückleasen der Immobilien	Reduktion des Working Capital durch PPS	Strategische Personalplanung	Just-in-time-Bewirtschaftung in Absprache mit Lieferanten
Kapitalkosten	Going Public	Verbesserung Investor-Beziehungen, konservative Ausschüttung	Softwaregestütztes Cash-Management	Trennung Treasurer/ Controller, Bankkontakte	Nutzung von Leveragepotential bei Übernahmen
Ertragsteuerrate	Holding-Struktur	Erhöhung des Fremdkapitalanteils	Steuerplanungsprogramm	Externer Steuerexperte	Steuervorteile durch Kooperationen in neuen Bundesländern

Abb. 3.44: Valcor-Matrix der Unternehmensstrategien eines Zulieferers der Elektrizitätswirtschaft

sogar in Form eines rechtlich selbständigen Subunternehmens erfolgen. Um die entsprechende Position zu stärken, ist eine allfällige Übernahme des Konkurrenten A zu prüfen, der auf dem Elektronikgebiet zu jenen Marktanteilen verhelfen kann, die die »kritische« Masse des Unternehmens sichern. Zur Verbesserung der Cash-flow-Marge bieten sich intern die Möglichkeiten des Computer-Integrated Manufacturing sowie flexible Arbeitszeiten und Qualitätszirkel an. Extern zeichnet sich die Möglichkeit der Abstimmung mit ausgewählten Konkurrenten ab, um so bei der Preispolitik Freiheitsgrade zu gewinnen.

Bei den Investitionen bieten sich sowohl beim Anlagevermögen als auch beim Umlaufvermögen Optimierungsmöglichkeiten. Im Vordergrund steht bei den Anlagen die Desinvestition bestimmter Liegenschaften, die nicht nur Mittel freisetzen, sondern auch Rationalisierungsmöglichkeiten bei der Neukonzeption der entsprechenden Produktion eröffnen würden. Optimierungsmöglichkeiten des Nettoumlaufvermögens ergeben sich durch Just-in-time-Bewirtschaftung in Absprache mit den Lieferanten sowie durch die konsequente Umsetzung des Produktionsplanungssystems. Bei den Kapitalkosten steht eine tiefgreifende Maßnahme im Vordergrund, nämlich ein mögliches Going Public des Unternehmens. Und zur Optimierung der Steuern werden neue Strukturformen des Unternehmens diskutiert, so vor allem die Überführung der heutigen divisionalen Form in eine Holding-Struktur. In kleinerem Umfang könnte auch eine intensivierte Kooperation mit Unternehmen in den neuen Bundesländern Steuervorteile bringen.

Die Valcor-Matrix eignet sich in hervorragendem Maße dazu, im Sinne eines strukturierten Brainstormings Ideen zu möglichen Unternehmensstrategien zu generieren. Auch erleichtert sie die Diskussion von Strategien, die im Rahmen einer bestimmten Unternehmenskultur tabu sind. Die Matrix hat dann eine Objektivierungsfunktion, indem von vornherein klargestellt wird, daß es sich bei diesen Strategien um ein »Menü« handelt, aus dem anschließend eine Auswahl zu treffen ist. Bei dieser Auswahl sind einerseits die unternehmenspolitischen Grundsätze und die Interessen der Anspruchsgruppen zu berücksichtigen, wie sie zu

Beginn des Strategieprozesses festgehalten wurden. Andererseits werden die Strategien auf ihr Potential zur Generierung künftiger freier Cash-flows beurteilt, was viele Ideen absolet werden läßt. Darauf wird aber im Detail in Abschnitt 3.7 eingegangen.

Standen die Nutzenpotentiale im Mittelpunkt der zwei ersten Ansätze zur Entwicklung von Unternehmensstrategien, so richten sich die beiden folgenden Ansätze auf die Kernkompetenzen und die Wertkette des Unternehmens aus. Beim *Kernkompeten-zenansatz* sollen jene Fähigkeiten des Unternehmens genutzt werden, die sich quer durch die Geschäftseinheiten hindurchziehen und die es ermöglichen, in rascher Folge Produktinnovationen in verschiedenen Bereichen hervorzubringen. In Abbildung 3.26 wurde am Beispiel eines Investitionsgüterunternehmens gezeigt, wie solche Kernkompetenzen umschrieben werden können und welche allgemeinen und spezifischen Fähigkeiten im Umfeld

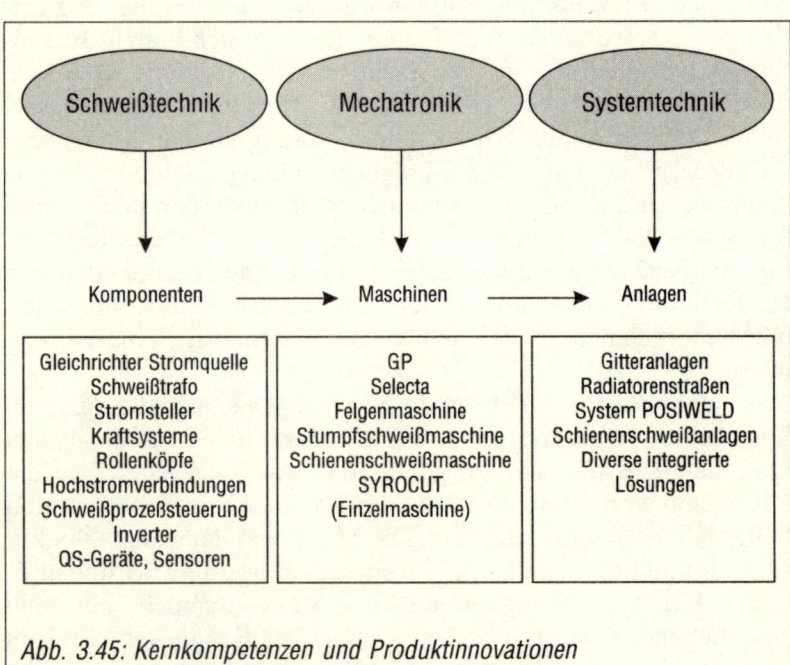

Abb. 3.45: Kernkompetenzen und Produktinnovationen eines Investitionsgüterunternehmens

dieser Kompetenzen gefragt sind. Abbildung 3.45 nimmt dieses Beispiel auf und zeigt jene Produktinnovationen des Unternehmens, die in Verbindung mit diesen Kernkompetenzen entstanden sind bzw. entstehen werden.

Die drei Kernkompetenzen des Unternehmens ergänzen sich so, daß stufenweise integrierte Lösungen angeboten werden können. Während die Kompetenz der Schweißtechnik zu Komponenten und die Kompetenz der Mechatronik zu Maschinen führen, ermöglicht die Kompetenz der Systemtechnik die Herstellung schlüsselfertiger Anlagen. Diese Kernkompetenzen sind in den verschiedenen strategischen Geschäftseinheiten des Unternehmens angesiedelt und können nur aus übergeordneter Unternehmenssicht sinnvoll integriert werden. Auch ist das Unternehmen heute noch nach der Logik der strategischen Geschäftseinheiten organisiert. Es zeichnet sich jedoch ein struktureller Wandel ab, der zu einer Organisation nach Kernkompetenzen führen könnte. Das Unternehmen hat aber schon jetzt durch diese Ausrichtung auf die Kernkompetenzen bedeutende strategische Impulse erhalten und verschiedene Produktinnovationen erzeugt, die mit den herkömmlichen Strukturen nicht möglich gewesen wären.

Als letzter Ansatz zur Entwicklung von Unternehmensstrategien sei die *wertkettenbasierte Vorgehensweise* vorgestellt. In der Analysephase der Strategiemethodik wurde – wie in Abbildung 3.27 illustriert – für jedes einzelne Glied der Wertkette ein Stärken-/ Schwächen-Profil erstellt. Jetzt werden den einzelnen Positionierungen in diesem Profil Strategien oder – auf operativer Ebene – Maßnahmen zugeordnet. Abbildung 3.46 nimmt das Beispiel des Zulieferers der Druckindustrie auf und stellt das entsprechende Vorgehen dar. Bei dem untersuchten Glied der Wertkette handelt es sich um den Bereich Service, Vertrieb und Logistik. Die Kundenstruktur wird als mittelmäßig beurteilt, was die Durchführung einer ABC-Analyse für sinnvoll erscheinen läßt. Positiv bewertet werden der Hol-Bring- und Austauschservice, das dichte Vertriebs- und Servicenetz sowie der Kundenservice. Hier wird eine Strategie des Haltens ausgewählt. Bei den Komplettlösungen haben die Eigenprodukte eine ausgezeichnete Beurteilung, der Handel indessen kommt schlecht weg. Die Eigenprodukte sind

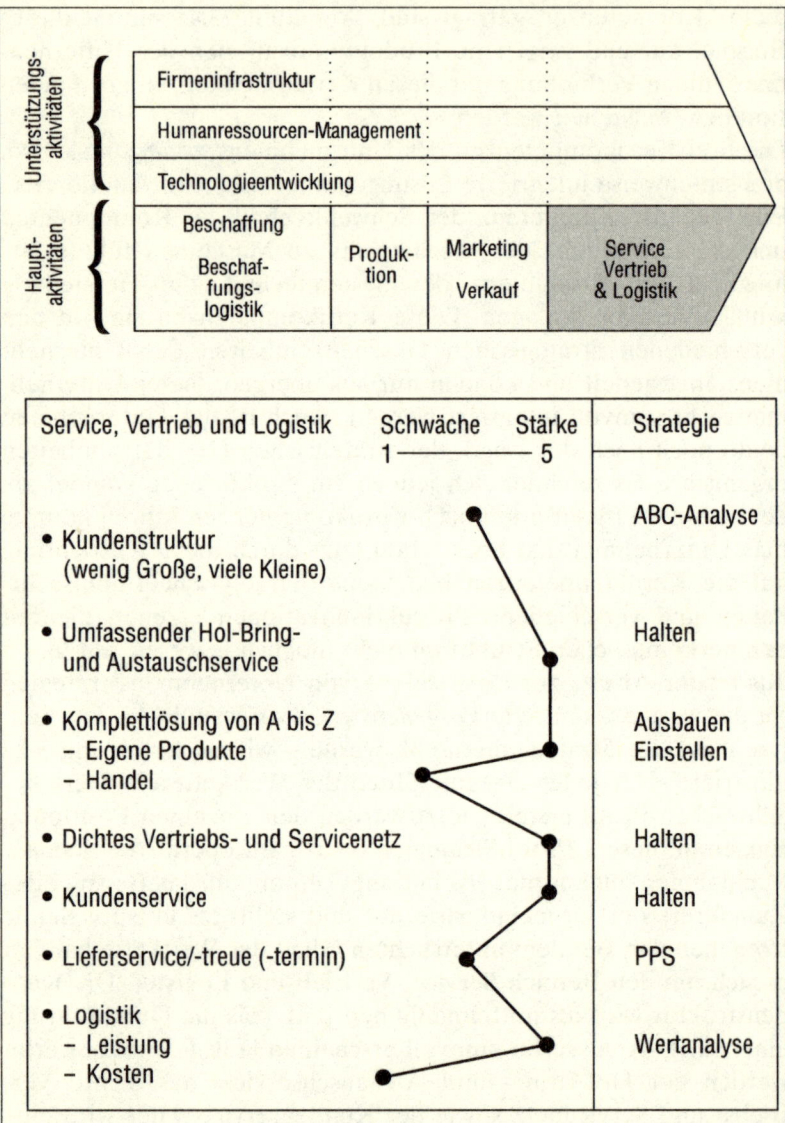

*Abb. 3.46: Wertkettenbasierte Strategien eines Zulieferers
der Druckindustrie*

diesbezüglich weiter zu fördern, der Handel soll dementsprechend eingestellt werden. Als problematisch erweisen sich der Lieferservice und die Liefertreue, und die Preis-Leistungs-Relation bei der Logistik wird ebenfalls bemängelt. Hier können die Einführung eines PPS und eine Wertanalyse die gewünschte Verbesserung bringen.

Eine weitere auf der Wertkette basierende Vorgehensweise läßt sich in Anlehnung an Abbildung 3.19 entwickeln. Dort wurde die Kostenstruktur des Unternehmens nach Wertschöpfungsstufen mit der des Konkurrenten verglichen. Aufgrund dieses Vergleiches lassen sich nun Strategien entwickeln, die zu einer Kostenoptimierung bei den einzelnen Gliedern der Wertkette führen. Dieses Prozedere läßt sich als Benchmarking interpretieren, indem die eigene Leistung mit den Branchenbesten verglichen und ein entsprechendes Maßnahmenpaket entwickelt wird.

Bei der wertkettenbezogenen Strategiefindung verwischen sich oft die Grenzen zwischen Strategie und operativen Tätigkeiten. Im strengen Sinne lassen sich die obigen Maßnahmen der ABC-Analyse, des PPS und der Wertanalyse nicht als Strategien bezeichnen. Da aber die Wertkette sehr detailliert auf die einzelnen Teilbereiche des Unternehmens hinweist, läßt sich eine solche Verwischung nicht vermeiden.

Mit dem Multiplikationskonzept, dem Wertsteigerungsstrategieansatz, dem Kernkompetenzkonzept und dem wertkettenbasierten Strategieansatz liegt ein ausgebautes Instrumentarium zur Entwicklung von Unternehmensstrategien vor. Damit ist aber das strategische Potential auf dieser Ebene bei weitem nicht ausgeschöpft. Vielmehr gibt es weitere Möglichkeiten, die im folgenden unter dem Titel der »Restrukturierungs- und Kooperationsstrategie« behandelt werden sollen. Vorher ist aber noch das diesem Schritt entsprechende Vorgehen von DELTA vorzustellen.

Strategiestudie DELTA: Entwicklung der Unternehmensstrategie
Bei der Unternehmensanalyse von DELTA hat sich gezeigt, daß Nutzenpotentiale auf den Gebieten des Absatzmarktes, der Beschaffung, der Mitarbeiter und des Managements, der Akquisitionen und Restrukturierungen sowie der Logistik und Informatik

Nutzenpotentiale / Wertgeneratoren	Absatzmarkt	Beschaffung	Mitarbeiter/ Management	Akquisitionen/ Restrukturierung	Logistik/ Informatik
Umsatzwachstum	Spezialprodukte/ Systemlösungen	Rückwärtsintegration (Papierherstellung)	Incentives-Programm	Übernahme weiterer europäischer Unternehmungen	Verbesserung Absatzorganisation
Gewinnmarge	Sortimentsoptimierung	Zentraler Einkauf	Quality Circles	Reduktion Fertigungstiefe	Einführung PPS, MIS, DB-Rechnung
Investitionen: Umlaufvermögen Anlagevermögen	Schließung Außenlager	Just-in-time-Bewirtschaftung	Strategische Personalreserven	Verkauf nichtbetriebsnotwendigen Vermögens	Einsatz gebrauchter Maschinen
Kapitalkosten	Optimierung Kundenbonität	Cash-Management	Pflege Bankbeziehungen	Leveragekapital	Einsatz von Sensitivitätsmodellen
Ertragsteuerrate	Zentrale Handelsgesellschaft	Zentrale Einkaufsgesellschaft	Steuerspezialisten	Internationale Gruppenstruktur	Computergestützte Steuerplanung

Abb. 3.47: Valcor-Matrix von DELTA

vorhanden sind. DELTA hat als Strategiekonzept den Wertsteigerungsansatz gewählt und entsprechend eine Valcor-Matrix entwickelt. Diese ist in Abbildung 3.47 festgehalten.

Die einzelnen Strategien sprechen für sich. Interessant ist hier lediglich, daß auch die sogenannten »weichen« Faktoren zum Tragen kommen, hier die Aspekte der Mitarbeiter und des Managements. Ob diese Strategien auch ihr Ziel erfüllen, nämlich den Wert des Unternehmens zu steigern, wird in Abschnitt 3.7 zu diskutieren sein.

3.5.2 Entwicklung von Restrukturierungsstrategien

Unternehmensstrategien zielen darauf ab, den Wert des Unternehmens zu steigern. Die integralen Unternehmensstrategien

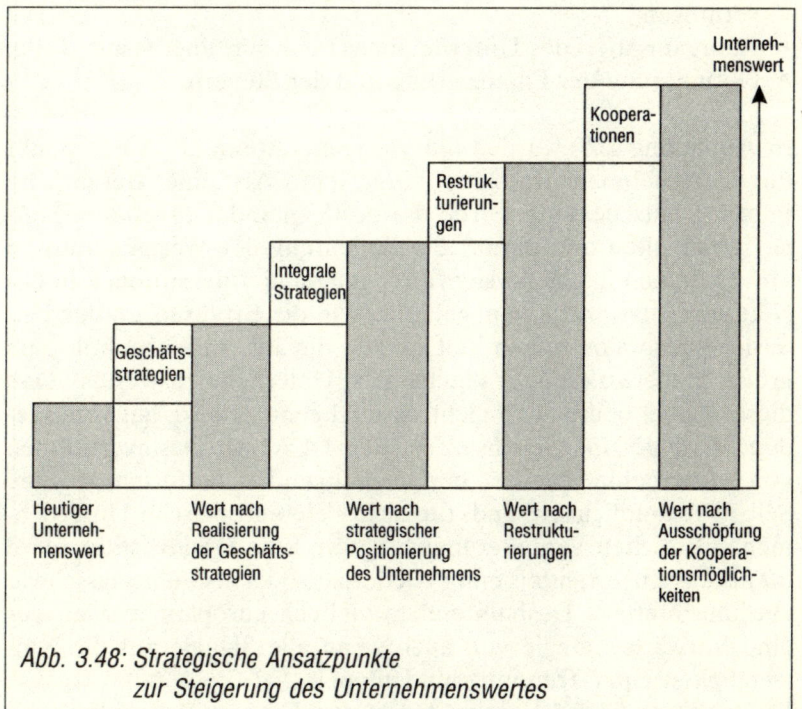

Abb. 3.48: Strategische Ansatzpunkte zur Steigerung des Unternehmenswertes

stellen einen wesentlichen, aber nicht den einzig möglichen Ansatzpunkt auf gesamtunternehmerischer Ebene zur Erreichung dieses Zieles dar, wie Abbildung 3.48 zeigt.

Geht man vom heutigen Unternehmenswert aus, so ist in einem ersten Schritt das Wertsteigerungspotential der Geschäftsstrategien zu realisieren. In einem nächsten Schritt erfolgt die strategische Ausrichtung auf Basis der oben vorgestellten integralen Ansätze. Damit ist aber das Potential an Wertsteigerungsmöglichkeiten noch nicht erschöpft. Es bieten sich nämlich noch die verschiedenen Möglichkeiten der Restrukturierung sowie der Kooperation mit anderen Unternehmen an.

Nach der Logik des Wertsteigerungsdenkens stehen drei Wege der *Restrukturierung* des Unternehmens im Vordergrund:

- Investitionen/Desinvestitionen beim Anlage- und Nettoumlaufvermögen,
- Reorganisation des Unternehmens oder einzelner seiner Teile,
- Optimierung der Finanzierung und der Steuern.

In Abbildung 2.20 wurden die Wertgeneratoren als Ansatzpunkt für Unternehmensstrategien vorgestellt. Als eine wesentliche Führungsentscheidung wurde die Festlegung der *Investitionspolitik* festgehalten und daraus die Bedeutung der Wertgeneratoren »Investitionen in das Anlagevermögen« und »Investitionen in das Nettoumlaufvermögen« abgeleitet. Wie die Erfahrungen der Unternehmenspraxis zeigen, hat gerade die Investitionspolitik eine große Hebelwirkung bezüglich des Unternehmenswertes. Daß dieser Hebel heute noch nicht optimal genutzt wird, hat verschiedene Gründe. Im Gegensatz zu den USA, wo Desinvestitionen von Unternehmensteilen bei ungenügender Performance eine Selbstverständlichkeit sind, tun sich viele europäische Unternehmen mit solchen Veräußerungen schwer. Eine Desinvestition wird oft als das Zugeständnis einer Niederlage oder als Führungsschwäche interpretiert. Deshalb ziehen vielfach europäische Manager eine Vorwärtsstrategie vor, auch wenn alle Signale auf die Notwendigkeit einer Trennung hindeuten.

Ein weiterer Grund liegt in den Maßstäben der Beurteilung des

Erfolges einzelner Teile des Unternehmens. Unter Bezug auf die Ausführungen in Abschnitt 2.3 ist hier auf die Problematik der Erfolgsbeurteilung durch gewinnbezogene Return-on-Investment-Größen hinzuweisen. Manche Geschäftsaktivität, deren ROI auf den ersten Blick durchaus positiv erscheint, verliert bei einer wertsteigerungsbezogenen Betrachtungsweise ihren Glanz. Das undifferenzierte Abstellen auf herkömmliche Gewinngrößen führt auch zu einer Fehlleitung von Ressourcen und zu einer Unterlassung von Desinvestitionsentscheidungen, die für das Unternehmen lebenswichtig sein können.

Ein wesentliches Hindernis einer guten Desinvestitionspolitik ist schließlich die in Europa noch weit verbreitete Vermischung betrieblicher Aktivitäten mit nichtbetriebsnotwendigen Vermögensteilen. Um fundiert Maßnahmen zur Steigerung des Unternehmenswertes entwickeln und beurteilen zu können, müssen diese ausgeschieden werden. Sie erweisen sich dann oft als Desinvestitionskandidaten, die Ressourcen für das eigentliche Geschäft frei machen können.

Auf der Basis von Wertsteigerungsüberlegungen lassen sich Investitions- und Desinvestitionsentscheidungen versachlichen und als unverzichtbarer Teil einer Unternehmensstrategie begründen. Daß hier von Investitionen und Desinvestitionen gesprochen wird, weist darauf hin, daß Investitionsentscheide dieselbe Optik erfordern. Da aber Investitionen im gesamtunternehmerischen Rahmen meistens identisch mit Akquisitionen sind, soll diese Thematik im nächsten Abschnitt 3.5.3 behandelt werden.

Als Beispiel für eine am Wertsteigerungsgedanken orientierte Politik der Investition und Desinvestition sei die Alusuisse-Lonza genommen (Haerri, 1991). Nachdem der Schweizer Mischkonzern 1985 vor allem infolge der Schwäche des Aluminiummarktes einen Verlust von annähernd 700 Millionen sFr. erwirtschaftet hatte, entschloß sich das neu eingesetzte Management zu einer Restrukturierung. Die Ziele dieses Prozesses lauteten:

- Reduktion der einseitigen Abhängigkeit vom Aluminiumgeschäft,
- Trennung von Teilen, die keinen adäquaten Return erbringen,

- Desinvestition von Geschäften, bei denen Alusuisse-Lonza kein natürlicher Eigner ist,
- Anpassung der Führungsstrukturen.

Ein Teil des Projektes betraf eine bedeutende Investitions-Desinvestitions-Entscheidung. Alusuisse-Lonza hatte in ihrem Portfolio einen in den USA domizilierten Hersteller von Autoteilen, der 1980 erworben worden war. Es stellte sich nun die Frage, ob Alusuisse-Lonza weiter auf diese Industrie setzen sollte – was zusätzliche Investitionen von 100 Millionen Dollar über die nächsten drei Jahre bedeutet hätte – oder ob sie sich von diesem Unternehmen trennen und in einen anderen Bereich diversifizieren sollte. Es war also eine klare Entscheidung zwischen einer Vorwärtsstrategie und einer Desinvestition mit einer anschließenden Umverteilung der Ressourcen zu treffen.

Als Alternative faßte Alusuisse-Lonza den Einstieg in das Verpackungsgeschäft ins Auge. Abbildung 3.49 zeigt einen Vergleich der beiden zur Diskussion stehenden Geschäfte.

Auf den ersten Blick scheint Geschäft A attraktiver zu sein. Bei allen Kennzahlen schwingt es gegenüber Geschäft B obenauf. Bei der in Abschnitt 2.3 formulierten Skepsis gegenüber dem Gewinn und gewinnverwandten Größen als Maßstab unternehmerischen Erfolges sowie unter Berücksichtigung der beträchtlichen künftigen Investitionen sollte der Vergleich aber intensiviert werden. Und die nähere Evaluation ergibt folgendes: Der stagnierende, relativ kleine Markt eröffnet wenig Wachstumschancen, der notwendige Aufbau neuer Absatzkanäle bedeutet ein Vorstoß in ein Gebiet, das Alusuisse-Lonza wenig vertraut ist, und der Bereich Automobilzubehör ist kein Kerngeschäft des Unternehmens. Das Verpackungsgeschäft andererseits zeichnet sich durch einen großen, wachsenden Markt aus, es hat viele Berührungspunkte mit den heutigen Alusuisse-Lonza-Aktivitäten, und durch den raschen Lagerumschlag ist ein bedeutend geringeres Working Capital notwendig.

Auf der Basis dieser Überlegungen entschied Alusuisse-Lonza 1986, das Autozubehörgeschäft zu verkaufen und in das Verpackungsgeschäft zu investieren. Obwohl ersteres zum damaligen

	Geschäft A (Automobilzubehör)	Geschäft B (Verpackung)
Umsatz (Mio. Dollar)	900	230
Gewinn vor Zinsen und Steuern (% Umsatz)	5,1 %	4,5 %
RONA (% der Nettoaktiven)	12,0 %	9,1 %
Markt-attraktivität	Marktgröße 5 bis 6 Mrd. Dollar Stagnierender Markt	Marktgröße 100 Mrd. Dollar Wachsender Markt
Wettbewerbs-position	A ist Marktleader Notwendigkeit des Aufbaus neuer Absatzkanäle Kein direkter Bezug zu übrigen Alusuisse-Lonza-Aktivitäten	Alusuisse–Lonza ist Technologieleader Bezug zu anderen Alusuisse-Lonza-Aktivitäten
Lager-umschlag	3mal jährlich	8mal jährlich
Investitions-erfordernisse	100 Mio. Dollar	

Abb. 3.49: Vergleich der Investitions-Desinvestitions-Alternativen der Alusuisse-Lonza (Haerri, 1991)

Zeitpunkt finanziell attraktiver war, sprachen die strategischen Aussichten eindeutig für das zweite Geschäft. Diese auf Wertsteigerungsüberlegungen basierenden Entscheidungen haben sich aus der Sicht der Alusuisse-Lonza als sehr sinnvoll erwiesen, wurde doch in der Zwischenzeit über weitere Investitionen in den Verpackungsbereich dieser Unternehmensteil zu einem dritten tragenden Bereich neben den Aluminium- und Chemieaktivitäten.

Welches ist nun die Systematik bei der Entwicklung einer Investitions-Desinvestitions-Politik? Ein erster Schritt besteht darin, die einzelnen Geschäftseinheiten daraufhin zu beurteilen, ob sie mit ihren Strategien dazu beitragen werden, den Wert des Unternehmens als Ganzes zu steigern. Auf das entsprechende Prozedere wird in Abschnitt 3.7 detailliert eingegangen. Neben diesem direkten Ansatz wurde in der Unternehmenspraxis ein Instrument entwickelt, das die Suche nach Kandidaten für Investitionen/Desinvestitionen erleichtern soll. Mit Hilfe dieses Instrumentes, das in Abbildung 3.50 festgehalten ist, hat beispielsweise die ABB Asea Brown Boveri AG ihre sämtlichen Geschäfte daraufhin untersucht, welche in Zukunft gefördert und welche veräußert werden

Relative Fähigkeit zur Realisierung von Wertsteigerungspotentialen	Bester Eigner	Maximieren der Cash-flows (minimale Investition)	Mittlere Priorität (Investition)	Hohe Priorität (Investition)
	Einer von vielen	Liquidation (Desinvestition)	Verkauf (Desinvestition)	Verkauf oder Entwicklung (Desinvestition/ Investition)
		Tief	Mittel	Hoch
			Wertsteigerungspotential	

Abb. 3.50: Ermittlung des »natürlichen Eigners« als Basis für Investitions-Desinvestitions-Entscheidungen

sollen. Die zentrale Frage bei diesem Vorgehen lautet: Sind wir der natürliche Eigner dieses Geschäftes?

Bei der Ermittlung des natürlichen Eigners wird zuerst das Wertsteigerungspotential des Geschäftes eruiert und anschließend die relative Fähigkeit des Unternehmens zur Ausschöpfung dieses Potentials bestimmt. Ist das Wertsteigerungspotential hoch und beherrscht das Unternehmen dieses Geschäft besser als andere, so hat es eindeutig hohe Priorität und ist ein Kandidat für weitere Investitionen. Ist das Wertsteigerungspotential tief und das Unternehmen gleichzeitig am besten geeignet, dieses zu führen, so sollte dieses Geschäft als Cash-Cow verstanden und nur mit minimalen Investitionen versehen werden. Bei einem tiefen oder mittleren Wertsteigerungspotential und einem besseren Fähigkeitsprofil Dritter steht eine Desinvestition eindeutig im Vordergrund, wobei allerdings zu beachten ist, daß beim tiefen Potential kaum einer Interesse haben dürfte. In diesem Falle bietet sich die Liquidation an. Etwas verzwickter ist die Situation bei Geschäften, die über ein hohes Wertsteigerungspotential verfügen, bei denen aber ein Dritter der bessere Eigner wäre. Hier ist die Frage der Desinvestition ernsthaft zu überlegen, vor allem dann, wenn über eine geschickte Investitionspolitik die notwendigen Fähigkeiten aufgebaut werden können. Standen bei den bisherigen Überlegungen zu Investitionen/Desinvestitionen Teile oder Geschäfte des Unternehmens im Vordergrund, so muß diese Frage zusätzlich noch aus anderen Perspektiven beurteilt werden. Die eine betrifft operative Fragestellungen des Working-/Capital-Management, die andere stellt die Existenz des Unternehmens als Ganzes in Frage, indem sie seine Zerschlagung ins Auge faßt.

Beim *Working-/Capital-Management* geht es um die Optimierung der Investitionen in das Nettoumlaufvermögen. Diese Möglichkeit zur Steigerung des Unternehmenswertes wird in der Regel zuwenig genutzt. Auch ist sie nur in seltenen Fällen Gegenstand der Strategiediskussion. Werden die künftigen Auswirkungen einer Strategiealternative besprochen, so stehen meist die Gewinnentwicklung und die Investitionen in das Anlagevermögen im Vordergrund. Die Folgen mit Bezug auf das Nettoumlaufvermögen gehen dann oft unter oder werden vernachlässigt. Dabei kann dieser Faktor einen entscheidenden Einfluß auf die Wertsteigerung haben. Folgende Fragen stehen hier im Vordergrund:

- Wie gestalten wir unser Cash-Management im Spannungsfeld von Liquidität und Zinsverlust?
- Welches sind die Grundsätze unseres Debitorenmanagements?
- Wie können wir die Lager tief halten, ohne die Kundenzufriedenheit zu beeinträchtigen?
- Wie können wir unsere Konditionen bei den Lieferanten verbessern?

Ein Ansatz im Dienste des Wertgenerators »Optimierung des Nettoumlaufvermögens« ist das Just-in-time-Prinzip. Hier wird die Lagerfunktion an den Lieferanten »zurückdelegiert«. Ein Beispiel ist die Automobilindustrie. Ihre Zulieferer lassen ihre Lastwagen um die Werksareale kurven, bis sie per Funk abgerufen werden. Dieses Verschieben der Lager auf die Straße hat für die Automobilproduzenten natürlich einen kostendämpfenden (und damit wertsteigernden) Effekt. Aus einer Makrosicht sind hinter diese Praktiken allerdings einige Fragezeichen zu setzen, wenn die Unternehmung einen Stakeholder-Ansatz verfolgt. Nicht nur werden die Zulieferer oft unverhältnismäßig belastet, sondern auch die umweltschädigende Wirkung dieser »fahrenden Lager« ist zu berücksichtigen.

Als extreme Variante der Desinvestition ist schließlich noch die »*Zerschlagung*« des Unternehmens zu erwähnen. Hier gibt es verschiedene Varianten, von der Verselbständigung zweier bisher unter dem gleichen Dach geführten, artfremden Unternehmen bis hin zu einer Zerlegung des Unternehmens in seine einzelnen Geschäftsbereiche mit einem anschließenden Verkauf. Auf diese Ansätze soll hier nicht näher eingegangen werden, sind sie doch meist Ausdruck einer Eignerstrategie, die in Abschnitt 3.6 behandelt wird.

Mit der Entwicklung einer Investitions/Desinvestitionsstrategie wurde ein erster wichtiger Schritt in Richtung Restrukturierung des Unternehmens gemacht. Als nächstes steht die *Organisation* des Unternehmens im Vordergrund, und zwar sowohl in strukturellen als auch prozessualen Aspekten. Die richtige Organisa-

Nutzenpotentiale (oder Potentiale) Wertgeneratoren	Organisation
Umsatzwachstumsrate	• Zeitmanagement • Kernkompetenzen-Organisation • Marktbezogene Allianzen • Profitcenter-Organisation • Multilokale Organisation
Gewinnmarge	• »Lean Production« • Gemeinkostenwertanalyse • »Target-Costing« • Horizontale Organisation • Abbau von Hierarchiestufen (flache Organisation)
Investitionen (UV, AV)	• Just-in-time-Management • Outsourcing • Ausgliederung des nichtbetriebs- notwendigen Vermögens • F+E/Produktionsallianzen
Kapitalkosten	• Holdingstruktur • Risikooptimale Rechtsform • Corporate Banking
Ertragsteuerrate	• Internationale Gruppenstruktur • Zentrale Handels-/Einkaufsfirmen

Abb. 3.51: Organisationsbezogene Unternehmensstrategien

tion des Unternehmens ist nicht nur unabdingbare Voraussetzung zur Umsetzung, sie stellt auch ein bedeutendes Nutzenpotential dar. Zur ersten Funktion der Organisation wird in Abschnitt 3.8 mehr zu sagen sein, wenn die Implementierung gefundener Strategien diskutiert wird. Zunächst soll die Organisation als Nutzenpotential Mittelpunkt der Betrachtungen sein. Welche Möglichkeiten bieten sich dem Unternehmen, um dieses Nutzenpotential auszuschöpfen? Abbildung 3.51 gibt darüber Auskunft. In ihr wird in Übereinstimmung mit dem Prinzip der Valcor-Matrix von Abbildung 2.21 das Nutzenpotential der Organisation den unternehmerischen Wertgeneratoren gegenübergestellt.

Die Zuordnung organisatorischer Maßnahmen zu den einzelnen Wertgeneratoren läßt sich nicht immer präzis vornehmen, und oft könnte eine Maßnahme an verschiedenen Orten angesiedelt werden. Entscheidend ist jedoch die Beantwortung der Frage, wo die größte Hebelwirkung erzielt wird. Ein gutes Beispiel dafür ist das Zeitmanagement. Hierbei handelt es sich um eine organisatorische Konzeption zur Beschleunigung der Prozesse von der Entwicklung bis hin zur Belieferung des Kunden. Im Vordergrund steht dabei das Bemühen, jene »Totzeiten« zu eliminieren, in denen das Produkt keine Wertschöpfung erfährt und irgendwo lagert. Es ist eher die Regel als der Ausnahmefall, daß bei der Leistungserstellung die tatsächlich wertschöpfenden Aktivitäten nur 5 bis 10 Prozent der gesamten Prozeßzeit beanspruchen. Deshalb bringt ein sorgfältig durchgeführtes Zeitmanagement oft Quantensprünge an Zeitersparnis. Das bedeutet aber, daß Produkte und Dienstleistungen viel rascher beim Kunden sind, was identisch ist mit einem gewaltigen Wettbewerbsvorteil. Die Verantwortlichen bei Hewlett Packard sind der Überzeugung, daß eine Verzögerung der Markteinführung neu entwickelter Computer von lediglich einigen Monaten viel gravierendere Folgen hat als beispielsweise ein massives Überziehen des Entwicklungsbudgets. Damit ist diese organisatorische Maßnahme in der obigen Matrix am richtigen Ort eingeordnet. Früher als die Konkurrenz am Markt zu sein bedeutet Generierung von Umsatz und Gewinnung von Marktanteilen. Entsprechende Kostenvorteile bei der Produktion haben einen eher geringen Einfluß auf die Wertsteigerung des Unternehmens. Stalk und Hout (Stalk/Hout, 1990) zeigen auf, welche Quantensprünge unter Anwendung dieses Konzeptes in verschiedenen Industrien erzielt worden sind. So konnte Matsushita die Produktionszeit von Waschmaschinen von 360 auf zwei Stunden senken, Harley Davidson braucht für die Produktion eines Motorrades nicht mehr 360 Tage, sondern nur noch drei, und Toyota wird 1995 in der Lage sein, ein bezüglich Ausstattung vom Kunden spezifiziertes Auto innerhalb von drei Tagen auszuliefern.

Ein ebenfalls am Wertgenerator »Umsatzwachstum« ansetzendes Konzept ist die Kernkompetenzen-Organisation. Aufbauend auf dem oben vorgestellten Ansatz der Nutzung der Kernkompetenzen wird ein Unternehmen so organisiert, daß das vorhandene Know-how gezielt zur Entwicklung neuer Produkte und Dienstleistungen auf diesen Gebieten eingesetzt wird. Wenn beispielsweise davon ausgegangen wird, daß Daimler-Benz eine Kernkompetenz bei den Antriebsmotoren für unterschiedliche Fahr- und Flugzeuge hat, so kann das über den Konzern verteilte Wissen vom entsprechenden Verantwortlichen im Hinblick auf die Lancierung neuer Produkte jederzeit aktiviert werden. In Abbildung 2.19 wurde gezeigt, wie Canon seine Kernkompetenzen der Feinoptik, der Feinmechanik und der Mikroelektronik diesbezüglich eingesetzt hat.

Eine weitere umsatzbezogene Maßnahme bilden die marktbezogenen Allianzen. Zur Erschließung neuer Märkte und zur raschen Bereitstellung von Absatzkanälen kooperieren Unternehmen, die sonst oft nur geringe Berührungspunkte haben. Ein Beispiel für eine solche Marketingallianz ist die Zusammenarbeit zwischen Mannesmann-Kienzle und Digital Equipment Corp. Die erstere hat sich primär auf Computersysteme für Klein- und Mittelbetriebe spezialisiert, während die zweite einen starken Schwerpunkt bei Behörden, Konzernen und Universitäten hat. DEC erhofft sich durch diese Allianz den Einstieg in ein lukratives Marktsegment des Mittelstandes, insbesondere in den neuen Bundesländern. Mannesmann bietet dafür ein gut ausgebautes Vertriebsnetz in Deutschland, kann andererseits aber vom technologischen Know-how des Partners profitieren. Symbiose heißt in diesem Zusammenhang das Gestaltungsprinzip; jeder profitiert vom anderen, ohne seine Identität aufgeben zu müssen. Auf diese Allianzen und ähnlichen Kooperationen zwischen Unternehmen wird im nächsten Abschnitt noch näher eingegangen.

Die konsequente Ausrichtung eines Unternehmens nach der Profit-Center-Organisation erweist sich in den meisten Fällen als wertsteigernd. Einerseits wird durch die Entflechtung der Geschäftsaktivitäten eine gezieltere Steuerung sowohl auf der Umsatz- wie der Kostenseite möglich, und andererseits wird durch die Bildung von »Unternehmen innerhalb des Unternehmens« die Eigeninitiative gefördert, was sich letztlich in einem besseren

Geschäftsgang niederschlägt. Bühner (1990) geht noch einen Schritt weiter, indem er den Übergang von Profit-Centern zu Value-Centern fordert. Erfolgsmaßstab sind nicht mehr der Gewinn oder der Return on Investment, sondern die erzielten freien Cash-flows und damit der Deckungsgrad der Kapitalkosten. Zu den Unternehmen, die auf diesem Gebiet am weitesten fortgeschritten sind, gehört der Duisburger Mischkonzern Haniel. Aber auch Haniel mußte erfahren, wie schwierig es ist, klare Grenzlinien zwischen den Geschäftsbereichen zu ziehen und für diese maßgeschneidert Kapitalkostensätze zu bestimmen. Die Haniel-Verantwortlichen sind jedoch überzeugt, daß diese Ausrichtung das Denken in Begriffen der Wertsteigerung innerhalb des Unternehmens entscheidend gefördert hat.

Ebenfalls den umsatzbezogenen Maßnahmen zuzurechnen ist schließlich die multilokale Form der Organisation, die das Prinzip »Denke global, handle lokal« in die Tat umsetzt. Das Paradebeispiel ist – wie bereits mehrfach gezeigt – die Asea Brown Boveri. Sie setzt alles daran, ihre weltweit 1500 lokalen Unternehmen mit 4500 Profit-Centern in den jeweiligen Märkten optimal zu positionieren, um so eine größtmögliche Kundennähe zu erzielen. Die koordinierenden Strukturen der weltweiten Matrixorganisation haben lediglich unterstützenden Charakter und sollen aus dem Ganzen mehr als die Summe der Teile machen. Diese Organisationsform eröffnet bedeutend größere Umsatzpotentiale als zentralistische Formen, die den Grundsatz der Kundennähe nicht genügend ernst nehmen.

Die Gewinnmarge ist ein weiterer wichtiger Ansatzpunkt für organisationsbezogene Unternehmensstrategien. Im Mittelpunkt steht dabei ein professionelles Kostenmanagement. Die in diesem Zusammenhang am längsten eingeführte und in der Praxis auch am meisten bekannte Konzeption ist die Gemeinkostenwertanalyse (GWA). Sie wird auch Funktionskostenoptimierung oder Zero-Base-Budgetierung genannt. Ziel ist es, die in guten Zeiten gewachsenen »Wasserköpfe« von Unternehmen abzubauen und Kostenblöcke zu sprengen. Dazu wird, ganz in Übereinstimmung mit dem Prinzip des vernetzten Denkens, mehr Gewicht auf die Beziehungen als auf die Teile der untersuchten Strukturen gelegt.

Untersuchungsgegenstand sind Funktionen und Prozesse, die auf ihr Kosten-Leistungs-Verhältnis hin überprüft werden. Im Vordergrund steht die Frage, was grundsätzlich notwendig ist, um eine Funktion zu erfüllen oder einen Prozeß adäquat abwickeln zu können. Es soll aber nicht nur Unnötiges abgebaut werden; Funktionen, bei denen ein Ausbau sich aufdrängt, sind zu fördern. Als Beispiel für eine solche Neuausrichtung sei das Move-Programm der Swissair genannt. Nachdem die Schweizer Luftverkehrsgesellschaft während Jahren recht freizügig ihren Personalkörper ausgebaut hatte, erwies sich angesichts des intensivierten Wettbewerbs eine Schlankheitskur als überlebensnotwendig. Die Swissair nahm diese Aufgabe konsequent in Angriff, und heute scheinen die innerbetrieblichen Voraussetzungen besser zu sein, um in einem deregulierten Wettbewerb bestehen zu können.

In neuerer Zeit sind verschiedene Konzeptionen und Verfahren entwickelt worden, die die Tradition der Gemeinkostenwertanalyse fortsetzen und neue Aspekte integrieren. Stichworte hierzu wären etwa »Lean Production«, »Target-Costing«, »flache Strukturen« und »horizontale Organisation«. In allen Fällen geht es um eine Erhöhung der Effizienz durch weniger Bürokratie und ein gezieltes Kostenmanagement. Als Beispiel sei der Ansatz der »horizontalen Organisation« illustriert.

Nach Ostroff/Smith (1991) sind das Hauptgliederungskriterium der horizontalen Organisation nicht mehr die hierarchisch angeordneten Einheiten des Unternehmens, sondern die horizontal durch diese Einheiten sich hindurchziehenden Prozesse. Jeder bedeutende Unternehmensprozeß hat einen Verantwortlichen, der ihn von A bis Z betreut. Ein solcher Prozeß kann beispielsweise das Bestellwesen sein. Die Optimierungsaufgabe besteht darin, vom Eintreffen der Bestellung bis zur Auslieferung an den Kunden einen reibungslosen und schnellen Ablauf zu garantieren. In den USA haben schon einige Unternehmen, unter anderem Motorola und Du Pont, verschiedene unternehmerische Einheiten nach diesem Prinzip organisiert. Daß mit einem solchen Vorgehen unterschiedliche Ziele, wie etwa Kundennähe, Abbau von Hierarchiestufen oder Motivation der Prozeßverantwortlichen, erreicht werden können, ergibt sich von selbst.

Bei den Investitionen ist zwischen organisatorischen Maßnahmen zur Optimierung des Anlagevermögens und des Nettoumlaufvermögens zu unterscheiden. Maßnahmen zur Optimierung des Working Capital wurden bereits im vorangegangenen Abschnitt vorgestellt. Besonders die Just-in-time-Konzeption muß letztlich als organisatorische Maßnahme bezeichnet werden, erfordert sie doch eine Vielzahl struktureller und prozessualer Abstimmungen. Auf der Seite der Organisationskonzepte zur Optimierung des Anlagevermögens sind neben den noch später zu behandelnden F+E- und Produktionsallianzen zwei Ansätze kurz zu charakterisieren: das Outsourcing und die Ausgliederung des nichtbetriebsnotwendigen Vermögens. Unter Outsourcing versteht man, daß Leistungen, die bisher intern erbracht wurden, von außen bezogen werden. Hier ist vor allem eine Variante interessant, bei der nämlich ein Unternehmensbereich verselbständigt und in die Unabhängigkeit entlassen wird, ohne daß das Unternehmen auf dessen Leistungen in Zukunft vollständig verzichten muß. Als Beispiel sei die Sulzer Informatik angeführt. Die frühere Informatikabteilung dieses bedeutenden Schweizer Unternehmens der Maschinenindustrie wurde rechtlich verselbständigt und als eigenständiges Unternehmen ausgegliedert. Sulzer bezieht seine Informatikleistungen weiterhin von diesem Unternehmen, allerdings zu Marktpreisen. Sulzer Informatik bedient aber auch Dritte, die das Know-how-Potential der früheren Informatikabteilung eines Konzerns gerne nutzen. Auch das Outsourcing schlägt verschiedene Fliegen mit einer Klappe. Nicht nur sinkt die Investitionsintensität des Unternehmens, sondern auch das Unternehmertum wird gefördert, und das Denken in Begriffen des Marktes kommt beiden Seiten zugute.

Die konsequente Ausgliederung des nichtbetriebsnotwendigen Vermögens entspricht der Logik des hier vertretenen Wertsteigerungsansatzes. Bei vielen Unternehmen werden auch heute immer noch betriebsnotwendige und nichtbetriebsnotwendige Aktivitäten oder Vermögensteile nicht unterschieden. Dies kann zu einer beträchtlichen Fehlsteuerung von Ressourcen führen. Auch geben sich viele Unternehmen nicht Rechenschaft darüber, daß ihre Gewinne zu einem großen Teil aus Erträgen nichtbetriebsnotwendiger Vermögensteile stammen und daß das operative Geschäft höchstens marginal erfolgreich ist. Hier kann eine Entflechtung völlig neue Perspektiven eröffnen und die Aufmerksamkeit der Führungskräfte auf die zentralen Fragestellungen des Unternehmens lenken. Wenn beispielsweise der Generalimporteur einer führenden deutschen Automobilmarke eigene Liegenschaften an zentraler Lage in Zürich als Ausstellungsräumlichkeiten verwendet und diese auch noch intensiv nutzt, so ist dies unter Wertsteigerungsgesichtspunkten nicht als optimal zu bezeichnen. Eine Verlegung der Ausstellung an den Rand der Stadt und die Vermietung oder gar der Verkauf der Liegenschaften könnten bedeutende Mittel für das operative Geschäft freisetzen. Solchen Überlegungen steht aber oft das Traditionsbewußtsein der betreffenden Unternehmen im Wege.

Der nächste Fokus organisationsbezogener Unternehmensstrategien sind die Kapitalkosten. In Zusammenfassung der Ausführungen von Abschnitt 2.3.2 sei hier daran erinnert, daß eine Möglichkeit der Steigerung des Unternehmenswertes darin besteht, durch eine Verminderung des Unternehmensrisikos die Eigenkapitalkosten zu senken. Flankierend dazu sind optimale Fremdkapitalkosten zu erreichen. Das Risikoproblem stellt sich in ausgeprägter Form bei Konglomeraten. Sind Unternehmen mit einem hohen Risikoprofil im Portfolio der Konglomerate vertreten, richtet sich das Gesamtprofil am schwächsten Glied der Kette aus. Der »Conglomerate Discount« bringt zum Ausdruck, daß die Kapitalgeber durchaus mit der Möglichkeit rechnen, daß ungünstige Entwicklungen des einen Unternehmens auf die anderen durchschlagen. Als Beispiel sei hier Philip Morris genannt, die sich in den letzten Jahren immer mehr von einem reinen Zigarettenunternehmen zu einem facettenreichen Mischkonzern entwickelt hat. Philip Morris hat heute gewichtige Standbeine im Biergeschäft und in der Nahrungsmittelindustrie. Ein wesentliches Indiz dieses Wandels ist die Tatsache, daß der neue Leiter des Unternehmens zum erstenmal nicht aus dem Zigaretten-, sondern aus dem Nahrungsmittelbereich stammt. Trotz dieser Entwicklung orientieren sich die Eigenkapitalkosten des Unternehmens immer noch sehr stark am Zigarettenbereich, da in den Augen der

Kapitalgeber die Möglichkeiten eines Durchgriffs auf andere Firmen bei einer allfälligen Zigarettenproduktehaftung gegeben sind. Und hohe Kapitalkosten bedeuten immer geringe Wertsteigerung. Verschiedene Unternehmen haben versucht, mit organisatorischen und rechtlichen Konstruktionen dieses Problem in den Griff zu bekommen. Die wirksamste Lösung wäre sicher das Zerschlagen eines solchen Konglomerats, was jedoch dem Management dieser Unternehmen nicht opportun erscheint. Einen möglichen Ausweg kann die Holdingstruktur bereithalten, bei der die einzelnen Teile des Unternehmens rechtlich selbständige Einheiten sind.

Die hohen Erwartungen in Holdingkonstruktionen sind in der Schweiz im letzten Jahr in einem etwas anderen Zusammenhang gedämpft worden. Die Firmengruppe der Schweizerischen Kreditanstalt hat sich unter dem Namen Credit Suisse-Holding eine solche Struktur mit dem Zweck gegeben, die für Banken geltende Eigenkapitalunterlegungspflicht mindestens für jene Unternehmen der Gruppe aufzuheben, die nicht im Bankenbereich tätig sind. Das schweizerische Bundesgericht hat aber eine gegenteilige Meinung vertreten und die CS-Holding wie etwa die Elektrowatt nicht von der Eigenkapitalunterlegungspflicht entbunden. Trotz dieser Rückschläge empfiehlt es sich, organisatorische und rechtliche Strukturen zu entwickeln, die auf der Kapitalkostenseite eine gewisse Entspannung bringen.

Viele Unternehmen sind in letzter Zeit dazu übergegangen, ein eigenes Corporate Banking aufzuziehen und die Expertise für eine optimale Finanzierung im eigenen Hause anzusiedeln. Allerdings steht diese Möglichkeit vor allem ganz großen Konzernen offen, die über die notwendige kritische Masse verfügen. Vielleicht können aber auch andere Unternehmen aus den Erfahrungen dieser Vorreiter lernen.

Ein weiterer Ansatzpunkt für Organisationsmaßnahmen bildet schließlich die Ertragsteuerrate. Hier bietet sich eine Vielzahl von Möglichkeiten der Gestaltung internationaler Gruppenstrukturen sowie steuergünstiger Konstruktionen zentraler Handels- und Einkaufsfirmen an. Diese Möglichkeiten sind seit langem bekannt, werden aber doch noch zuwenig genutzt. Auch wurde der Steuereffekt bisher kaum mit Wertsteigerungsüberlegungen gekoppelt. Gerade aber bei Akquisitionen zeigt es sich, daß eine kluge Steuerkonstruktion oft eine bedeutend höhere Wertsteigerung erzielen kann als mühsam errungene zusätzliche Marktanteile. Beispiele für internationale Steuerkonstruktionen anzuführen würde heißen, Eulen nach Athen zu tragen. Viele große Konzerne haben ausgeklügelte Strukturen, so daß hier kaum neue Gesichtspunkte eingebracht werden können. Auch setzt die Diskussion dieser Zusammenhänge ein Wissen voraus, das meist nur bei Spezialisten anzutreffen ist. Eine Wertsteigerungsstrategie würde daher in diesem Zusammenhang lauten, einen solchen Spezialisten in die Führungsmannschaft des Unternehmens aufzunehmen.

Neben den vielfältigen Möglichkeiten organisationsbezogener Unternehmensstrategien gibt es noch eine dritte Kategorie von Maßnahmen, die in den Bereich der Restrukturierung fallen, nämlich die Möglichkeiten der *Finanzierung und Steueroptimierung*. Bei der Finanzierung steht die Optimierung der Kapitalkosten im Vordergrund, da sie die Wertsteigerung des Unternehmens ganz wesentlich bestimmen. Wie schon verschiedentlich aufgezeigt, liegt eine Wertsteigerung dann vor, wenn die erzielten freien Cash-flows die Kapitalkosten übersteigen. Je tiefer also die Kapitalkosten, desto größer die Aussicht, die Früchte der eingeleiteten Strategien in Form einer Unternehmenswertsteigerung ernten zu können. Wie läßt sich nun aber eine solche Kapitalkostenoptimierung erreichen?

Ausgangspunkt der Entwicklung entsprechender Strategien sind die Bestimmungsfaktoren der Kapitalkosten, wie sie in Abschnitt 2.3.2 vorgestellt wurden. Es sind dies:

• die Kapitalstruktur oder das Finanzierungsverhältnis,
• die Kosten des Fremdkapitals nach Steuern,
• die Kosten des Eigenkapitals.

Wie die Kapitalkosten durch das Finanzierungsverhältnis beeinflußt werden, zeigt folgendes Beispiel:

Fremdkapitalkostensatz:

Marktzinssatz.	8	Prozent
Ertragsteuerrate.	35	Prozent
Fremdkapitalkostensatz nach Steuern. . .	5,2	Prozent
Eigenkapitalkostensatz	12	Prozent

Kapitalkostensatz bei einem Finanzierungsverhältnis

Fremdkapital/Eigenkapital von 30:70 . . .	9,96	Prozent
Fremdkapital/Eigenkapital von 60:40 . . .	7,92	Prozent

Die Ausnutzung des Leverage-Effekts, das heißt die Änderung des Finanzierungsverhältnisses zugunsten des Fremdkapitals, kann also einen bedeutenden Einfluß auf die Kapitalkosten haben. Dabei ist allerdings zu beachten, daß bei zunehmender Fremdverschuldung das Finanzierungsrisiko wieder steigt und damit die Kapitalkosten zunehmen können. Entscheidend ist es also, eine gute Mischung zu finden. Möglichkeiten zur Reduktion des Eigenkapitalanteils bestehen beispielsweise darin, Gewinnvorträge auszuschütten, Liegenschaften abzutrennen, Sell-and-lease-back-Operationen vorzunehmen oder das Kapital herabzusetzen. Ideal ist es, wenn sich Eigenkapitalreduktionen steuerlich günstig abwickeln lassen.

Welche strategischen Möglichkeiten zur direkten Beeinflussung der Eigenkapital- und Fremdkapitalkosten bestehen, faßt Abbildung 3.52 zusammen.

Wie bereits ausführlich in Abschnitt 2.3.2 gezeigt, spiegeln die Eigenkapitalkosten in ausgeprägtem Maße das Risikoprofil des Unternehmens wider. Je höher das Risiko im Vergleich zum Gesamtmarkt, zur Branche und den wichtigsten Konkurrenten, desto höher die Eigenkapitalkosten. Bei der obigen Behandlung organisatorischer Maßnahmen zur Steigerung des Unternehmenswertes wurde in diesem Zusammenhang bereits vom »Conglomerate Discount« gesprochen. Enthält das Portfolio eines Unternehmens Teile, die ein höheres Risiko als die anderen Teile aufweisen, so orientieren sich die Kapitalmärkte an dieser Risikokategorie. Zu erwähnen sei hier nochmals die breit diversifizierte Zigarettenindustrie, die wegen des Produkthaftungsrisikos immer noch am Risikoprofil der Zigaretten gemessen wird.

	Determinanten	Maßnahmen
Eigenkapital-kosten	• Unternehmensstruk-tur • Kapitalstruktur • Finanzinstrumente	• Risikooptimales Portfolio • Leverage-Kapital, Reduktion Eigenkapital • Kotierung, Plazierung
Fremdkapital-kosten	• Kapitalkosten • Finanzinstrumente • Rechtsformen und Strukturen	• Aktiv- und Cash-Management • Schuldenmix, »Financial engineering« • Ausnützung von Steuergefällen und -privilegien

Abb. 3.52: Finanzwirtschaftliche Strategieansätze
zur Optimierung der Kapitalkosten (Weber, 1990)

Ein Ansatzpunkt zur Reduktion der Kapitalkosten besteht nun darin, die Unternehmensstruktur so zu verändern, daß ein risikooptimales Portfolio entsteht.

Möglichkeiten dazu bestehen einerseits in organisatorischen und rechtlichen Konstruktionen und andererseits in der Trennung von Einheiten mit einem besonders hohen Risiko. Das Stichwort heißt Portfolio-Optimierung, eine Aufgabe, der heute viele Unternehmen zunehmend ihre Aufmerksamkeit zuwenden.

Veränderungen der Kapitalstruktur können ebenfalls die Eigenkapitalkosten senken, wie oben gezeigt wurde. Unternehmen mit einer hohen Stabilität ihrer Cash-flows und mit hohen Deckungsgraden eignen sich besonders für eine überdurchschnittliche Verschuldung und damit eine Nutzung des Leverage-Effekts. Aus diesem Grunde werden Kriterien für die Bestimmung des anzu-

strebenden Finanzierungsverhältnisses zusehends von dynamischen Betrachtungsweisen hergeleitet. An die Stelle von Bilanz-
kennzahlen und einer auf die vorhandenen Aktiven ausgerichteten Finanzierung treten Marktwerte, Potential- und Risikoein-
schätzungen. In diesem Zusammenhang ist auch ein Gesinnungs-
wandel bei den Banken festzustellen, die bei der Finanzierung
nicht mehr nur auf die vorhandenen Sicherheiten, sondern auch
auf die Güte der Unternehmensstrategien achten.

Schließlich ist in bezug auf die Eigenkapitalkosten noch ein
dritter, in der Schweiz besonders gewichtiger Umstand zu erwähnen. Er betrifft die hier üblichen Eigenkapitalinstrumente. So sind
Partizipationsscheine und vinkulierte Namensaktien teurere Arten der Eigenkapitalbeschaffung als Inhaberaktien. Dies kommt
daher, daß die erstgenannten Wertpapiere üblicherweise zu deutlich tieferen Kursen gehandelt werden als Inhaberaktien; bei
Partizipationsscheinen betrug der Abschlag bisweilen 25 Prozent. Diese Erkenntnis scheint sich neuerdings zu verbreiten,
indem Vinkulierungsbestimmungen gelockert und Partizipations-
scheine zurückgekauft oder mit Bezugsrechten auf Aktien versehen werden. In diesem Zusammenhang sei auf Transaktionen der
Asea Brown Boveri Schweiz oder von Nestlé hingewiesen. Letztere bietet auch ein gutes Beispiel dafür, daß eine gezielte Plazie-
rung auf verschiedenen Kapitalmärkten und bei bestimmten In-
vestitoren große Vorteile bringen kann.

Auch die Fremdkapitalkosten werden vom richtigen Einsatz der
Finanzierungsinstrumente bestimmt, die aus einem zunehmend
vielfältigen Angebot ausgewählt werden können. Weil bildlich
gesprochen das Fremdkapital immer »obendrauf« kommt, ist sein
Einsatz wesentlich vom Umfang der Kapitalbindung bestimmt
und wegen der Steuerabzugsfähigkeit immer dort vorzunehmen,
wo der größte Effekt erzielt wird. Dabei spielen auch die Rechts-
formen der Unternehmen und ihrer Teile, ihre Domizile und ihre
Beziehungen untereinander eine Rolle. Bei der Kostenoptimierung geht es zunächst einmal um die Mittelverwendung. Über die
Mehrnutzung ungenutzer und die Liquidation nichtbetriebsnotwendiger Vermögensteile bis hin zum Cash-Management zur
Minimierung des Liquiditätsfonds wird der Kapitalbedarf bewirt-

schaftet. Bei der Mittelbeschaffung gesellen sich zu den herkömmlichen Kreditfinanzierungen immer sophistiziertere Instrumente wie Zero-Bonds, Swaps und Devisen- und Zinsoptionen, um nur ein paar Begriffe zu nennen. Man spricht heute bezeichnenderweise vom »Financial Engineering«. Besonders interessant ist schließlich die Fremdverschuldung in Ländern mit hohen Ertragsteuerraten. Da Fremdkapitalkosten nach Steuern für die Berechnung der gesamten Kapitalkosten relevant sind, sollten Schulden so weit wie möglich von steuerprivilegierten Holding-, Domizil- oder ähnlichen Gesellschaften in voll ertragsteuerpflichtige Gesellschaften mit hohen Steuerraten verlagert werden.

Damit rückt eine weitere Möglichkeit zur Beeinflussung des Unternehmenswertes ins Visier, nämlich die *Steueroptimierung.* Zwangsläufig haben alle wichtigen unternehmerischen Entscheidungen steuerliche, das heißt Cash-flow-mindernde Konsequenzen. Die Eingrenzung dieser fiskalischen Folgen auf das Notwendige und die Vermeidung überflüssiger Steuerlasten gehören deshalb zu den strategischen Aufgaben der Unternehmensverantwortlichen. Es geht dabei um Maßnahmen, die dazu dienen, sowohl Steuern zu vermeiden wie auch aufzuschieben. Dazu gehört zunächst einmal die Wahl der Rechtsform und der Unternehmensstruktur, die im Zusammenhang mit der Geschäftstätigkeit und unter Berücksichtigung der Führungserfordernisse derart zu gestalten sind, daß das nationale und internationale Steuergefälle zugunsten des Steuerpflichtigen ausfällt und die vorhandenen Steuerprivilegien ausgeschöpft werden. Zu erwähnen sind in diesem Zusammenhang die Konstruktionen international tätiger Unternehmen, die Nutzung des Holding-Privilegs in der Schweiz und die verschiedenen Optimierungsmöglichkeiten der deutschen Steuergesetzgebung. Hervorzuheben ist hier, daß das deutsche Steuerrecht neben dem amerikanischen im Hinblick auf Leveraged Buyouts zu den freundlichsten gehört und daß Personenhandelsgesellschaften wie die GmbH & Co. KG interessante Steuerkonstruktionen ermöglichen.

Neben den integralen Unternehmensstrategien gibt es also eine Vielzahl von Restrukturierungsstrategien zur Steigerung des Unternehmenswertes. Damit ist aber das Potential von Unternehmensstrategien noch nicht erschöpft. Es bietet sich ein breites Feld weiterer Strategien an, das im folgenden unter dem Begriff der Kooperationsstrategien abgedeckt werden soll.

3.5.3 Festlegung der Kooperationsstrategien

Die bisher vorgestellten Ansätze von Unternehmensstrategien hatten eines gemeinsam, nämlich die Charakterisierung des Unternehmens als eine eigenständige, aber auch auf sich allein gestellte Einheit. Die integralen Unternehmensstrategien wie auch die Restrukturierungsstrategien zielen darauf ab, das Unternehmen auf einer »Stand-alone«-Basis zu stärken. Jedes Unternehmen hat aber die Möglichkeit, durch Kooperation mit anderen Unternehmen oder mit deren Teilen eine Wertsteigerung anzustreben. Dabei können verschiedene Stufen einer solchen Kooperation unterschieden werden.

Die bezüglich der eingegangenen Verpflichtung schwächste Kooperation sind Allianzen und Joint-ventures. Mit dem Ziel eines erleichterten Marktzutritts, der Gewinnung von Know-how oder der Erlernung von Fähigkeiten wird eine Zusammenarbeit mit einem Partner eingegangen, die beide Seiten nur in begrenztem Ausmaß bindet. Allianzen erfordern keine gegenseitige Beteiligungen oder gar die Integration eines neuen Bereiches, und sie können auch zeitlich befristet sein. Diese Art der Kooperation gewinnt immer mehr Anhänger, weil Zusammenschlüsse oft mit der Aufgabe eines Teils der eigenen Persönlichkeit verbunden sind und zudem Hindernisse nationaler Wirtschaftspolitiken zu überwinden haben. Allianzen hingegen bringen viele Vorteile des Zusammengehens, ohne daß die Nachteile einer starken Bindung in Kauf genommen werden müssen.

Die nächste Stufe von Kooperationen stellen Akquisitionen von Unternehmen verwandter Bereiche dar. Ausgehend von einer Analyse der eigenen Stärken und Schwächen sowie möglicher Ergänzungen der eigenen Wertkette, werden Unternehmen erworben, die zu den bisherigen Geschäftsaktivitäten passen. Das bedeutet aber, daß das eigene Know-how unmittelbar in den Dienst der Wertsteigerung des neugeschaffenen Verbundes gestellt werden kann. Allfällige Probleme ergeben sich vor allem im kulturellen Bereich, wenn sich die Führungsphilosophie der beiden Unternehmen sehr unterscheidet.

Die schwierigste Form der Kooperation sind Diversifikationen in artfremden Gebieten. Hier werden Unternehmen erworben und integriert, die mit dem angestammten Geschäft nicht mehr viel gemeinsam haben. Entsprechend vielfältig sind die Möglichkeiten des Scheiterns. Es wäre jedoch falsch – wie das heute nur allzuoft getan wird –, Diversifikationen nach dem Prinzip »Schuster, bleib bei deinem Leisten« generell zu verdammen. Wie zu zeigen sein wird, können gut vorbereitete Diversifikationen durchaus erfolgreich sein, wenn strategische Gemeinsamkeiten zwischen den betroffenen Geschäften bestehen.

Die drei Arten von Kooperationsstrategien sollen im folgenden vorgestellt und illustriert werden, wobei die loseste Form der Allianzen den Anfang machen soll.

Welches sind die Motive für *strategische Allianzen*, und welche Wertsteigerungspotentiale können sie ausschöpfen? Die von Bronder (1992) entwickelte Abbildung 3.53 faßt die entsprechenden Vernetzungen zusammen.

Fünf Basismotive bewegen ein Unternehmen, eine strategische Allianz einzugehen, und betroffen davon sind meist die Wertgeneratoren des Umsatzwachstums, der Gewinnmarge und der Investitionen. Ebenfalls beeinflußt wird oft die Wachstumsdauer, indem beispielsweise Zeitvorteile durch gemeinsame Forschungs-und-Entwicklungs-Anstrengungen die Dauer des wertsteigernden Umsatzwachstums verlängern. Auf die wertsteigernden Wirkungen von Allianzen wurde bereits in Abbildung 3.51 verwiesen. Hier sind vor allem die Basismotive etwas näher unter die Lupe zu nehmen und ihre wertsteigernde Wirkung darzustellen.

Das erste Ziel von Allianzen sind Zeitvorteile. Zeit ist zur entscheidenden Waffe im Wettbewerb geworden. Kürzere Lebenszyklen von Produkten erfordern eine Beschleunigung der Entwicklung und der Markteinführung. Auch nur schon eine kurze Verzögerung des Einführungszeitpunktes eines neuen Produktes kann zu beträchtlichen Ergebniseinbußen führen. Um die Reak-

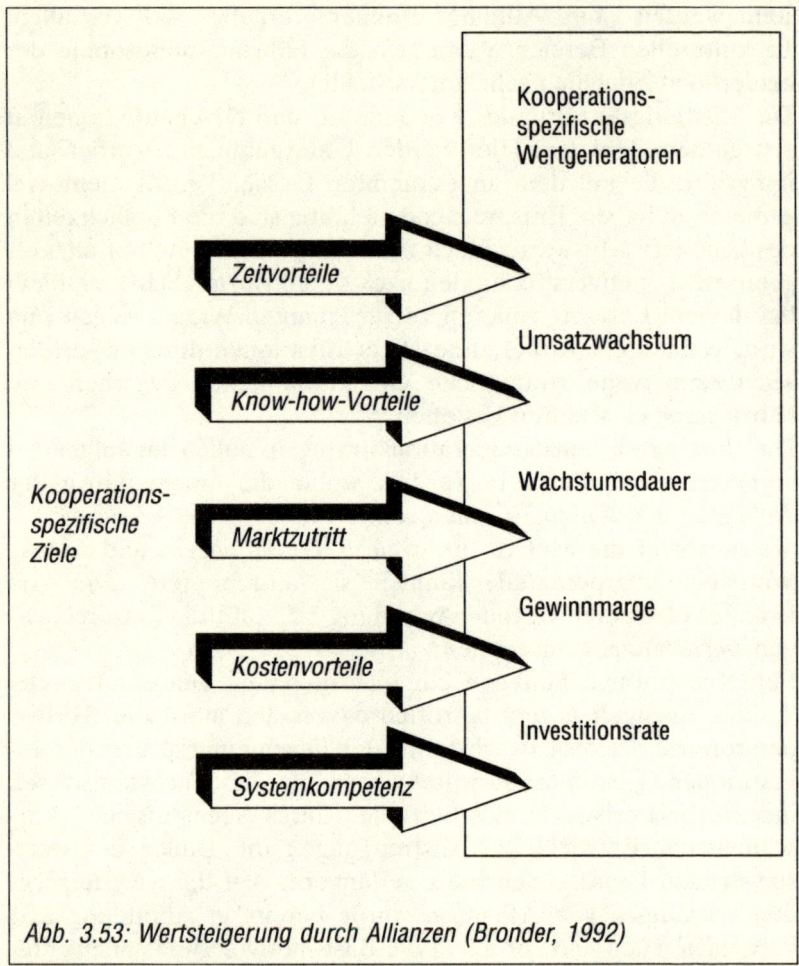

Abb. 3.53: Wertsteigerung durch Allianzen (Bronder, 1992)

tionsgeschwindigkeit eines Unternehmens zu erhöhen, sind deshalb in vielen Fällen Allianzen unerläßlich. Solche Zusammenschlüsse verhelfen dann zu Umsatzsprüngen, wenn die Konkurrenz noch kein entsprechendes Produkt lanciert hat. Auch kann
die Gewinnmarge verbessert werden, weil der erste Anbieter eine
Monopolrente erzielt. Beispiele für die Nutzung von Zeitvorteilen
durch Allianzen finden sich vor allem in der Pharma- und Halb-

leiterindustrie, wie Bronder (1992) eindrücklich zeigt. So ging das britische Pharmaunternehmen Glaxo als eines der ersten der Branche Allianzen im Vertriebs- und Marketingbereich in den USA ein und konnte so den ursprünglich fünfjährigen Zeitvorteil seines Konkurrenten Smith-Kline rasch aufholen und auf dem Gebiet der Magen-Darm-Medikamente die Marktführerschaft erobern. Die Halbleiterindustrie ist heute fest in den Händen der Japaner. Trotzdem versuchen europäische und amerikanische Hersteller immer wieder, in diese Phalanx einzubrechen. Um allein erfolgreich zu sein, fehlt ihnen die kritische Masse. Deshalb gründeten Siemens und IBM 1990 eine strategische Allianz zur Entwicklung des 64-Megabit-Chips mit beabsichtigtem Produktionsbeginn 1995, bei der jeder die Hälfte der anfallenden F + E-Kosten trägt. Die Kooperationspartner erwarten durch diese Zusammenarbeit eine Verkürzung der Entwicklungszeit von bis zu zwei Jahren.

Know-how-Vorteile sind ein weiteres zentrales Motiv zur Bildung von Allianzen. Sehr oft wird in diesem Zusammenhang das Risiko einer Akquisition zu hoch eingeschätzt, weil die Gefahr der Abwanderung entscheidender Know-how-Träger besteht. Ziel von Know-how-Allianzen ist ein gegenseitiges Lernen. Wissensdefizite bei einer Technologie oder Kompetenz können aufgeholt werden. In der Pharmabranche ist wiederum Glaxo ein ausgezeichnetes Beispiel. 1990 wurde eine Forschungsallianz mit dem amerikanischen Unternehmen Gilead und dem kanadischen Unternehmen IAf Biochem eingegangen. Für 1992 ist eine Allianz mit dem amerikanischen Biotech-Unternehmen Icos geplant. Die Zusammenarbeit erfolgt auf den von Glaxo präferierten Therapiegebieten, wobei sich spezialisierte Forschungsgruppen auf bestimmte Bereiche konzentrieren und so die Entwicklungszeit deutlich reduzieren.

Ein weiterer Ansatzpunkt für Allianzen ist der Marktzutritt. Oft verunmöglichen hohe Eintrittsbarrieren oder der Protektionismus der betreffenden Länder einen direkten Einstieg. Das entsprechende Umsatzpotential kann deshalb nicht ausgeschöpft werden. Durch strategische Allianzen kann es aber gelingen, diese Hindernisse zu überwinden. Ein Beispiel dafür ist der amerikanische Luftverkehr. Nach der inneramerikanischen Deregulierung hatten zwar alle einheimischen Flugverkehrsgesellschaften gleich lange Spieße. Ausländische Unternehmen sind aber nicht zugelassen, und sie dürfen sich auch nicht an US-Fluggesellschaften beteiligen. In einer solchen Situation bieten sich Allianzen geradezu an. Die Swissair verband sich entsprechend mit der Delta Air Lines, die einerseits im inneramerikanischen Verkehr sehr stark und andererseits im internationalen Verkehr recht schwach war. Zusammen konnten die beiden Unternehmen ein kombiniertes Angebot anbieten, das für beide Seiten zusätzliche Umsätze und Marktanteile brachte.

Ein viertes Motiv für Allianzen sind Kostenvorteile. Durch die Verknüpfung von Aktivitätsfeldern der Wertkette können Skalen- und Erfahrungskurveneffekte resultieren. Solche Kostenvorteile waren sicher auch ein Beweggrund der oben angeführten Allianz zwischen Siemens und IBM im Halbleiterbereich. Die beiden Unternehmen versprechen sich von der Zusammenarbeit Degressionseffekte und die notwendigen hohen Stückzahlen. Bei den Haushaltsgeräten ist die Allianz zwischen Bosch und Siemens hervorzuheben, die allein auf diesem Gebiet nicht hätten bestehen können. Im Gegensatz zu Electrolux, das sich über Akquisitionen eine führende Marktstellung aufbaute, versuchen es Bosch und Siemens im Zusammengehen, um so die kritische Größe zu erreichen.

Ein letztes Ziel von Allianzen ist der Kompetenzgewinn. Dabei geht es vor allem um die Systemkompetenz. Firmen verfügen zwar oft über einzelne Kernkompetenzen, doch können sie sie nicht zu einem Gesamtpaket schnüren. Bei der Schienenverkehrstechnik etwa können die neuen Hochgeschwindigkeitszüge nur als Gesamtsystem sinnvoll entwickelt und produziert werden. Selbst die großen Firmen können ein solches Gesamtpaket nicht in eigener Regie bereitstellen. Deshalb haben sich beispielsweise ABB und Thyssen sowie Siemens und Krauss-Maffay/Duewag zu Allianzen zusammengeschlossen.

Betrachtet man die wertsteigernden Wirkungen von Allianzen, so darf die Kehrseite, nämlich die Kosten, nicht vergessen werden. Bronder (1992) spricht hier von den Koordinationskosten, wobei

er zwischen Anbahnungskosten, Vereinbarungskosten, Kontrollkosten und Anpassungskosten unterscheidet. Anbahnungskosten
betreffen die Informationssuche und Beschaffung über geeignete
Kooperationspartner. Zu den Vereinbarungskosten zählen die
Intensität und zeitliche Ausdehnung von Verhandlungen bis hin
zur Einigung der Partner. Die Kontrollkosten entstehen im Zusammenhang der Sicherstellung und Einhaltung der Koopera-
tionsvereinbarung, und die Anpassungskosten resultieren aus
Anpassungen an veränderte Umwelt- und Unternehmensbedin-
gungen. All diese Kosten mindern den Wert, der durch eine
Allianz geschaffen wird. Sie sind deshalb soweit wie möglich im
vorhinein zu spezifizieren, damit unliebsame Überraschungen
vermieden werden können.

Im Gegensatz zu Allianzen bedeuten *Akquisitionen* einen stärke-
ren Eingriff in ein bisher eigenständig funktionierendes Unternehmen. Spätestens bei der Integration einer Akquisition zeigt es
sich, ob die Unternehmen zusammenpassen, und dies nicht nur auf
strategischer und struktureller, sondern auch auf kultureller
Ebene. Eine grundlegende Unterscheidung ergibt sich dabei zwischen Akquisitionen in verwandten und in artfremden Gebieten.
Im folgenden sind zuerst jene Übernahmen zu behandeln, die
einen direkten Bezug zum Geschäft des akquirierenden Unternehmens haben.

Wie bei den anderen Unternehmensstrategien sollen durch Akquisitionen in verwandten Gebieten Wertsteigerungspotentiale
realisiert werden. Dabei geht es nicht um die Potentiale des einen
oder des anderen Unternehmens für sich allein genommen, sondern um Potentiale des Zusammengehens. Für das übernehmende
Unternehmen darf die prozeßleitende Frage nicht lauten, was ihm
der Akquisitionskandidat bringen könnte. Vielmehr ist die Frage
zu stellen, welche Vorteile das übernehmende Unternehmen für
den Partner hat, was sie gemeinsam besser können als alleine. Aus
dieser Perspektive lassen sich mit Porter (1987) drei Ausrichtungen der Akquisitionstätigkeit unterscheiden:

• Gemeinsame Realisierung horizontaler Synergien:
  Ausgehend von der eigenen Wertkette, werden Kandidaten

gesucht, die deren Glieder als Ganzes oder in Teilen optimal ergänzen und die Erzielung von Synergien ermöglichen.

• Transfer von Know-how:
Auf der Basis seiner Kernkompetenzen und strategischen Erfolgspositionen sucht das Unternehmen nach Akquisitionskandidaten, die sich bei der Übertragung dieses Know-hows signifikant verbessern könnten.

• Ausschöpfung des Restrukturierungspotentials:
Das Unternehmen akquiriert solche Firmen, die krank, unterentwickelt oder in einem schlechten Zustand sind oder die ein besonderes Wertschöpfungspotential enthalten. Das Unternehmen sieht seine Aufgabe darin, durch Restrukturierung, durch das Auswechseln des Managements, durch neue Strategien oder durch das Zurverfügungstellen von Ressourcen die Akquisitionskandidaten wieder erfolgreich zu machen.

Porter nennt noch eine vierte Möglichkeit, das Portfolio-Management. Hier akquiriert das Unternehmen attraktive, gesunde Firmen, die vom bisherigen Management weitergeführt werden. Die Neuerwerbungen behalten ihre weitgehende Autonomie und werden über Ziele geführt. Diese Ausrichtung entspricht aber eher der Tätigkeit eines Investors und weniger den Zielsetzungen einer Unternehmensstrategie.

Stellt man diese drei Ausrichtungen in den größeren Kontext der Akquisition als Mittel zur Wertsteigerung, so ergeben sich die Zusammenhänge von Abbildung 3.54.

Ausgangspunkt eines jeden Akquisitionsprozesses ist die Vision des Unternehmens. Sie war bereits wegweisend für den Aufbau des heutigen Portfolios der strategischen Geschäftseinheiten und die spezifische Ausgestaltung der Wertkette sowie für die gezielte Entwicklung strategischer Erfolgspositionen und Kernkompetenzen. Bei Akquisitionen in verwandten Gebieten sind das Portfolio der strategischen Geschäftseinheiten und die Wertkette der natürliche Ausgangspunkt. Sie ermöglichen die Entwicklung horizontaler Strategien und bestimmen die Suche nach Kandidaten mit horizontalen Synergien, wie anschließend beispielhaft zu zeigen sein wird. Erbringt diese Suche nicht das erwünschte Wertstei-

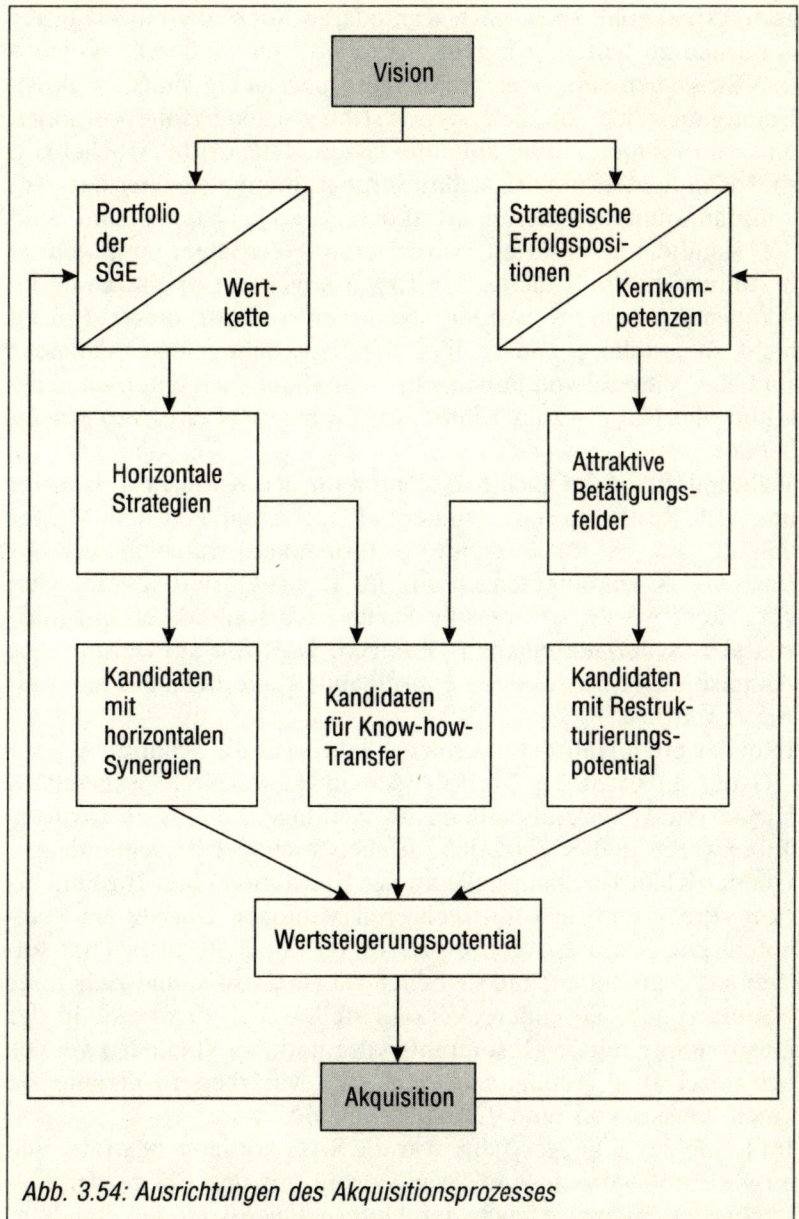

Abb. 3.54: Ausrichtungen des Akquisitionsprozesses

gerungspotential, so ist nach Kandidaten für Know-how-Transfer Ausschau zu halten. Ausgangspunkt können wiederum horizontale Strategien sein oder, wenn diese unergiebig sind, attraktive Betätigungsfelder, die sich aus den strategischen Erfolgspositionen und Kernkompetenzen ableiten lassen. Die dritte Möglichkeit sind Kandidaten mit Restrukturierungspotential, wobei der Anknüpfungspunkt wiederum attraktive Betätigungsfelder sind. Sind die Kandidaten ermittelt, wird deren Wertsteigerungspotential bestimmt, und falls dieses den Erwartungen entspricht, kann die Akquisition getätigt werden. Natürlich verläuft dieser Prozeß nicht so gradlinig, wie es hier den Anschein macht. Vielmehr sind eine Vielzahl von Fußangeln – vor allem auch unternehmenskultureller Natur – zu beachten, wie Gomez/Weber (1989) gezeigt haben.

Während die Suche nach Kandidaten für den Know-how-Transfer und mit Restrukturierungspotential nach dem gleichen Muster abläuft, wie es für integrale Unternehmensstrategien auf der Basis von Kernkompetenzen und für Restrukturierungsstrategien vorgestellt wurde, so folgt die Suche nach Kandidaten mit horizontalen Synergien eigenen Gesetzen. Dies soll am Beispiel des Akquisitionsprozesses eines Einzelhandelsunternehmens nun illustriert werden.

In der zweiten Hälfte der achtziger Jahre war die Schmidt-Agence AG der unbestrittene Marktleader im Schweizer Kioskgeschäft. Kioske sind Verkaufsstellen für Zeitungen und Zeitschriften, Tabakwaren und Süßigkeiten an allen wichtigen Passantenlagen, von der Kleinstverkaufsstelle an der Endstation einer Buslinie bis zum »Pressezentrum« mit mehreren Millionen Umsatz am Flughafen. Die Schmidt-Agence AG (SAG) verfügte über 1100 solcher Verkaufsstellen, und sie belieferte als Grossist und Zulieferer weitere rund 3000 andere Verkaufsstellen. Ferner war sie in der Gastronomie mit 35 Restaurants tätig und die Nummer zwei des Schweizer Buchgroßhandels. Mit 3300 Mitarbeitern erzielte sie einen Umsatz von rund 720 Millionen sFr.

Im Laufe der achtziger Jahre war die SAG konsequent strategisch ausgerichtet worden, und zwar sowohl auf der Ebene der Geschäftsstrategien wie auch der Unternehmensstrategie. Im Hin-

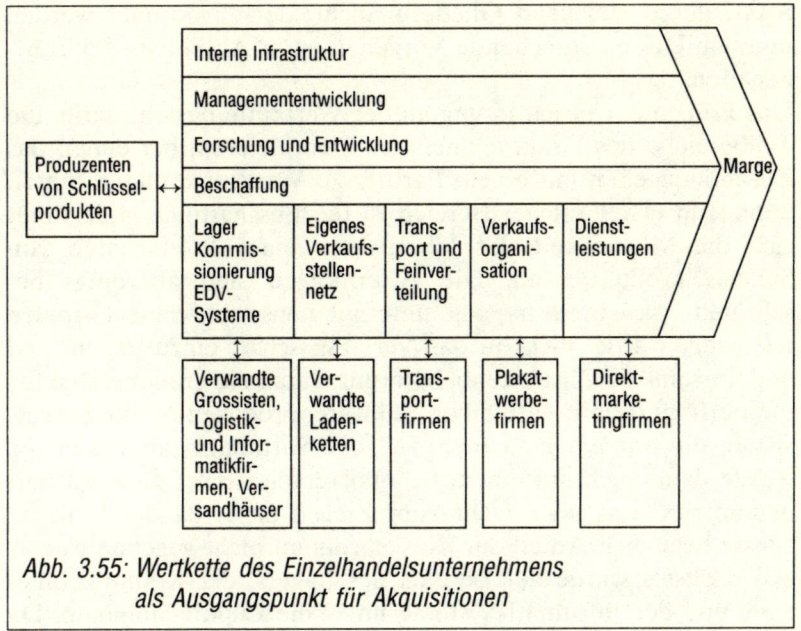

Abb. 3.55: Wertkette des Einzelhandelsunternehmens als Ausgangspunkt für Akquisitionen

blick auf die Erschließung weiterer Wertsteigerungspotentiale wurden ab Mitte der achtziger Jahre Akquisitionen in verwandten Bereichen ins Auge gefaßt. Naheliegend wäre natürlich die Übernahme der Nummer zwei im Schweizer Kioskgeschäft gewesen. Diese ließ sich aus verschiedenen Gründen, nicht zuletzt wegen Vorbehalten gegen eine zu große Machtballung in der Schweizer Presseverteilung, nicht realisieren. Auch die Akquisition ausländischer Kioskgesellschaften stieß an Grenzen, da in den umliegenden Nachbarländern die Branchenstruktur entweder atomisiert ist oder die Unternehmen in den Händen der Großverlage sind. In entfernteren Märkten, wie etwa in England, unterliegt das Kioskgeschäft völlig anderen Gesetzmäßigkeiten, so daß kaum mehr von einer Akquisition in verwandten Gebieten gesprochen werden kann. Wenn also das Zusammengehen der SAG mit einem anderen Unternehmen als Ganzes nicht in Frage kam, so mußte bei Teilbereichen angesetzt werden. Ausgangspunkt eines systematischen Akquisitionsprozesses war deshalb die Wertkette der

SAG, deren einzelnen Gliedern Suchfelder zugeordnet werden mußten. Das entsprechende Vorgehen ist in Abbildung 3.55 festgehalten.

Das Prinzip der Orientierung an der Wertkette besteht darin, die Teilbereiche des Unternehmens zu identifizieren, bei denen das Zusammengehen mit einem Partner zu Wertsteigerungen führen kann. Ein erster solcher Bereich ist die Beschaffung. Hier bietet sich die Möglichkeit der Übernahme eines Produzenten von Schlüsselprodukten an. Die Alternativen sind allerdings beschränkt, da einerseits aus unternehmenspolitischen Gründen festgelegt wurde, nicht in das Verlagsgeschäft einzusteigen, und andererseits die Zigarettenbelieferung durch die großen Tabakfirmen erfolgt. Somit verbleiben Süßwarenproduzenten oder -grossisten, die nur einen kleinen Teil des Sortiments abdecken. Es wurde dann auch mit einem Schokoladenhersteller Kontakt aufgenommen, was aber nicht zum Ziele führte, da die kritische Masse bezüglich Anteil am Kiosksortiment nicht gegeben war.

Als nächstes wurde der Bereich des Lagers, der Kommissionierung und der Informatiksysteme unter die Lupe genommen. Da die entsprechende Logistik sehr aufwendig ist, könnte ein Zusammengehen mit einem anderen Unternehmen Skaleneffekte erbringen. Im Vordergrund der Überlegungen standen auch Versandhäuser, die auf diesem Gebiet über ein großes Know-how und eine entsprechende Infrastruktur verfügen. Es zeigte sich jedoch bald, daß in der Schweiz kein geeigneter Partner zu finden war, der den gewünschten Synergieeffekt gebracht hätte.

Das nächste Glied der Wertkette war das eigene Verkaufsstellennetz. Ideale Partner wären hier Ketten von Süßwarenläden gewesen, aber auch verwandte Geschäfte wie beispielsweise chemische Reinigungen oder andere Schnellservices (Schuhreparaturen, Schlüssel) wären in Frage gekommen. Es wurden verschiedene Gespräche – unter anderem in Deutschland – mit solchen Unternehmen geführt, ohne daß es zu konkreten Verhandlungen kam. Fündig wurde das Unternehmen aber auf dem Gebiet des Schmuck- und Uhreneinzelhandels der unteren bis mittleren Preiskategorie. Die Gespräche mit einem Unternehmen mit rund dreißig Verkaufsstellen kamen zügig voran, doch in letzter Minute wurde das Unternehmen einem anderen Käufer zugeschlagen. Ähnlich erging es den Akquisitionsbemühungen auf dem Gebiet der Gastronomie. Verhandlungen mit einem Restaurationsunternehmen etwa der gleichen Größe standen kurz vor dem Vertragsabschluß, als der Eigner dieses Unternehmen dem Management verkaufte.

Ein weiterer zentraler Bereich für Kioskunternehmen sind der Transport und die Feinverteilung. Hier wurden verschiedene Transportfirmen unter die Lupe genommen, doch zeigte sich bald, daß die eingespielte Organisation einer solchen Akquisition deutlich überlegen war. Was jedoch vorangetrieben wurde, war eine Allianz auf diesem Gebiet mit der Nummer zwei des Marktes. Dies führte zu bedeutenden Synergieeffekten und erwies sich als mit Abstand die beste Lösung.

Da die SAG über 1110 Verkaufsstellen verfügte, stellte sich die Frage, ob diese nicht werbemäßig genutzt werden könnten. Damit wurde plötzlich ein Typ von Unternehmen zu einem potentiellen Akquisitionskandidaten, der auf den ersten Blick kaum eine Verwandtschaft zum bestehenden Geschäft hatte: Die Plakatwerbegesellschaft. Verstand man Kioske als »Werbeflächen«, so bot sich diese Möglichkeit geradezu an. Deshalb wurde Kontakt mit möglichen Kandidaten aufgenommen, und schließlich wurde ein solches Plakatwerbeunternehmen akquiriert. Zwar waren die kiosbezogenen Einnahmen nur ein kleiner Teil des Ganzen, doch dieser Teil stellte einen gesicherten Markt dar.

Schließlich wurde die Frage aufgeworfen, ob nicht Anknüpfungspunkte bezüglich anderer Kioskdienstleistungen bestünden. Hier wurden vor allem das Buchgroßhandelsgeschäft und das Abonnementsgeschäft für Zeitschriften ins Auge gefaßt. Tatsächlich konnte ein geeignetes Unternehmen gefunden werden, mit dem ein Joint-venture auf diesem Gebiet eingegangen wurde.

Welche Schlußfolgerungen sind nun aus solchen Erfahrungen zu ziehen? Sicher ist eines: Viele Versuche sind notwendig, bis endlich eine Akquisition gelingt. Das Vorgehen hat sich insofern bewährt, als systematisch alle Möglichkeiten des Einstiegs in verwandte Bereiche durchgespielt wurden. Damit versetzte sich das Unternehmen in die Lage, bei einer künftig auftretenden

Gelegenheit rasch zupacken zu können. Zum anderen lernte es auch seine eigenen Aktivitäten besser kennen und die entsprechenden Stärken und Schwächen einsetzen. Schließlich resultierten einige wichtige Akquisitionen und Allianzen, die dem Unternehmen neue Impulse gaben.

Epilog: 1989 verkaufte der Eigner die SAG an ein anderes Einzelhandelsunternehmen. Dieses war in der Lage, auch die Nummer zwei im Kioskmarkt zu akquirieren und somit jene Synergien zu realisieren, die der SAG aus unternehmens- und gesellschaftspolitischen Überlegungen verwehrt geblieben waren.

Für Akquisitionen in verwandten Gebieten erweist sich die Entwicklung von horizontalen Strategien als wirkungsvolle Vorgehensweise. Wie Abbildung 3.54 zeigt, kommen aber auch der Know-how-Transfer und Restrukturierungen als Anknüpfungspunkt in Frage. Für den Know-how-Transfer bieten sich folgende Möglichkeiten an:

- Marketing-Know-how,
- Kostenmanagement,
- Mitarbeiterentwicklung,
- Strategie-Know-how,
- Asset- und Cash-Management,
- Finanzinstrumente,
- Steuerkonstruktionen.

Bei der Restrukturierung wären entsprechende Möglichkeiten:

- Zusammenlegung der Verwaltung,
- Reduktion der Fertigungstiefe,
- Franchising,
- Holding-Strukturen,
- Leverage-Kapital,
- Desinvestitionen.

Akquisitionen in verwandten Gebieten bedeuten zwar immer auch eine gewisse Entfernung vom bestehenden Geschäft. Trotzdem bewegt man sich noch auf vertrautem Grund. Dies ist bei der

Diversifikation nicht mehr der Fall. Um hier nicht die Mißerfolge vieler anderer Unternehmen zu kopieren, ist ein gezieltes Vorgehen notwendig.

Es gibt verschiedene Möglichkeiten, Diversifikationen zu realisieren: innovative Eigenentwicklungen, Lizenznahmen, Allianzen, Spin-offs oder eben Akquisitionen. Eigenentwicklungen, Lizenznahmen, Allianzen und Spin-offs sind oft nur halbherzige Versuche, wirklich in Neuland vorzustoßen. Meist gelingt es nur über Akquisitionen, die kritische Masse in einem neuen Geschäft zu erreichen und sich so ein zweites oder drittes Standbein aufzubauen. Daß dabei umsichtig vorgegangen werden muß, versteht sich von selbst. Abbildung 3.56 hält die entsprechenden Schritte fest.

Am Anfang jedes Diversifikationsprozesses steht die intensive Auseinandersetzung mit dem Kerngeschäft. Das heißt nichts anderes, als daß die Geschäftsstrategien und die integralen Unternehmensstrategien für das angestammte Geschäft vorliegen müssen, bevor über ein neues nachgedacht wird. Ein gestärktes Kerngeschäft liefert den Rahmen für die Festlegung des Diversifikationsprogramms. Zwar hat die beabsichtigte Akquisition mit dem angestammten Geschäft nicht mehr sehr viel zu tun. Das bedeutet aber nicht, daß einfach blind drauflosdiversifiziert wird. Vielmehr sind unternehmenspolitische Vorgaben darüber zu machen, welche Branchen und Geschäfte grundsätzlich akzeptabel sind und welche von vornherein ausgeschlossen werden. Auch sind bereits hier die Wertsteigerungsmöglichkeiten ins Auge zu fassen. Ausgangspunkt der Suche sind die eigenen Fähigkeiten, und die Suche erfolgt mit dem Ziel der Entdeckung von Wertlücken.

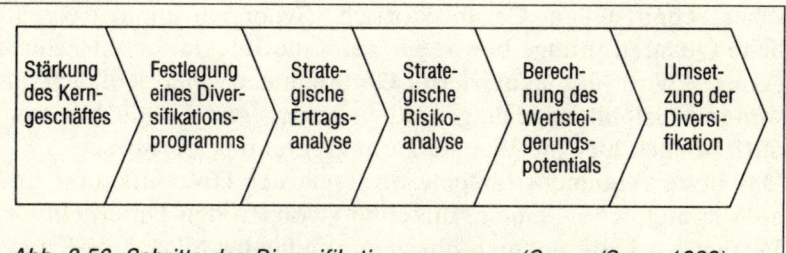

Abb. 3.56: Schritte des Diversifikationsprozesses (Gomez/Ganz, 1992)

Die strategische Ertragsanalyse setzt bei dieser Wertlücke an und identifiziert mögliche Synergien und strategische Gemeinsamkeiten zwischen dem Unternehmen und dem Akquisitionskandidaten. Dieser Schritt ist das eigentliche Herzstück des Diversifikationsprozesses und soll im folgenden näher spezifiziert werden. Auf die Ertragsanalyse folgt die Risikoanalyse, mit der mögliche Chancen und Gefahren der eingeschlagenen Strategie abgeschätzt werden. Ist das Risikoprofil gesamtunternehmerisch vertretbar, so sind anschließend die Wertsteigerungspotentiale im einzelnen zu berechnen. Erfüllen sie die im Diversifikationsprogramm festgelegten Erwartungen, so kann zur Umsetzung der Diversifikation geschritten werden.

Wie bereits angeklungen, steht und fällt der Erfolg des Diversifikationsprozesses mit der Qualität der strategischen Ertragsanalyse. Abbildung 3.57 zeigt das entsprechende Vorgehen der Identifikation von Wertsteigerungsstufen bei der Diversifikation auf.

Bei der Beurteilung eines Diversifikationskandidaten im Hinblick auf sein Wertsteigerungspotential ist nach Bereinigung allfälliger Unterbewertungen zuerst einmal die Möglichkeit interner Verbesserungen abzuschätzen. In einem nächsten Schritt sind operationale Synergien zu identifizieren. Bei echten Diversifikationen dürften diese Synergien relativ gering sein, fehlt doch weitgehend die Voraussetzung der Verwandtschaft der Geschäftsaktivitäten. Oft ergeben sich jedoch solche Synergien bei der Zusammenlegung der Verwaltung, bei der gemeinsamen Nutzung von Absatzkanälen, beim Einkauf oder bei Steuerkonstruktionen.

Die nächste Wertsteigerungsstufe besteht in der organisatorischen Integration beziehungsweise in der Neudefinition organisatorischer Schnittstellen. Organisatorische Synergien können eigentliche Quantensprünge bewirken, wenn die Integration tatsächlich gelingt. Wird das akquirierte Unternehmen aber lediglich als weiterer Satellit angehängt und in seiner Autonomie belassen, dürften auch hier die Wertsteigerungspotentiale gering sein.

Das beste Argument für eine Strategie der Diversifikation sind aber strategische Gemeinsamkeiten zwischen den Unternehmen. Verfügt ein Unternehmen über ein exzellentes Marketing-Knowhow und trifft es auf ein in einer völlig anderen Branche tätiges

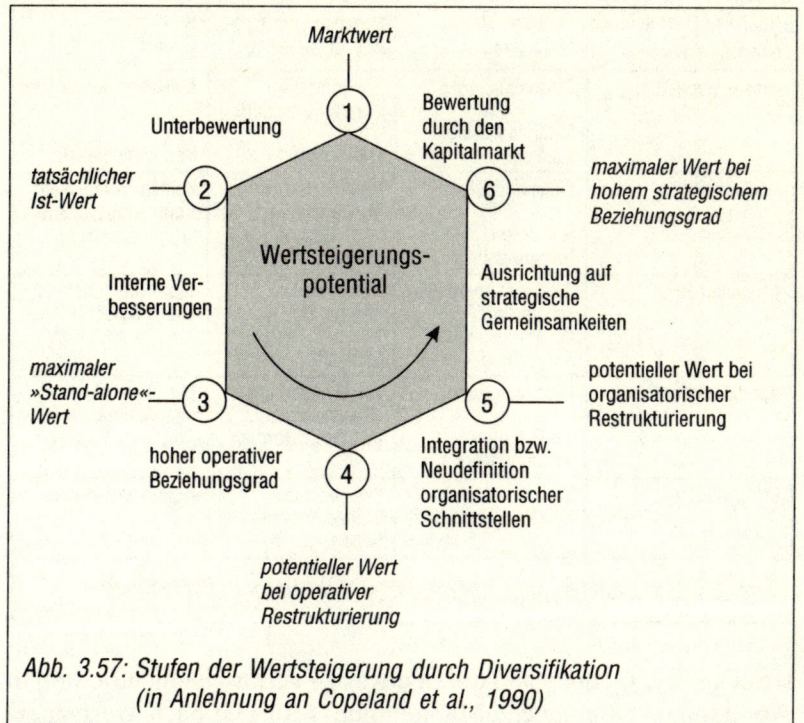

Abb. 3.57: Stufen der Wertsteigerung durch Diversifikation (in Anlehnung an Copeland et al., 1990)

Unternehmen mit hoher operativer Effizienz, aber geringer Marketingerfahrung, so können auf dem Marketinggebiet enorme Synergien realisiert werden. Das weiter unten noch im einzelnen auszuführende Beispiel von Philip Morris zeigt, daß die Übertragung des Marketing-Know-hows des Zigarettenunternehmens auf die operativ zwar effiziente, aber in Marketingfragen nicht sehr phantasievolle Bierbrauerei (Miller Beer) zu einer bedeutenden Wertsteigerung führte. Strategische Gemeinsamkeiten werden allerdings nicht auf den ersten Blick deutlich. Sie sind aber ein wesentlicher Teil der Entdeckung von Wertlücken. Und sie sind letztlich die einzige rationale Begründung für das meist riskante Eingehen einer Diversifikation.

Um die obigen Wertsteigerungsstufen der operationalen Synergien, der organisatorischen Restrukturierung und des Findens

Wert-generatoren \ Potentiale	Operationale Synergien	Organisatorische Restrukturierung	Strategische Gemeinsamkeiten
Umsatzwachstum	Systemlösungen Multiple Absatz-kanäle	Integration ver-wandter Geschäfte Franchising	Marketing-Know-how Kernkompetenzen
Gewinnmarge	Einkaufspooling Reduktion Fertigungstiefe	Rückwärts-/ Vorwärtsintegration	Kostenmanagement Controllingsysteme
Investitionen	Zentrale Lagerbewirt-schaftung Zusammenlegung Verwaltung	Ausgliederung Immobilien Spin-offs	Asset- und Cash-Management
Kapitalkosten	Leverage-Kapital Optimierung Kundenportfolio	Risikomindernde Organisations- und Rechtsformen	Eigenkapital-instrumente Corporate Banking
Ertragsteuern	Zentrale Handels-/ Einkaufsgesellschaft	Internationale Steuerkonstruk-tionen	Holdingstrukturen

Abb. 3.58: Wertsteigerungsstufen und -potentiale der Diversifikation

strategischer Gemeinsamkeiten etwas zu veranschaulichen, sind in Abbildung 3.58 mögliche Maßnahmen, geordnet nach Wertgener-atoren, festgehalten.

Ein gutes Beispiel für eine gelungene Diversifikationsstrategie ist das Zigarettenunternehmen Philip Morris. Ganz (1992) hat die Stationen dieses Prozesses in seiner Schrift *Diversifikationsstrategie* festgehalten. Als sich Ende der sechziger Jahre das strategische Umfeld stark wandelte und erste Stagnationstendenzen auftraten, begannen viele Unternehmen recht ziellos in neue Märkte ein-zudringen. Nicht so Philip Morris, die systematisch das Kernge-schäft verstärkte und parallel dazu eine organische Diversifika-tionsstrategie entwickelte. Im Kerngeschäft wurde im Sinne einer Differenzierungsstrategie das Markenprofil von Marlboro heraus-gearbeitet, begleitet von einer stetigen Erhöhung der Produktivi-tät. Die aggressive Differenzierungsstrategie fand auch in einem enormen Werbebudget ihren Niederschlag. Dadurch wurden nicht nur Marktanteile gewonnen, sondern auch ein beispielloses Marketing-Know-how aufgebaut, das Ausgangspunkt der Diversifikation sein sollte.

Philip Morris hatte bereits in den sechziger Jahren einmal eine Diversifikation versucht, allerdings mit dem falschen Fokus der operationalen Synergien. Sie kaufte die American Safety Razor Company, die Rasierklingen herstellte, die sich einige wenige Male verwenden ließen. Philip Morris versprach sich Synergien bei der Benutzung ähnlicher Distributionskanäle. Als die Konkurrenz neue Technologien für langlebige Klingen einführte, blieb das erhoffte Volumengeschäft aus, und 1977 mußte sich das Unternehmen von dieser mißglückten Diversifikation wieder trennen.

Die Neuausrichtung der Diversifikationsstrategie erfolgte nach dem Grundsatz der Identifikation und Realisierung strategischer Gemeinsamkeiten. Dabei zeigte es sich bald, daß mögliche Akquisitionskandidaten vorzugsweise aus der Konsumgüterindustrie kommen sollten. Mochten die in dieser Branche hergestellten Endprodukte auch nicht mit denen der Tabakindustrie vergleichbar sein und auf den ersten Blick sehr heterogen erscheinen, so blieb doch entscheidend, daß ähnliche Managementfähigkeiten erforderlich waren wie im Kerngeschäft von Philip Morris. Konsumgüter besitzen langfristige Wachstumspotentiale und damit eine hohe strategische Attraktivität. Was den Konsumgüterunternehmen aber oft abgeht, sind Fähigkeiten in der Markenbewirtschaftung sowie in der Innovation und der Differenzierung. Genau dies konnte aber Philip Morris bieten, war dies doch im Kerngeschäft ihr tägliches Brot.

1969 erfolgte die Akquisition von Miller Breweries. In einer ersten Phase wurden von Philip Morris beträchtliche Mittel zur Verfügung gestellt, um die Produktpalette gegenüber den anderen Anbietern zu differenzieren. Gleichzeitig wurde ein aggressive Marketingstrategie eingeleitet. Nur der Marktführer hatte noch ein höheres Werbebudget als Miller. Auch die Verdopplung der Kapazität erforderte weitere Investitionen. Der Erfolg begann sich aber langsam abzuzeichnen, und ab Mitte der siebziger Jahre war Miller in der Lage, die jährlichen Werbeausgaben in einer dreistelligen Millionenzahl aus dem eigenen Cash-flow zu finanzieren. Ende der achtziger Jahre hatte Miller einen Marktanteil von rund 25 Prozent und war der zweitgrößte Anbieter in Amerika. Aber auch auf dem Gebiet der Innovation zeigten sich Synergien. Die Erfahrungen mit der verbraucherfreundlichen, kleineren Flip-Flop-Schachtel von Marlboro und dem Absatz nikotinarmer Leichtzigaretten führten bei Miller zur Einführung einer kleineren Flasche und eines besonders kalorienarmen Biers. Beides wurde durch eine aggressive Marketingpolitik unterstützt und erwies sich als äußerst erfolgreich.

Auf der Suche nach weiteren Kandidaten mit strategischen Gemeinsamkeiten und einer gewissen Verwandtschaft zu den bisherigen Diversifikationen, stieß Philip Morris auf Seven-Up. Man versprach sich funktionale Synergien im Bereich der Produktion und im Marketing. Allerdings hatte Philip Morris übersehen, daß dieser Markt grundsätzlich andere Wettbewerbsstrategien verlangte. Er wurde von Coca-Cola und Pepsi dominiert, die über ein weitverzweigtes Netz von Vertragspartnern verfügten, welche Exklusivrechte hatten und daher am Vertrieb anderer Cola-Produkte gehindert waren. Diese Schlüsselrolle der Vertriebssysteme wurde übersehen und damit die Tatsache, daß beide Bereiche trotz vorhandener Synergien andere strategische Erfolgsfaktoren besaßen. Seven-Up mußte daher wieder veräußert werden.

Philip Morris konzentrierte sich sodann auf den Nahrungs- und Genußmittelbereich. Hier wurde nach Unternehmen gesucht, die zwar operativ relativ wenig effektiv waren, jedoch ein hohes strategisches Potential besaßen und wiederum über strategische Gemeinsamkeiten verfügten. 1985 wurde General Foods, 1988 Kraft und 1990 Jacobs Suchard erworben. Philip Morris ist nun auf diesem Gebiet nach Nestlé weltweit der größte Anbieter. Die Bedeutung dieses neuen Standbeines wurde weiterhin dadurch akzentuiert, daß der neue Chief Executive Officer aus dem Nahrungsmittelbereich stammt.

Das Beispiel Philip Morris zeigt, daß weniger operative Synergien als strategische Gemeinsamkeiten entscheidend sind für den Erfolg von Diversifikationen. Das auch die Aktionäre von der gelungenen Diversifikationspolitik profitieren, beweist die Entwicklung zwischen 1979 und 1989. Die durchschnittliche Wertsteigerungsrate betrug 30 Prozent pro Jahr, und sie lag damit weit über den Vergleichswerten für die Tabak- beziehungsweise Nahrungsmittelindustrie. Auch der Kapitalmarkt erkennt den Erfolg des Diversifikationsprogrammes an: Seit 1985 hat sich das relative Kurs-Gewinn-Verhältnis kontinuierlich verbessert

Mit der Diversifikationsstrategie wird das Portfolio von Ansätzen zur Unternehmungsstrategie vervollständigt. Wie bei den Geschäftsstrategien liegt damit auf dem Gebiet der Unternehmensstrategie ein ausgebautes und in der Praxis bewährtes Instrumentarium vor, um Unternehmen optimal positionieren zu können. Bisher wurde diese Positionierung immer aus der Sicht des Managements des Unternehmens und seiner Einflußmöglichkeiten behandelt. Es gibt aber verschiedene Bereiche, bei denen die Kompetenzen an anderer Stelle liegen. Gewisse strategische Entscheidungen behalten sich die Eigner selber vor. Deshalb ist im nächsten Schritt der Strategiemethodik diese Perspektive noch zu berücksichtigen.

3.6 Gestaltung der Eignerstrategie

Voraussetzung für die erfolgreiche Entwicklung einer Eignerstrategie als Teil des Wertmanagements eines Unternehmens ist ein gutes Verständnis der Möglichkeiten und der Absichten des oder der jeweiligen Eigner. Auch die »Arbeitsteilung« zwischen Management und Eigner ist in diese Überlegungen mit einzubeziehen. Im Spannungsfeld der verschiedenen Interessen und Ziele des Eigners ist das Unternehmen nur ein – wenn meist auch sehr wichtiger – Faktor. Und der Stellenwert des Unternehmens ist unterschiedlich, je nach Orientierung des Eigners. Ist er stark mit dem Unternehmen verbunden und möchte er dieses einmal seinen Nachkommen übergeben, so werden Sicherheitsdenken und Werterhaltung im Vordergrund stehen. Neigt er jedoch eher zum Machtstreben und zur Profilierung als Finanzier, so wird die Mehrung des eigenen Vermögens an erste Stelle rücken und das Unternehmen nur dann von Interesse sein, wenn sein Wert über die Zeit steigt. Von Bedeutung ist auch die Verpflichtung des Eigners gegenüber den Anspruchsgruppen, das heißt seinem Management, seinen Mitarbeitern, dem Kunden und der Gesellschaft. Versteht er das Unternehmen als »quasiöffentliche Institution«, so wird er bei der Entscheidungsfindung diese Anspruchsgruppen angemessen berücksichtigen. Betrachtet er hingegen sein Unternehmen als sein persönliches Eigentum, mit dem er tun oder lassen kann, was er will, so wird er als Investor dieses nur so lange in seinem Portfolio halten, als es seinen Wertsteigerungsansprüchen genügt. Wenn also die Eignerstrategie als Teil des Wertmanagements formuliert wird, muß dieses Selbstverständnis des Eigners geklärt sein.

Die Eignerstrategie soll jene Möglichkeiten der Wertsteigerung des Unternehmens abdecken, die nicht im Bereich des Managements, aber in der Kompetenz des Eigners liegen. Die Abgrenzung zwischen Unternehmens- und Eignerstrategie hängt deshalb von der »Arbeitsteilung« zwischen Management und Eigner ab. Sieht sich der Eigner als Investor oder Finanzier, so hat das Management einen bedeutend größeren Spielraum als bei der Konstellation, in der er sich im traditionellen Sinn als »Patron« versteht. Die Grenzen sind also fließend und von Fall zu Fall festzulegen. Im folgenden wird davon ausgegangen, daß der Eigner dem Management in operativen und strategischen Fragen weitgehende Freiheiten läßt, sich aber jene Entscheidungen vorbehält, die das Unternehmen als Ganzes grundlegend verändern. Dazu gehören etwa bedeutende Desinvestitionen, Reorganisationen, Akquisitionen und Finanztransaktionen, die mit dem laufenden Geschäft wenig zu tun haben oder diesem völlig neue Dimensionen geben.

Damit ergibt sich der sechste strategische Grundsatz:

Sechster strategischer Grundsatz

Die vom Eigner ausschöpfbaren Wertsteigerungspotentiale sind unter Berücksichtigung seiner umfassenden Vermögens- und Risikopolitik konsequent zu nutzen.

Die Ausführungen zur Eignerstrategie werden naturgemäß nicht so umfangreich ausfallen wie die zu den Geschäfts- und Unternehmensstrategien. Dies deshalb, weil viele der bereits behandelten Ansätze zur Unternehmensstrategie genausogut hier hätten angeführt werden können und weil für die Eignerstrategie maßgeschneiderte Ansätze in Praxis und Theorie eher noch Seltenheitswert haben. Dennoch soll ein entsprechendes Vorgehen aufgezeigt und mit Beispielen veranschaulicht werden. Das Schwergewicht wird dabei auf den unternehmensbezogenen Teil der Eignerstrategie gelegt.

Ausgangspunkt der Strategieentwicklung sind die Eignerpotentiale, wie sie im Netzwerk von Abbildung 3.30 identifiziert und in Abbildung 3.31 in einem Chancen-/Gefahren-Profil evaluiert worden sind. Diese Eignerpotentiale fallen grob gesagt in drei

Eigner-potentiale / Eignerziele	Restrukturie-rungspotential	Akquisitions-potential	Finanzierungs-potential
Wertsteigerung	• »Zerschlagung« des Unternehmens • Desinvestition von Unternehmensteilen • Ausgliederung/ Verkauf von nicht betriebsnotwendigen Vermögensteilen • Reorganisation zur Steueroptimierung	• Übernahmen zur Erreichung der Marktdominanz • Akquisition in fremde Gebiete mit Wertsteige-rungspotential	• Verkauf einer Minderheit des Unternehmens • Einsatz der Eigenkapital-instrumente • Optimierung der Dividenden-politik • Corporate Banking
Risikooptimierung	• Optimierung des Unternehmens-Portfolios • Reorganisation zur Risikooptimierung • Änderung der Rechtsform • Management Buyouts	• Übernahme von Unternehmen mit tiefem Risikoprofil • Kauf und Verkauf von Minderheits-beteiligungen	• Going Public • Eingehen von Joint-ventures • Außerbetrieb-liche Finanz-transaktionen

Abb. 3.59: Unternehmensbezogene Eignerstrategien zur Wertsteigerung und Risikooptimierung

Kategorien: Restrukturierungs-, Akquisitions- und Finanzierungs-
potentiale. Kombiniert man sie mit den zwei dominierenden Zielsetzungen der Eigner, der Wertsteigerung und der Risikooptimierung, so ergibt sich die Matrix von Abbildung 3.59 zu möglichen
Eignerstrategien.

Einige dieser Eignerstrategien wurden bereits in Abschnitt 2.2.3
anhand von Beispielen illustriert. Sie sollen im folgenden noch
ergänzt werden. Wird das Restrukturierungspotential zur Wertsteigerung eingesetzt, so stehen die »Zerschlagung« des Unternehmens und die Desinvestition von Unternehmensteilen im
Vordergrund. »Zerschlagung« bedeutet, daß ein Unternehmen in
zwei oder mehrere selbständige Einheiten zerlegt wird. Als Beispiel dafür führt Bühner (Bühner 1990) die Löwenbräu AG an,
die 1982 gespalten wurde. Die Unternehmensbereiche Brauerei
und alkoholfreie Getränke einerseits und der Grundbesitz andererseits wurden in zwei rechtlich selbständige Gesellschaften geteilt, die Löwenbräu AG (neu) und die Monachia Grundstück
AG. Vor der Bekanntgabe der Realteilung belief sich die Börsen-
kapitalisierung der Löwenbräu AG auf rund 211 Millionen DM.
Nach Vollzug der Teilung betrug die Summe der Marktwerte von
Löwenbräu (neu) und Monachia rund 640 Millionen DM. Das
Aktionärsvermögen stieg also in diesem Zeitraum über 200 Prozent.

Einen ähnlich gelagerten Fall illustriert Abbildung 3.60. In der
New York Times vom 26. April 1990 setzte der Finanzier Icahn
eine Anzeige, die die Aktionäre zur Zustimmung der Teilung des
US-Konzerns USX (früher U.S. Steel) in zwei Firmen bewegen
sollte. Er zeigte auf, daß die USX-Aktie nur einen Bruchteil der
Wertsteigerung verzeichnete, die eine unabhängige Marathon Oil
erzielt hätte, hätte sie sich eigenständig und im Durchschnitt der
vergleichbaren Ölgesellschaften entwickelt. In den Augen von
Icahn würde also eine Zerschlagung der USX eine bedeutende
Wertsteigerung für die Aktionäre bewirken. Interessanterweise
stiegen die Aktionäre auf diesen Vorschlag nicht ein. Icahn versucht jetzt, das Board zu beeinflussen, um dieses Ziel zu erreichen.
Die Desinvestition von Unternehmensteilen wurde bereits im
Abschnitt über die Unternehmensstrategie behandelt. Als Bei-

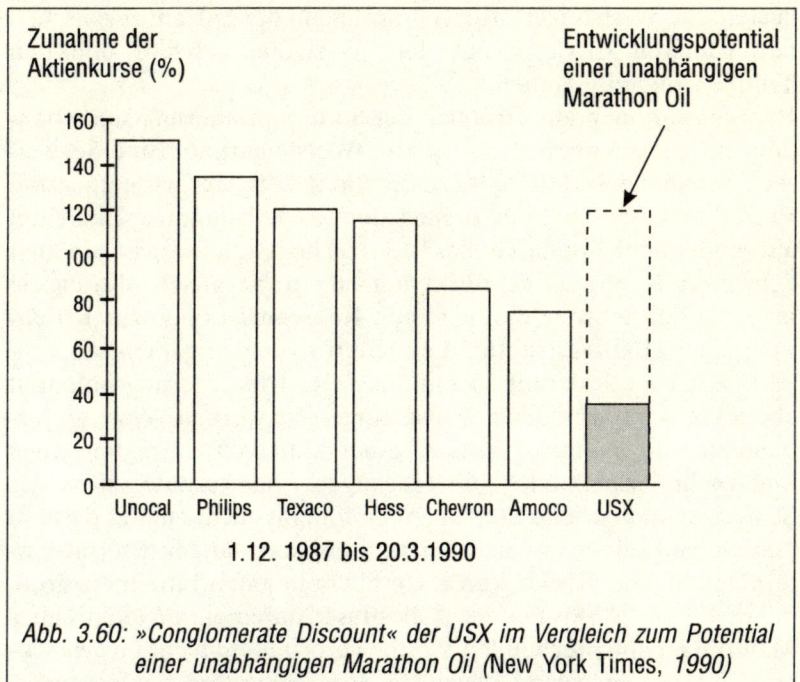

Abb. 3.60: »Conglomerate Discount« der USX im Vergleich zum Potential einer unabhängigen Marathon Oil (New York Times, 1990)

spiel sei hier nochmals die schweizerische Holzstoff AG (heute Holvis AG) angeführt, die sich Ende der achtziger Jahre von ihrer Papierproduktion und damit von über einer halben Milliarde Franken Umsatz trennte und in den USA eine bedeutend weniger umsatzstarke Vliesproduktion erwarb. Mit insgesamt weniger Umsatz konnte aber die Ertragssituation bedeutend verbessert werden, so daß sich die Desinvestitionspolitik ausbezahlt hat.

Die Ausgliederung beziehungsweise der Verkauf von nicht betriebsnotwendigen Vermögensteilen liegt meistens in der Kompetenz des Eigners. In der Regel handelt es sich hierbei um Grundstücke und Immobilien, die entweder nicht genutzt oder für betriebseigene Aktivitäten vergleichsweise zuwenig genutzt werden. Wenn also die Eignerfamilie der Schweizer Warenhauskette Oscar Weber das Geschäft an den besten Standorten aufgibt und die entsprechenden Liegenschaften an die Konkurrenz vermietet, so besteht die Wertsteigerung zweifelsohne in der Differenz zwischen den früheren Erträgen aus dem Warenhausgeschäft und den heutigen Mieteinnahmen.

Reorganisationen aus Gründen der Steueroptimierung sind ebenfalls ein geeignetes Instrument zur Wertsteigerung. Eine Schweizer Einzelhandelskette teilte zu diesem Zweck ihr Grossisten- und Einzelhandelsgeschäft in organisatorisch selbständige Einheiten auf und konnte dadurch das steuerliche Gefälle zwischen den Schweizer Kantonen geschickt nutzen. In die gleiche Kategorie fallen in der Schweiz die beliebten Reorganisationen zur Errichtung einer Holdingstruktur, die Steuerprivilegien genießt.

Zur Risikooptimierung kann das Restrukturierungspotential ebenfalls in verschiedener Weise eingesetzt werden. Viele Unternehmen sind in letzter Zeit zu einer aktiven Bereinigung ihres Unternehmensportfolios übergegangen. So trennte sich der Schweizer Industrielle Stephan Schmidheiny nicht zuletzt deshalb von einigen seiner in verschiedenen Ländern tätigen Eternit-Unternehmen. Das Risiko wurde vor allem in jenen Firmen zu groß, bei denen die Ablösung der Asbestfaser durch ein ungefährliches Material im entsprechenden Wettbewerbsumfeld nicht im gesteckten Zeitrahmen gelang. Auch die Reorganisation der gesamten Anova-Gruppe von Stephan Schmidheiny sowie die Wahl einer neuen Rechtsform erfolgten unter dem Gesichtspunkt der Risikooptimierung. Wie Abbildung 3.5 zeigt, präsentiert sich die Anova-Gruppe heute als verschachteltes Gebilde von Holdingstrukturen. Ziel dieser Konstruktion ist es, daß bei allfälligen Schwierigkeiten einer Gruppe kein Dominoeffekt entsteht.

Management Buyouts als Resultat einer Restrukturierung sind deshalb unter dem Titel der Risikooptimierung aufgeführt, weil so der Prozeß der Ablösung eines Teils des Unternehmens in sehr viel kontrollierteren Bahnen verläuft und allfällige künftige Schadenersatzforderungen auf ein Minimum begrenzt werden können. Sie gewinnen zunehmend an Bedeutung, besonders was kleinere, im Gesamtverbund wenig rentable Einheiten des Unternehmens anbetrifft.

Wird das Akquisitionspotential im Rahmen der Eignerstrategie zur Wertsteigerung eingesetzt, so geschieht dies vor allem zur

Erreichung der Marktführerschaft in einer Branche oder zur Übernahme nichtverwandter Geschäfte, die über ein bedeutendes Wertsteigerungspotential verfügen. Als Beispiel für das erstere sei der Schweizer Finanzier Tito Tetamanti genannt, der im Begriff ist, eine Akquisitionsstrategie zur Erringung der Marktführerschaft auf dem Gebiet der Webmaschinen umzusetzen. Als erstes erwarb er das Schweizer Unternehmen Saurer in Arbon, um anschließend den deutschen Webmaschinenhersteller Schlafhorst zu übernehmen. Damit fehlt ihm zur Erreichung seines Zieles noch die Maschinenfabrik Rieter in Winterthur, mit der erste Gespräche – bisher allerdings erfolglos – aufgenommen wurden.

Ein gutes Beispiel für den Einstieg in fremde Geschäfte findet sich wiederum bei Stephan Schmidheiny. Als er 1974 von seinem Vater die weltweit tätige Eternit-Gruppe übernahm, setzte er sich zwei Ziele: Ersetzung der Asbestfaser durch ein ungefährliches Material und Diversifikation des Unternehmens zur Reduktion der einseitigen Abhängigkeit vom Bausektor. Die Diversifikationsbemühungen wurden auf breiter Front systematisch aufgenommen. Die 1978 erfolgte erste Akquisition war aber trotzdem für Außenstehende völlig überraschend. Schmidheiny erwarb die führende Kioskkette der Schweiz. Daß es sich dabei um eine Diversifikation in ein völlig neues Geschäft handelte, braucht hier nicht mehr besonders hervorgehoben zu werden. Schmidheiny hatte aber die entscheidende Wertlücke entdeckt, nämlich die fehlende Zukunftsausrichtung des Unternehmens in einem gesättigten Markt und das Erfordernis der Einführung moderner Management- und Reportingsysteme. In zehn Jahren gelang es ihm, eine bedeutende Wertsteigerung mit diesem Unternehmen zu erzielen und es zu einem stolzen Preis an die schweizerische Merkur-Gruppe zu verkaufen. Der Grund für den Verkauf lag hauptsächlich darin, daß Schmidheiny die eigenen Möglichkeiten einer weiteren Wertsteigerung als relativ gering einschätzte, die Merkur-Gruppe indessen konnte Synergien geltend machen.

Stephan Schmidheiny gibt auch ein gutes Beispiel für den Umgang mit Minderheitsbeteiligungen im Rahmen einer Eignerstrategie. Wie Abbildung 3.5 zeigt, verfügt er über verschiedene solcher

Minderheitsbeteiligungen an bedeutenden, teilweise weltweit führenden Unternehmen wie der Asea Brown Boveri, der Schweizer Uhrengruppe SMH und der oben erwähnten Merkur-Gruppe. Diese Minderheitsbeteiligungen verschaffen ihm Zutritt zum Know-how führender Unternehmen, ohne daß er die entsprechenden Risiken einer Mehrheitsbeteiligung auf sich nehmen muß. Der Know-how-Austausch wird aber als Prozeß des gegenseitigen Gebens und Nehmens verstanden, indem das Partnerunternehmen auch vom Wissen Schmidheinys profitiert, wie sich dies beim Zusammenschluß von Asea und Brown Boveri eindrücklich gezeigt hat.

Wie das Akquisitionspotential zur Risikooptimierung auch noch eingesetzt werden kann, zeigt das oben behandelte Beispiel von Philip Morris. Da die Zigarettenindustrie mit hohen Risiken behaftet ist, war es ein wichtiges Ziel von Philip Morris, in den Nahrungsmittelbereich mit seinem relativ tiefen Risikoprofil einzusteigen. Die dortigen Aktivitäten zeichnen heute schon für mehr als 50 Prozent des Umsatzes verantwortlich, und die Risikostrategie beginnt ihre Früchte zu tragen.

Als dritter Ansatzpunkt von Eignerstrategien ist schließlich noch das Finanzierungspotential zu behandeln. Sowohl vor dem Hintergrund der Wertsteigerung als auch der Risikooptimierung sind der Verkauf einer Minderheit des Unternehmens und das Going Public zu sehen. Beide dienen der Beschaffung von Eigenkapital und verteilen die Last des Risikos auf zusätzliche Schultern. Die Vorteile solcher Transaktionen liegen somit auf der Hand. Um so erstaunlicher ist es, daß beispielsweise Stephan Schmidheiny immer dezidiert gegen dieses Vorgehen war. Dagegen spricht für ihn die Notwendigkeit der Offenlegung und Rechtfertigung der Ergebnisse seiner Unternehmen. Diese Offenlegung würde verhindern, daß er seine Unternehmen weiterhin unter langfristigen Gesichtspunkten führen und auch mögliche kurzfristige Einbrüche vor diesem Hintergrund relativieren kann. Dritte würden aber solche Schwankungen kaum akzeptieren, da der Kapitalmarkt vor allem ein stetiges Wachstum honoriert. Für viele andere Unternehmen stehen solche Bedenken nicht zur Diskussion, was die Vielzahl von Going Publics Mitte der achtziger Jahre beweist. Daß hier in den letzten Jahren ein gewisser Rückgang zu verzeichnen ist, liegt sicher an der aktuellen Schwäche des Kapitalmarktes.

Über den Einsatz der verschiedenen Eigenkapitalinstrumente – in der Schweiz Inhaberaktien, Namenaktien und Partizipations-scheine – wurde bereits in Abschnitt 3.5.2 gesprochen. Auch das Corporate Banking im Dienste der Wertsteigerung des Unterneh-mens wurde dort vorgestellt. Deshalb sei hier ein weiteres Instru-ment des Eigners noch hervorgehoben, nämlich die optimale Dividendenpolitik. Es liegt im Ermessen des Eigners, inwieweit er die ihm zustehenden Dividenden aus dem Unternehmen ab-zieht oder ob er sie im Sinne der Stärkung der Selbstfinanzierungs-kraft im Unternehmen beläßt. Daß dieses vermeintlicherweise wertsteigernde Verhalten auch ins Gegenteil umschlagen kann, beweist die Entwicklung der großen internationalen Ölgesell-schaften, die diese Gelder in verschiedene Diversifikationen steckten, die in keinem Fall die Wertsteigerung brachten, die der Aktionär bei einer Dividendenausschüttung erreicht hätte.

Das Finanzierungspotential kann schließlich zur Risikooptimie-rung eingesetzt werden. Die Möglichkeit des Going Public wurde bereits angeführt. Das Eingehen von Joint-ventures hat aus Fi-nanzierungssicht den Vorteil, daß die oft hohen Investitionen der Entwicklung oder des Markteintritts geteilt werden können. Da-mit sinkt aber auch das Risiko, wie in Abschnitt 3.5.3 bei der Behandlung von Allianzen gezeigt wurde. Joint-ventures werden in den meisten Fällen vom Management eingefädelt und vorbe-reitet. Der Eigner wird sich aber vorbehalten, hier das letzte Wort zu sprechen.

Gänzlich außerhalb des Kompetenzbereiches des Managements liegen außerbetriebliche Finanztransaktionen. Es wäre kaum vor-stellbar, daß das Management der Schweizer Ems-Chemie Aktien anderer Chemieunternehmen gekauft hätte, um so über Kursge-winne eine Wertsteigerung für das eigene Unternehmen zu erzie-len. Der Eigner des Unternehmens, Christoph Blocher, konnte eine solche Transaktion vornehmen, und er tat dies mit Erfolg. Wie bereits oben gezeigt, realisierte er so eine Wertsteigerung von 70 Millionen sFr. innerhalb weniger Jahre.

Strategiestudie DELTA: Gestaltung der Eignerstrategie

Vier Potentiale sind für den Eigner von DELTA ein möglicher Ansatzpunkt zur Formulierung der Strategie: Akquisitionen, Joint-ventures, Finanzierung und Restrukturierung. Die entsprechenden Wertsteigerungsstrategien sind in Abbildung 3.61 festgehalten.

Mit der Gestaltung der Eignerstrategie liegen nun die Alternativen zu einer umfassenden zukünftigen Ausrichtung des Unternehmens vor. Diese Alternativen sind in einem nächsten Schritt in qualitativer und quantitativer Hinsicht zu beurteilen, um die Entscheidung für die einzuschlagende Stoßrichtung fällen zu können.

3.7 Evaluation der Strategien

Das erfolgreiche Durchlaufen des bisherigen Strategieentwicklungsprozesses versetzt das Unternehmen in die Lage, zwischen

Eignerpotential	Wertsteigerung durch . . .
Akquisitionen	• Einstieg in verwandte Bereiche (Papierfabriken) und artfremde Branchen (Verpackungs-maschinen) • Kauf weiterer europäischer Sackhersteller zum Aufbau eines flächendeckenden Netzes
Joint Ventures	• Zusammengehen mit gleich großen Konkur-renten zur Marktabdeckung und Realisierung von Synergien
Finanzierung	• Verkauf einer Minderheit • Going Public
Restrukturierung	• Verkauf nichtbetriebsnotwendiger Vermögens-teile (Immobilien) • Desinvestition eines Teilbereichs

Abb. 3.61: Potentielle Eignerstrategien von DELTA

verschiedenen Geschäfts-, Unternehmens- und Eignerstrategien auswählen zu können. Dabei stellt sich aber sofort die Frage, nach welchen Kriterien diese Auswahl zu treffen ist. In den wenigsten Fällen dürfte die Entscheidung für eine Strategie so offensichtlich sein, daß kein systematisches Vorgehen erforderlich ist. Und auch in diesen scheinbar eindeutigen Fällen ist die Gefahr einer Fehlentscheidung groß, wenn der Intuition freien Lauf gelassen wird. Denn in der Analysephase darf nicht in einfachen Ursache-Wirkungs-Zusammenhängen argumentiert werden, sondern sind die vielfältigen Vernetzungen der möglichen Auswirkungen von Strategien zu berücksichtigen. Und gerade hiermit tut sich ja die Intuition bekanntlich schwer.

Eine Beurteilung von Strategien muß sowohl aus qualitativer wie auch aus quantitativer Sicht erfolgen. Genausowenig wie es genügt, eine über den Daumen gepeilte Einschätzung nach Stärken und Schwächen vorzunehmen, wäre eine rein zahlenmäßige Beurteilung nicht ausreichend. Denn bei ihr fallen viele Aspekte zwischen die Maschen, die sich eben nicht in Heller und Pfennig erfassen lassen. Obwohl nach unseren bisherigen Ausführungen die Wertsteigerung und der damit verbundene Aktionärsnutzen von Strategien im Vordergrund stehen, sind auch die Interessen der verschiedenen Anspruchsgruppen mit einzubeziehen. Und schließlich ist auch die Frage zu stellen, ob die vorliegenden Strategien in die »Landschaft« passen, das heißt, ob sie den Gesetzmäßigkeiten und kulturellen Eigenheiten des Unternehmens entsprechen. Diese Anforderungen führen zum siebten strategischen Grundsatz:

Siebter strategischer Grundsatz

Strategien sind sowohl aus qualitativer wie aus quantitativer Sicht zu beurteilen. Die Interessen der verschiedenen Anspruchsgruppen sind dabei genauso zu berücksichtigen wie die Nutzung der Eigendynamik des Unternehmens.

3.7.1 Qualitative Strategiebeurteilung

Die qualitative Beurteilung von Geschäfts-, Unternehmens- und Eignerstrategien erfolgt grundsätzlich nach demselben Muster. Bei jeder Strategie sind drei Fragen zu stellen:

• Welche Stärken und welche Schwächen zeichnen die Strategie aus?
• Trägt die Strategie den Interesssen der verschiedenen Anspruchsgruppen Rechnung?
• Ist die Strategie mit den Eigengesetzlichkeiten des Unternehmens vereinbar?

Die Ermittlung der Stärken und Schwächen von Strategien kann rein deskriptiv erfolgen, oder es kann mit Hilfe der Nutzwertanalyse ein Systematisierungselement eingebracht werden. Das erstere Vorgehen wird anhand der Strategiestudie DELTA illustriert, das zweite am Ende dieses Abschnitts in Abbildung 3.63.

Strategiestudie DELTA: Qualitative Beurteilung der Strategien
Für DELTA wurden bisher verschiedene Geschäfts-, Unternehmens- und Eignerstrategien entwickelt. In Abbildung 3.62 ist die qualitative Beurteilung dieser Strategien illustriert.

Dieses Stärken-/Schwächen-Profil erlaubt es, erste Schlüsse über die einzuschlagende Marschrichtung zu ziehen. Es muß jedoch darüber hinaus überprüft werden, ob auch die Interessen der Anspruchsgruppen berücksichtigt und die unternehmerischen Gesetzmäßigkeiten beachtet worden sind.
Welches sind nun mögliche Interessen der *Anspruchsgruppen*? Für die Kapitalgeber sollen diese Strategien eine Steigerung des Unternehmenswertes bringen. Die Mitarbeiter sind vor allem an der Sicherheit des Arbeitsplatzes interessiert, sie wollen aber auch eine anspruchsvolle Tätigkeit ausüben. Die Lieferanten wünschen sich eine Kontinuität der Beziehung zu ihrem Abnehmer, und die Konkurrenz erhofft sich einen fairen Wettbewerb. Bereits die Formulierungen – wünschen, erhoffen – zeigen, daß die Anspruchsgruppen letztlich ihre Interessen nicht durchsetzen kön-

| Strategien | Qualitative Beurteilung | |
	Stärken	Schwächen
Geschäftsstrategien • Leistungsführerschaft bei Papiersäcken • Nischenpolitik bei Kunststoffsäcken	Know-how, Gebietsschutz, Qualitätsimage Spezialsäcke, Dienstleistungen, Qualität	Rohstoffpreise, Papiersack = Commodity, starke Konkurrenz Geringe Differenzierung zwischen Marktsegmenten, starke Konkurrenz, Umweltprobleme
Unternehmensstrategien • Aufbau einer Einkaufsmacht	Europaweite Präsenz Große Einkaufsmengen durch gemeinsamen Einkauf Pflege von Billiganbietern	Keine Integration mit Papierfabriken Große Konkurrenz Geringe Preisflexibilität nach oben
Eignerstrategien • Akquisition artfremder Unternehmen (Verpackungsmaschinen)	Management-Know-how Finanzielle Ressourcen Akquisitions-Know-how	Geringe Synergien Wenig fachliches Know-how Fehlende Managementkapazität
Abb. 3.62: Qualitative Beurteilung der Strategien von DELTA		

nen. Sie sind auf den guten Willen des Unternehmens angewiesen. Dieses schneidet sich aber langfristig ins eigene Fleisch, wenn diese Interessen bei der Entscheidungsfindung nicht berücksichtigt werden.

Und wie läßt sich schließlich klären, ob die Strategien mit der *Eigengesetzlichkeit* des Unternehmens zu vereinbaren sind? Hierzu wurden von Gomez und Probst (1991) sogenannte Lenkungsregeln entwickelt, deren Befolgung beziehungsweise Verletzung wesentlich die Ausgewogenheit einer Strategie bestimmen. Im folgenden seien einige dieser Lenkungsregeln am Beispiel des Zeitschriftenverlages illustriert, dessen Strategiealternativen in Abbildung 3.40 vorgestellt worden sind.

- »Passe deine Strategien der Komplexität der Situation an.«
  Strategien dürfen nicht mit Rezepten verwechselt werden. Sie müssen der Vielfalt und der Vernetzung der Situation Rechnung tragen, wollen sie erfolgreich sein. Wenn beispielsweise eine Publikumszeitschrift ihren Abonnentenbestand ausschließlich durch den massiven Einsatz von Direct-mailing-Aktionen halten will, so ist dies kaum von Erfolg gekrönt. Vielmehr ist eine »konzertierte Aktion« von Vertretereinsatz, Direct-mailing-Aktionen, Werbung und Pflege der bisherigen Abonnenten notwendig. Das Erfolgsgeheimnis besteht darin, keinen Teil dieses Mix zu vernachlässigen.
- »Wachstum darf nicht Selbstzweck sein.«
  Wie in der Natur muß Wachstum im Dienste einer höheren Zielsetzung stehen. Ist Wachstum Selbstzweck, so wird es krebsartig und führt zum Niedergang. So erging es Ende der sechziger Jahre den großen amerikanischen Wochenzeitschriften *Life, Look* und *Saturday Evening Post*. Sie hatten sowohl an der Verkaufsfront wie im Anzeigenmarkt einen beispiellosen Erfolg und wuchsen jedes Jahr mit zweistelligen Wachstumsraten. Das Management übersah jedoch, daß dieses rasche Wachstum zwangsläufig zu sprungfixen Kosten führen mußte, indem neue große Druckereien zu erstellen waren und die entsprechenden Absatzkanäle ausgebaut werden mußten. So wurde trotz dieser beispiellosen Entwicklung ein großer Ver-

lust eingefahren, der schließlich zur Einstellung dieser Blätter führte.

- »Nutze die Eigendynamik und die Synergien der Situation.«
Jede Situation hat ihre eigenen Gesetzmäßigkeiten, die bei der Verfolgung eines Zieles genutzt werden müssen. Es geht hierbei um das Prinzip des Jiu-Jitsu: Nutze die Kraft deines Gegners, um zum Ziel zu gelangen. Wenn also der Zeitschriftenverlag seine Abonnentenzahl halten oder ausbauen will, so sollte er bei der Pflege der langjährigen, treuen Abonnenten ansetzen. Leserbindung durch Treueprämien, Rabatte oder Reiseangebote sind bedeutend erfolgversprechender als die teure Rückgewinnung abgesprungener Abonnenten. Zudem pflegen Neuabonnenten nur ihr Eintrittsgeschenk abzuholen und sich nach einem Jahr wieder zu verabschieden.

- »Finde ein harmonisches Gleichgewicht zwischen Bewahrung und Wandel.«
Strategien sollten daraufhin untersucht werden, ob sie eine gesunde Mischung zwischen Sicherheit und Herausforderung, Stabilität und Veränderung, Flexibilität und Spezialisierung darstellen. Daß sich Zeitschriftenverlage auch auf dem Gebiet der Neuen Medien profilieren, ist selbstverständlich, sind diese doch potentielle zukünftige Konkurrenten. Der Einstieg in die neuen Medien soll aber so erfolgen, daß das gedruckte Wort ebenfalls davon profitiert. So kann Werbung gleichzeitig in der Zeitschrift und im Privatfernsehen erfolgen. Hätten die Zeitschriftenverlage in der Neue-Medien-Euphorie Anfang der achtziger Jahre voll auf dieses Pferd gesetzt, so würden sie heute schlecht dastehen.

- »Fördere die Autonomie der kleinsten Einheit.«
Dieser Grundsatz bestimmt heute in ausgeprägtem Maße die Organisation von Unternehmen, wenn Holdingstrukturen verbreitet eingeführt und das Profit-Center-Konzept konsequent umgesetzt werden. Strategien müssen daraufhin überprüft werden, ob sie diese Autonomie der kleinsten Einheit fördern. Dies ist eine wichtige Voraussetzung, um die Strategie, die Organisation und die Kultur des Unternehmens aufeinander abzustimmen. Für den Zeitschriftenverlag bedeutet dies, daß

die einzelnen Blätter mit Vorteil gegen außen relativ autonom auftreten. Dies erfordert jedoch für die einzelne Zeitschrift eine Infrastruktur, wie sie auch ein kleines Unternehmen hätte. Die Strategien des Verlages müssen diese Tatsache mindestens als Rahmenbedingung berücksichtigen.

* »Entwerfe Strategien so, daß sie sich weiterentwickeln können.«
  Strategien dürfen nicht nur auf die heutige Situation maßgeschneidert zugeschnitten werden, so daß sie schon bei der ersten Turbulenz in Frage gestellt werden. Vielmehr sollen Strategien anpassungsfähig sein, und zwar im Sinne einer eigenen Evolution. Der hier behandelte Zeitschriftenverlag hatte Anfang der achtziger Jahre in den USA einen Brückenkopf im Bereich der Druckereivorstufe aufgebaut. Was als kleine Operation mit einem hohen Qualitätsstandard begann, entwickelte sich im Laufe der Zeit zu einem ausgewachsenen Unternehmen. Heute werden über 50 Prozent des Umsatzes dieses Verlages in den USA erzielt.

Wie lassen sich nun diese drei Bestandteile einer qualitativen Strategiebeurteilung zu einem Ganzen zusammenfügen? Dies sei an einem Beispiel illustriert, das auch als Leitfaden zur Ermittlung der Wertsteigerung einer Strategie dienen soll. Es handelt sich um ein Unternehmen der Bekleidungsbranche. Es verfügt über eine Jeans-Division, die in den vergangenen Jahren mit ihren Kreationen äußerst erfolgreich gewesen ist. Nun zeichnet sich aber eine gewisse Stagnation ab. Die Konkurrenz versucht, über aggressive Verkaufsförderungsmaßnahmen und neue modische Produkte ihren Marktanteil zu erhöhen. Zudem führen die beiden bedeutendsten Konkurrenten rigorose Kostensenkungsprogramme durch. Die Geschäftsstrategie der Jeans-Division hat nach Meinung des verantwortlichen Managements zwei mögliche Ausprägungen:

* eine Marktdurchdringungsstrategie:
  - aggressives Ausweiten des Marktanteils durch ein neues Design, eine Neupositionierung der Produktelinie sowie

durch eine massive Erhöhung der Werbe- und Promotions-
budgets,
- Anstreben der Marktführerschaft;
• eine Abschöpfungsstrategie:
- Durchsetzen von Preiserhöhungen,
- graduelles Senken der Marketingausgaben,
- Auslaufenlassen der Produktelinie über die nächsten Jahre
und Liquidation im fünften Jahr.

Kriterien \ Strategiealternativen	Gewicht	Marktdurchdringung Note	Marktdurchdringung G X N	Abschöpfung Note	Abschöpfung G X N
• Marktanteilsentwicklung	5	4	20	–	0
• Investitionen	4	2	8	5	20
• Gewinnentwicklung	4	3	12	3	12
• Risiko	3	2	6	4	12
• Image	3	4	12	2	6
Beurteilung			58		50

Rahmenbedingungen der Anspruchsgruppen	Erfüllt	Nicht erfüllt	Erfüllt	Nicht erfüllt
• Sicherheit des Arbeitsplatzes	✓			✓
• »Saubere« Werbung und Geschäftspraktiken		✓	✓	
• Aktionärsnutzen		✓	✓	

Vereinbarkeit gemäß Lenkungsregeln	Erfüllt	Nicht erfüllt	Erfüllt	Nicht erfüllt
• Wachstum ≠ Selbstzweck		✓	✓	
• Nutzung von Synergien	✓			✓
• Autonomieprinzip	✓			✓
• Entwicklungsfähigkeit	✓			✓

Abb. 3.63: Umfassende qualitative Beurteilung einer Geschäftsstrategie

Die beiden Strategiealternativen sind nun in einem ersten Schritt in qualitativer Hinsicht miteinander zu vergleichen. Abbildung 3.63 zeigt einen solchen Vergleich unter Beantwortung der drei oben spezifizierten Fragen zu Stärken/Schwächen, Anspruchsgruppeninteressen und Eigengesetzlichkeiten des Unternehmens auf.

Die Beurteilung der Strategie erfolgt in drei Stufen. Zuerst wird die Strategie auf einer »Stand-alone«-Basis evaluiert. Dies geschieht mit Hilfe einer Nutzwertanalyse, bei der die einzelnen Kriterien zuerst gewichtet und anschließend den jeweiligen Ausprägungen Noten erteilt werden. So ergibt sich eine Gesamtbeurteilung, nämlich von 58 Punkten für die Marktdurchdringungsstrategie und von 50 Punkten für die Abschöpfungsstrategie. Als zweites wird die Frage gestellt, inwieweit die beiden Strategien die Rahmenbedingungen der Anspruchsgruppen erfüllen. Die Marktdurchdringungsstrategie sichert zwar die Arbeitsplätze, gefährdet aber durch ihre aggressive Marketingpolitik das Prinzip der sauberen Werbung. Und wie weiter unten zu zeigen sein wird, schafft sie wenig Aktionärsnutzen. Die Abschöpfungsstrategie hingegen vernichtet sicher Arbeitsplätze, sie stellt jedoch keine Gefahr für die heutigen Geschäftspraktiken dar und erzeugt einen bedeutenden Aktionärsnutzen. Schließlich ist noch die Vereinbarkeit gemäß den obigen Lenkungsregeln zu ermitteln. Die Marktdurchdringungsstrategie könnte gegen das Prinzip verstoßen, daß Wachstum niemals Selbstzweck sein darf. Andererseits ist sie ganz im Sinne der Nutzung von Synergien, der Unterstützung der Autonomie der kleinsten Einheit und der Förderung der Entwicklungsfähigkeit. Die Abschöpfungsstrategie weist bei diesen drei letzteren Lenkungsregeln doch einige Schwachstellen auf. Wie bereits erwähnt, reicht die qualitative Strategiebeurteilung nicht aus, um eine fundierte Entscheidung zu fällen. Sie muß ergänzt werden durch die quantitative Beurteilung, die die Ermittlung der durch die Strategie erzeugten Wertsteigerung zum Ziele hat.

3.7.2 Ermittlung der Wertsteigerung

Die Steigerung des Unternehmenswertes wurde in Kapitel 2.3 als neuer Erfolgsmaßstab für Strategien vorgestellt. Dort wurde auch gezeigt, daß der Gewinn und die gewinnverwandten Größen zur Beurteilung von Strategien unzulänglich und die künftigen freien Cash-flows ein geeignetes Maß der Wertsteigerung des Unternehmens sind. Es müssen aber, wie schon gesagt, nicht nur der Aktionärsnutzen, sondern auch die Interessen der Anspruchsgruppen bei der Beurteilung berücksichtigt werden. Da eine quantitative Erfassung der Erfüllung dieser Interessen äußerst schwierig ist, wurde diesem Aspekt bei der qualitativen Strategiebeurteilung Rechnung getragen.

Um die wertsteigerungsbezogene Beurteilung von Strategien zu

Erwartete Entwicklung Umsatz heute 500 Mio. Dollar										
Jahr	1	2	3	4	5	6	7	8	9	10
Umsatz- A	15	20	20	18	18	15	15	13	11	10
wachstum B	10	5	0	−5	−20					
%										
Gewinnrate										
% A	5	5	7	7	9	10	10	10	10	10
B	14	14	14	14	14					
Erweiterungsinvestitionen %										
• Anlage- A	25	25	25	25	25	25	25	25	25	25
vermögen B	25	25	25	25	25	25	25	25	25	25
• Umlauf- A	15	15	15	15	15	15	15	15	15	15
vermögen B	15	15	15	15	15	15	15	15	15	15

Abb. 3.64: Umsatz- und Gewinnentwicklung sowie erwartete Investitionen der Durchdringungs- (A) und der Abschöpfungsstrategie (B)

illustrieren, wird im folgenden das Beispiel der Jeans-Division weitergeführt. Die Zahlen stammen aus einer entsprechenden Studie von Alcar (1987). Abbildung 3.64 zeigt die zu erwartenden Entwicklungen der beiden Strategiealternativen A (Marktdurchdringung) und B (Abschöpfung) in Zahlen auf.

Für Strategie A wurde ein Planungshorizont von zehn Jahren genommen. Die weitere Entwicklung findet ihren Niederschlag im Endwert, der als ewige Rente des im zehnten Jahr erzielten Gewinnes nach Steuern berechnet wird. Die Strategie B ist auf fünf Jahre ausgelegt, wobei am Ende des fünften Jahres als geschätzter Veräußerungswert für Handelsmarken und Maschinen ein Liquidationswert von 50 Millionen eingesetzt wird. Die Erweiterungsinvestitionen in das Anlagevermögen und in das Umlaufvermögen sind für beide Strategien gleich groß. Für jeden zusätzlichen Umsatzdollar sind 40 Cent aufzubringen. Bei Umsatzrückgängen ergibt sich eine entsprechende Mittelfreisetzung. Bleibt schließlich noch die Bestimmung der Kapitalkosten und damit des Diskontierungssatzes. Da die Marktdurchdringungsstrategie als sehr riskant angesehen wird, beträgt der Kapitalkostensatz 20 Prozent, die Abschöpfungsstrategie indessen kann mit einem Kapitalkostensatz von 15 Prozent arbeiten. Abbildung 3.65 zeigt den Wert der Jeans-Division nach Durchführung der Strategien A und B auf.

Die Abschöpfungsstrategie schafft bedeutend mehr Wert als die Marktdurchdringungsstrategie. Dies hat verschiedene Gründe. Zwar weist die Marktdurchdringungsstrategie ein bedeutend höheres Umsatzwachstum aus, doch muß dieses zumindest in den Anfangsjahren mit einer stark reduzierten Gewinnrate und hohen Investitionen erkauft werden. Die günstigeren Bedingungen treten erst ab dem fünften Jahr ein, ein Effekt, der wegen der hohen Kapitalkosten nicht mehr sehr stark ins Gewicht fällt. Die Abschöpfungsstrategie erzielt über die nächsten fünf Jahre eine anhaltend hohe Gewinnrate und hat in den Jahren vier und fünf sogar Möglichkeiten der Desinvestition. Die guten Resultate dieser Strategie fallen in den ersten fünf Jahren an, in denen die Berücksichtigung des Zeitwertes des Geldes noch nicht einen so starken Effekt hat. Die analog zu Abbildung 2.31 durchgeführte

Jahr	Marktdurch-dringungsstrategie (A)		Abschöpfungs-strategie (B)	
	Kumulierte abgezinste freie Cash-flows	Abgezinster Endwert	Kumulierte abgezinste freie Cash-flows	Abgezinster Endwert
1993	(12.06)		19.20	
1994	(31.07)		44.10	
1995	(44.90)		78.55	
1996	(55.84)		107.01	
1997	(61.59)		126.80	24.86
1998	(60.78)			
1999	(60.01)			
2000	(56.81)			
2001	(51.49)			
2002	(45.49)	84.94		
Wertstei-gerung durch Strategie		39.55		151.66

Abb. 3.65: Wert der Jeans-Division bei Durchführung der Durchdringungs- (A) und der Abschöpfungsstrategie (B)

Ermittlung der Sensitivitäten der Strategien zeigt, daß eine Veränderung der Gewinnmarge mit Abstand den größten Wertsteigerungseffekt hat. Praktisch nicht ins Gewicht fällt das Umsatzwachstum. Bedeutend ist auch der Einfluß der Kapitalkosten. Die Simulation ergibt aber, daß auch bei gleich hohen Kapitalkosten die Abschöpfungsstrategie immer noch oben ausschwingen würde. Zu erwähnen ist noch, daß das nichtbetriebsnotwendige Vermögen sowie die Schulden bei beiden Strategien gleich hoch sind, so daß dieser Einfluß neutralisiert werden konnte.
Unterbreitet man die obige Fallstudie Führungskräften der Wirtschaft, so entscheiden sich viele intuitiv für die Marktdurchdrin-

gungsstrategie. Vier Gründe sprechen meines Erachtens dafür. Zum einen wird der Einfluß des Umsatzwachstums auf die Steigerung des Unternehmenswertes meist stark überschätzt. Zweitens wird der Zeitwert des Geldes oft vernachlässigt, indem weit in der Zukunft liegende Erträge gleich gewichtet werden wie kurzfristige. Drittens wird der Einfluß der Investitionsintensität oft nicht beachtet, vor allem was das Nettoumlaufvermögen betrifft. Und viertens gilt es in unseren Breitengraden immer noch als Niederlage, wenn ein Teil des Unternehmens desinvestiert wird. Deshalb setzen viele auf eine Vorwärtsstrategie, wenn alle Zeichen für eine Abschöpfungsstrategie sprechen würden. Die Wertsteigerungsbetrachtungsweise zeigt aber in unbestechlicher Art und Weise auf, wo die Stärken und Schwächen einer Strategie in Zahlen ausgedrückt liegen.

Nach diesem Vergleich zweier Geschäftsstrategien ist im folgenden noch die Evaluation einer Unternehmens- oder Eignerstrategie zu illustrieren. Es handelt sich um den Fall der möglichen Akquisition eines Unternehmens der Maschinenindustrie. Die Akquisitionskandidatin legte als Basis zur Ermittlung des Unternehmenswertes die in Abbildung 3.66 festgehaltenen Zahlen ihrer Mittelfristplanung vor.

Die Verkaufspreisvorstellungen lagen beim Zehnfachen des Vorsteuerergebnisses von 1992, nämlich bei 450 Millionen DM. Bei

Jahr	Umsatz	Cash-flow	Investitionen AV/UV	Steuern
1992	573	49	37	23
1993	651	48	62	15
1994	733	60	47	20
1995	820	68	56	24
1996	895	77	45	33
1997	977	81	32	40

Abb. 3.66: Mittelfristplanung des Unternehmens der Maschinenindustrie in Mio. DM

einer Ertragsteuerrate von 50 Prozent entspricht diese Preisvorstellung einem Kurs-Gewinn-Verhältnis von 20. Vergleichbare Unternehmen wurden zu diesem Zeitpunkt mit einem Kurs-Gewinn-Verhältnis von 10 bis 16 gehandelt.

Zur Ermittlung des Wertsteigerungspotentials wurden operative Maßnahmen, strategische Verbesserungen und externe Möglichkeiten evaluiert. Im Vordergrund stand eine Differenzierungsstrategie durch den Ausbau von Spezialitäten, das Second Sourcing bei Großabnehmern, der Ausbau des Systemgeschäfts sowie die Erhöhung des Wertschöpfungsanteils einzelner Glieder der Wertkette. Ferner wurden eine Rückwärtsintegration, Kooperationen im Logistikbereich sowie der Verkauf eines kleineren Teiles der Sparte vorgesehen. Dies führte zu folgender Neubeurteilung bei den Wertgeneratoren:

- Umsatzwachstumsrate:
  Die Umsatzprognose der Mittelfristplanung wurde als realistisch angenommen.
- Gewinnrate:
  Beim Material wurde ein Potential von 3 bis 5 Prozent, beim Personal ein solches von 10 Prozent der Kosten identifiziert.
- Investitionen:
  Die Investitionen ins Anlage- und Nettoumlaufvermögen wurden als zu tief beurteilt und entsprechend nach oben angepaßt.
- Kapitalkosten:
  Es konnte kein Leverage-Potential von Bedeutung identifiziert werden. Der stark wachsende Auslandsanteil wird in Zukunft aber höhere Risiken bringen, so daß die Kapitalkosten wachsen werden.
- Steuerrate:
  Hier zeigte sich ein bedeutendes Optimierungspotential von rund 15 Millionen DM, und der künftige Satz sollte nicht über 35 Prozent zu liegen kommen.

Mit Hilfe des im Kapitel 2.3 beschriebenen Sensitivitätsmodells wurden verschiedene Varianten von Wertsteigerungsstrategien durchgespielt. Bei einem Kapitalkostensatz von 8 Prozent und unter der Annahme, daß alle operativen, strategischen und externen Verbesserungen wie gewünscht umgesetzt werden könnten, resultierte ein Unternehmenswert von 550 Millionen DM. Sollte die Strategie wirklich vollständig gelingen und könnte das Unternehmen den Kauf in einer Größenordnung von 450 Millionen DM abwickeln, so wäre auch für die Zukunft ein lohnendes Polster vorhanden gewesen. Das akquirierende Unternehmen war aber der Meinung, daß diese optimistische Variante kaum als Meßlatte genommen werden konnte. Es rechnete daher verschiedene, in seinen Augen realistischere Varianten durch, die zu Werten zwischen 300 und 450 Millionen DM führten. Schließlich wurde ein Angebot von 375 Millionen DM gemacht, das prompt von einem Konkurrenten überboten wurde, der den Zuschlag erhielt.

Welches ist nun die Schlußfolgerung aus diesem Praxisbeispiel? Den höchsten Kaufpreis kann derjenige bezahlen, der die entscheidenden Wertlücken entdeckt. Im vorliegenden Fall muß zugunsten unseres Unternehmens angeführt werden, daß die Akquisition eine Diversifikation bedeutet hätte und somit wenige operative Synergien bestanden. Das Unternehmen, das den Zuschlag erhielt, war bereits in der entsprechenden Branche tätig und konnte diesbezüglich beträchtliche Wertpotentiale identifizieren. Trotzdem ist es erstaunlich, über welche Preisgrößenordnungen schließlich fundiert verhandelt werden konnte. Wäre von der Mittelfristplanung des zu akquirierenden Unternehmens ausgegangen worden, wäre ein Angebot von 375 Millionen DM außerhalb jeglicher Reichweite gelegen.

Zum Abschluß dieses Schrittes des Strategieprozesses sei noch das Beispiel des Ende der achtziger Jahre von Nestlé übernommenen englischen Süßwarenherstellers Rowntree gezeigt. Die entsprechenden Berechnungen beruhen auf Schätzungen der bereits mehrfach erwähnten Alcar. Nestlé bezahlte für Rowntree 2,3 Milliarden Pfund oder 10,75 Pfund pro Aktie. Um diesen Preis zu rechtfertigen, muß Rowntree in den kommenden Jahren die in Abbildung 3.67 festgehaltene Leistung erbringen.

Es sei dem Leser überlassen zu beurteilen, ob Rowntree im Verbund mit Nestlé in der Lage sein wird, eine solch stolze Cash-flow-Steigerung an den Tag zu legen, die den Kaufpreis

Jahr	Freie Cash-flows	Abge-zinste FCF	Kumu-lierte AFCF	Abge-zinster Endwert	Kumu-lierte AFCF + AE
1988	71	64	64	1.040	1.103
1989	80	65	129	1.082	1.211
1990	86	63	192	1.126	1.318
1991	124	82	273	1.278	1.551
1992	152	90	364	1.385	1.749
1993	181	97	461	1.464	1.925
1994	207	100	561	1.524	2.084
1995	238	103	664	1.586	2.249
1996	274	107	771	1.650	2.421
1997	316	111	882	1.717	2.599

Gesamtwert des Unternehmens	2.599
./. Marktwert der Schulden	275
Eigenkapitalwert	2.323

Abb. 3.67: Erforderliche Wertsteigerung von Rowntree bei einem Nestlé-Kaufpreis von 2,3 Milliarden Pfund (Gomez/Weber, 1989)

rechtfertigen würde. Die Annahme liegt nahe, daß Nestlé bei dieser Akquisition eher den Markt besetzen wollte als in Wertsteigerungspotentialen gedacht hat.

Mit diesen Überlegungen zur Wertsteigerungsermittlung von Unternehmensstrategien schließt sich der Kreis dieses Schrittes der Strategiemethodik. Auf die Wertberechnungen der Strategiestudie DELTA soll hier nicht näher eingegangen werden, da sich keine zusätzlichen Erkenntnisse ergeben. Im nächsten Schritt wird es nun darum gehen, die als beste ausgewählten Strategien in die Tat umzusetzen und ihre Weiterentwicklung sicherzustellen.

3.8 Umsetzung und Weiterentwicklung der Strategien

Sowohl bei der Realisierung als auch bei der Sicherstellung einer andauernden Wirkung der ausgewählten Strategien stehen zwei Anforderungen im Vordergrund, nämlich Schnelligkeit und Nachhaltigkeit. Daß bei der Umsetzung einer Strategie die Schnelligkeit eine ganz maßgebliche Rolle spielt, haben bereits die obigen Ausführungen zum Zeitmanagement gezeigt. Genauso wie der Erfolg eines Produktes damit steht und fällt, wieviel schneller es als ein gleichwertiges Konkurrenzprodukt auf dem Markt ist, so entscheidet die Geschwindigkeit der Strategieumsetzung über das Ausmaß der Ausschöpfung ihres Potentials. Lag die große Schwäche der strategischen Führung in den siebziger und achtziger Jahren noch darin, daß die von Stäben ausgearbeiteten Strategien gar nicht erst umgesetzt wurden, so besteht in den neunziger Jahren die Gefahr, daß die von den jeweiligen Verantwortlichen kompetent erarbeiteten Strategien nur zögernd implementiert werden. Gerade Beispiele erfolgreicher Unternehmen wie der Asea Brown Boveri AG zeigen aber, daß hier ein wesentlicher Schlüssel zum Erfolg liegt. Nach dem Zusammenschluß der schwedischen Asea und der schweizerischen Brown Boveri war es das oberste Bestreben von Percy Barnevik, möglichst rasch die Synergien des Zusammengehens zu realisieren und sich im Weltmarkt neu zu positionieren. Auf das Risiko hin, einige Fehler zu begehen, setzte er ehrgeizige zeitliche Ziele und zwang damit seine Führungsmannschaft, rasch zu handeln. Dieser Weg erwies sich für die ABB als äußerst erfolgreich, konnte sie doch in kurzer Zeit die angestrebte Weltmarktstellung erreichen.

Wie kann nun diese *Schnelligkeit der Umsetzung* erreicht werden? Eine starke oberste Führung mit einer engagierten Verpflichtung für die konsequente langfristige Ausrichtung des Unternehmens ist dabei sicher die beste Voraussetzung. Sie muß aber unterstützt werden durch ein geeignetes Instrumentarium, in diesem Falle durch ein gekonntes Projektmanagement. Die Erfahrung lehrt, daß Strategien nur dann zügig realisiert werden, wenn sie in Form von Projekten so weit konkretisiert worden sind, daß einerseits

Verantwortlichkeiten und andererseits Termine zugeordnet werden können. Was vorher eine faszinierende Idee oder ein unternehmerisches Potential war, wird plötzlich zu einer konkreten Aufgabe des Managements.

Schnelligkeit ist aber nur die eine Anforderung an die Strategieumsetzung, *Nachhaltigkeit* die andere. Oft erzielen Strategien rasche Anfangserfolge, die längerfristig nicht gehalten werden können. Grund dafür ist das Fehlen einer strategiegerechten Unternehmensorganisation und -kultur. Strategien kommen nur dann optimal zum Tragen, wenn die entsprechenden Strukturen und Fähigkeiten des Managements gegeben sind. Nur allzuoft wird aber geglaubt, mit der althergebrachten Organisation und dem gleichen Management die neue Herausforderung bewältigen zu können. Bartlett und Ghoshal (1990) charakterisieren diese Problematik ganz ausgezeichnet: »Unternehmen entwerfen heute Strategien, deren Einführung aus dem einfachen Grunde unmöglich erscheint, als niemand effektiv Strategien der dritten Generation mit Organisationen der zweiten Generation einführen kann, die durch Manager der ersten Generation geführt werden.« Voraussetzung eines nachhaltigen Erfolges ist also eine optimale Abstimmung im Spannungsfeld »Strategie – Struktur – Kultur«.

Schnelligkeit und Nachhaltigkeit sind auch die Voraussetzungen für eine gesunde Weiterentwicklung der Strategien. Schnelligkeit bedeutet in diesem Zusammenhang das möglichst rasche Erkennen von wichtigen Veränderungen, seien dies Gefahren oder Chancen. Frühwarnung heißt hier das Stichwort, und das dazugehörige Instrument ist ein geeignetes »Alarmsystem«. Zur Entwicklung eines solchen Frühwarnsystems bietet sich das vernetzte Denken an, bei dem die in den Netzwerken festgehaltenen zeitlichen Abhängigkeiten zwischen den maßgeblichen unternehmerischen Größen als Ausgangspunkt für die Entwicklung von Alarmsignalen verwendet werden.

Um die Nachhaltigkeit der Weiterentwicklung von Strategien sicherzustellen, ist ein strategisches Controlling einzurichten. Dieses überprüft regelmäßig und in institutionalisierter Form die Gültigkeit der Strategieprämissen und nimmt bei veränderten Rahmenbedingungen die entsprechenden Anpassungen vor.

Achter strategischer Grundsatz

Schnelligkeit der Strategieumsetzung muß durch Strategieprojekte und Frühwarnsysteme, Nachhaltigkeit durch die Abstimmung von Strategie, Organisation und Unternehmenskultur sowie durch das strategische Controlling sichergestellt
werden.

3.8.1 Entwicklung einer strategiegerechten Organisation und Kultur

Der erste Schritt bei der Entwicklung einer strategiegerechten
Organisation beinhaltet den Aufbau einer Projektorganisation
und betrifft damit die Sekundärstruktur des Unternehmens. Die
Anpassung der Primärstruktur – sei diese nach Funktionen, Sparten oder als Matrix organisiert – erfordert bedeutend mehr Zeit
und kann aus diesem Grund der Anforderung der Schnelligkeit
nicht genügen. Die meisten Unternehmen verfügen deshalb bereits heute über zwei sich überlagernde Strukturen, die relativ
stabile Aufbauorganisation sowie die anpassungsfähige Projektorganisation. Wie ist sie nun im Hinblick auf die Umsetzung von
Strategien zu gestalten?
Abbildung 3.68 zeigt die Projektorganisation, wie sie von einem
Einzelhandelsunternehmen zur Umsetzung der Akquisitionsstrategie gewählt wurde. Das Unternehmen hat zwei Einzelhandels-
ketten im Kioskbereich erworben und stand nun vor der Aufgabe,
diese beiden Unternehmen zu integrieren.
Auffällig ist, daß nur fünf Projekte bestimmt wurden. Die Erfahrung lehrt, daß die Anzahl von Projekten relativ klein gehalten werden sollte, da sonst die Gefahr einer zu großen Verzettelung besteht. Normalerweise sind es ja die Linienverantwortlichen, die diese Projekte leiten müssen oder zumindest dafür
zuständig sind. In den einzelnen Projekten sind sodann Subpro-
jekte mit entsprechenden Verantwortlichkeiten zu bestimmen. Für
jedes Projekt und Subprojekt ist eine spezielle Terminplanung

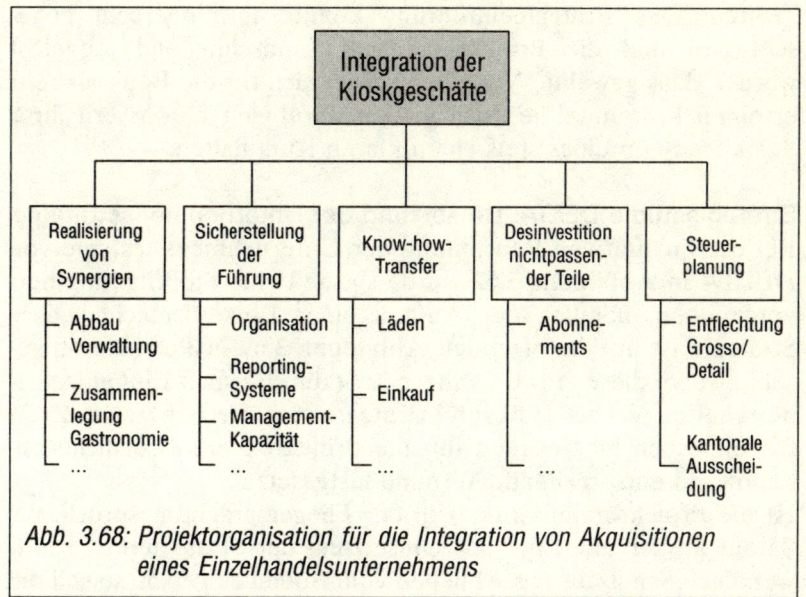

*Abb. 3.68: Projektorganisation für die Integration von Akquisitionen
eines Einzelhandelsunternehmens*

festzulegen. Die Projektverantwortlichen haben in regelmäßigen Abständen über den Fortschritt ihrer Arbeit zu informieren und bei abgeschlossenen Phasen Berichte beziehungsweise Resultate vorzulegen.

Auch der Zeithorizont für die gesamte Umsetzung der Strategie ist genau festzusetzen. Für die Realisierung der Unternehmensstrategie einer mittelgroßen Schweizer Vermögensverwaltungsbank wurde ein Zeithorizont von eineinhalb Jahren gewählt. Diese relativ lange Zeit war deshalb erforderlich, weil die Entwicklung der unterstützenden Informatiklösungen sehr zeitaufwendig war. Insgesamt wurden acht Strategieprojekte mit jeweils vier bis fünf Unterprojekten gebildet. Verantwortlich für die gesamte Projektorganisation war ein Geschäftsleitungsmitglied, und die einzelnen Projekte wurden von Linienmanagern geführt. Unterstützung erhielt dieses Team durch einen externen Berater. Anfänglich trafen sich die zuständigen Führungskräfte einmal im Monat, um über den Stand der Arbeiten zu beraten. Gegen Ende des Projektes bestand nur noch der Bedarf nach vierteljährlichen

Treffen. Die Strategieeinführung konnte termingerecht abgeschlossen und die Projektorganisation anschließend aufgelöst werden. Das gewählte Vorgehen erwies sich für die Bank als sehr erfolgreich, konnte sie doch in den unruhigen Gewässern ihres damaligen Umfeldes stets einen klaren Kurs halten.

Strategiestudie DELTA: Umsetzung der Unternehmensstrategie
Bei der qualitativen Beurteilung der Unternehmensstrategie von DELTA in Abbildung 3.62 wurde speziell eine Stoßrichtung hervorgehoben, nämlich der Aufbau einer Einkaufsmacht. Diese Strategie ist in der folgenden Abbildung 3.69 in Projekte umgesetzt, wobei diese teilweise alternativ (zum Beispiel Einkaufspartnerschaften versus Einkauf in integrierten Betrieb) zum Ziele führen. Auch hier werden für alle Projekte Verantwortliche benannt und entsprechende Termine festgesetzt.

Ist die Projektorganisation – in der Fliegersprache gesprochen – darauf ausgerichtet, bei der Umsetzung der Strategien den notwendigen Schub für das Abheben vom Boden zu geben, so soll die Anpassung der Organisation und der Unternehmenskultur ein ruhiges und sicheres Fliegen erlauben. Es geht hier also um die nachhaltige Wirkung der verfolgten Strategien. Bei der Gestaltung der Unternehmensorganisation gibt es dabei keinen Königsweg. Vielmehr muß diese maßgeschneidert auf den jeweiligen Strategietyp ausgerichtet werden. Zwar haben verschiedene Unterneh-

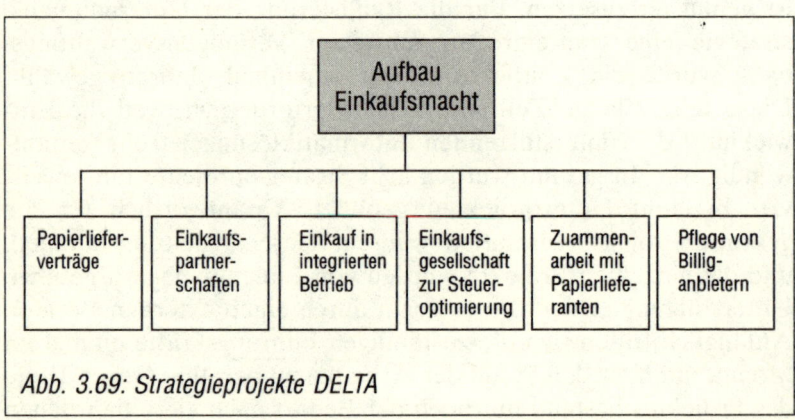

Abb. 3.69: Strategieprojekte DELTA

men versucht, eine möglichst große Übereinstimmung von strategischen und organisatorischen Einheiten zu erreichen. So führte Texas Instruments in den siebziger Jahren die sogenannte Duale Organisation ein, und IBM strukturierte sich nach strategischen Geschäftseinheiten. Beide Unternehmen sind aber wieder von dieser Organisationsform abgekommen, da mit dieser Ausrichtung an den Geschäftsstrategien wohl die Teile optimiert, das Unternehmen als Ganzes jedoch vernachlässigt wurde. Auch die Holdingstruktur ist kein Ausdruck einer Übertragung des Strategiedenkens auf Organisationen, denn jede einzelne rechtlich selbständige Einheit muß selber wieder Geschäfts- und Unternehmensstrategien entwickeln, wenn der angestrebte Autonomiegedanke voll zum Tragen kommen soll.

Strategische Ausrichtung	Umsetzungsprinzip	Typische Organisationsform
Kundennähe **und** übergreifende Synergien	»Denke global, handle lokal«	Matrixorganisation
Nutzung der Kernkompetenzen	Konzentration auf außerordentliche Fähigkeiten	Organisation nach Kernkompetenzen
Förderung des Unternehmergeistes	»Autonomie der kleinsten Einheit«	Holding- und Profit-Center-Organisation
Prozeßoptimierung	Prozeßverantwortung und Teamwork	Horizontale Organisation
Internationalisierung	Ressourcenoptimierung und Risikominimierung durch gemeinsames Vorgehen	Allianzen

Abb. 3.70: Beispiele zur Abstimmung von Strategie und Organisation

Wie sich eine strategische Ausrichtung in einer maßgeschneiderten Organisationsform niederschlagen soll, zeigt Abbildung 3.70 in Anlehnung an Gomez/Zimmermann (1992).

Zunächst muß die grundlegende Idee der strategischen Ausrichtung erfaßt werden. Um hier wiederum das Beispiel der Asea Brown Boveri zu nehmen, lautet diese: »Kundennähe bei gleichzeitiger Nutzung internationaler Skaleneffekte«. Oder in der Sprache Percy Barneviks: »Denke global, handle lokal.« Die ideale organisatorische Umsetzung dieses Prinzips findet sich in einer mehrdimensionalen Matrix. Diese läßt sich, um ein Wort des stellvertretenden Vorsitzenden der Konzernleitung, Thomas Gasser, aufzunehmen, nicht graphisch darstellen. Im Mittelpunkt stehen die in den lokalen Märkten verankerten, relativ autonomen Unternehmen der ABB. Sie sind in ein Netzwerk von Sparten, Ländern und Funktionen eingebunden, und Unternehmen und Mitarbeiter werden fallweise temporär in weltweite Projekte eingebunden. Die gewählte Organisation ist ABB-spezifisch und läßt sich kaum auf andere Unternehmen übertragen. Sie hat sich aber zur raschen und nachhaltigen Umsetzung der ABB-Strategie bewährt.

Die weiteren Beispiele von Abbildung 3.70 wurden im Verlauf der bisherigen Ausführungen bereits mehrfach angeschnitten. Damit zeigt sich, daß Organisationsfragen nicht erst zu diesem späten Zeitpunkt des Vorgehens einfließen dürfen. Sie müssen bereits in früheren Phasen in die Überlegungen einbezogen werden. In diesem Schritt geht es dann lediglich um die definitive Auswahl des einzuschlagenden Weges.

Läßt sich die Organisation eines Unternehmens den Erfordernissen der Strategien grundsätzlich – wenn auch oft mit großem Aufwand – anpassen, so gilt dies nur in beschränktem Maße für die Unternehmenskultur und die Fähigkeiten des Managements und der Mitarbeiter. Jedes Unternehmen hat seine eigene »Persönlichkeit«, die es klar von anderen Unternehmen unterscheidet. Diese »Persönlichkeit« läßt sich analytisch nur schwer erfassen, es handelt sich mehr um eine Art intuitives Begreifen. Als Beispiele wurden bereits die Kulturen von Mövenpick, Benetton und Coca-Cola vorgestellt. Wie läßt sich nun eine solche – bei anderen

Unternehmen vielleicht weniger stark ausgeprägte – Kultur verändern, wenn dies eine neue Strategie erfordert?

Die Kultur eines Unternehmens äußert sich in den Wertvorstellungen und Normen, die dem wirtschaftlichen Handeln zugrunde
gelegt werden. Im Gegensatz zur Organisation als formaler Regelung handelt es sich hier um »weiche« Faktoren, um den
Stempel einer prägenden Persönlichkeit oder um die Ausrichtung
auf eine ganz bestimmte Stärke, die für die Unternehmenskultur
maßgebend sind. So unterscheidet sich ein kostenorientiertes
Unternehmen klar von einem innovationsorientierten, und eine
entsprechende Strategieänderung läßt sich nicht einfach befehlen.
Vielfach erweist es sich als unumgänglich, eine bedeutende Strategieänderung durch eine Ablösung an der Führungsspitze zu
begleiten. Nur so ist es in diesem Fall möglich, alte Tabus zu
brechen und durch symbolische Handlungen den Weg der neuen
Strategie zu ebnen. Wie ist aber vorzugehen, wenn die heutige
Mannschaft die Strategien umsetzen soll?

Ausgangspunkt ist die in Abbildung 3.28 vorgenommene Erfassung des heutigen Kulturprofils. Ihm wird das zur Umsetzung der
Strategie erforderliche Profil gegenübergestellt. Das Resultat
dieses Prozesses ist in Abbildung 3.71 festgehalten.

Das Ist-Kulturprofil zeigt, daß das Unternehmen vor allem sehr
mitarbeiter- und kostenorientiert ist. Die neue Strategie verlangt
nun, daß der Kunden- und Innovationsorientierung verstärktes
Gewicht gegeben werden sollen. Auch die Umwelt- und Techno-
logieorientierung sind leicht zu verstärken. Demgegenüber tritt
vor allem die Kostenorientierung etwas in den Hintergrund, und
auch die Mitarbeiter müssen sich auf ein rauheres Klima gefaßt
machen. Wie eine solche Kulturänderung herbeigeführt werden
kann, läßt sich aber nur im unternehmensspezifischen Kontext
zeigen. Dazu beitragen können sicher eine klare und einfühlsame
Kommunikation der Vision und der daraus abgeleiteten Strategien, das gute Beispiel der Vorgesetzten, eine entsprechende
Ausgestaltung der Managementsysteme und nicht zuletzt eine
strategiebezogene Ausrichtung des Anreizsystems.

Mit der Schaffung der organisatorischen und kulturellen Voraussetzungen hat die Umsetzung der Strategie ihre erste Hürde

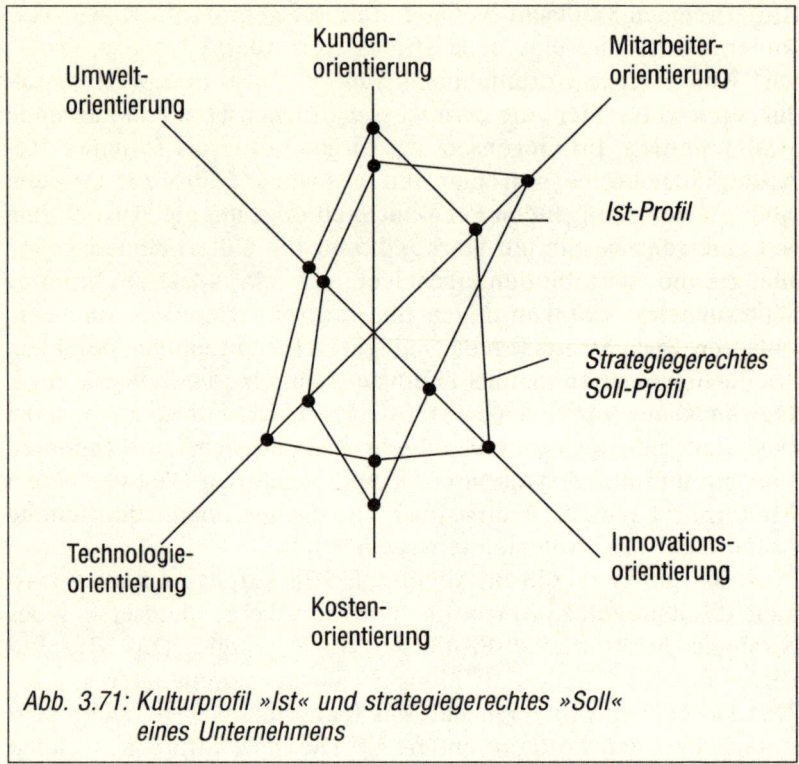

*Abb. 3.71: Kulturprofil »Ist« und strategiegerechtes »Soll«
eines Unternehmens*

genommen. Damit sie aber längerfristig lebensfähig bleibt, muß sie laufend überwacht und veränderten Bedingungen angepaßt werden.

3.8.2 Gestaltung der Frühwarnung und des strategischen Controlling

Der Erfolg beziehungsweise Mißerfolg bei der praktischen Umsetzung einer Strategie muß möglichst rasch festgestellt werden. So können rechtzeitig geeignete Maßnahmen zur Unterstützung oder entsprechende Gegenmaßnahmen ergriffen werden. Die Identifikation dieser Frühwarngrößen erweist sich meist als schwierig, da es sich oft um »weiche« Größen handelt, zu denen normalerweise keine Daten vorliegen. Sie sind aber von größter

Bedeutung, nimmt man die Anforderung nach Schnelligkeit der Reaktion ernst.

Der Weg zur Entwicklung eines Frühwarnsystems auf der Basis des vernetzten Denkens wurde von Gomez (1983) aufgezeigt. Herkömmliche Frühwarnsysteme haben den Nachteil, daß die Auswahl der Frühwarngrößen oft recht intuitiv, um nicht zu sagen willkürlich, erfolgt und sich meist am vorhandenen Datenmaterial orientiert. So werden Größen des Rechnungswesens herangezogen, die die Aufgabe der Frühwarnung niemals erfüllen können. Das vernetzte Denken bindet Unternehmensgrößen in einen größeren Zusammenhang ein, indem es besonderes Gewicht auf die Beziehungen und auch ihre zeitlichen Ausprägungen legt. Wird also im Netzwerk von der Zielgröße rückwärts geschritten, so lassen sich Frühwarngrößen zuverlässig identifizieren, und dies auch mit ihrem zeitlichen Vorlauf. Abbildung 3.72 illustriert einen Ausschnitt aus dem Frühwarnsystem eines Computerunterneh-

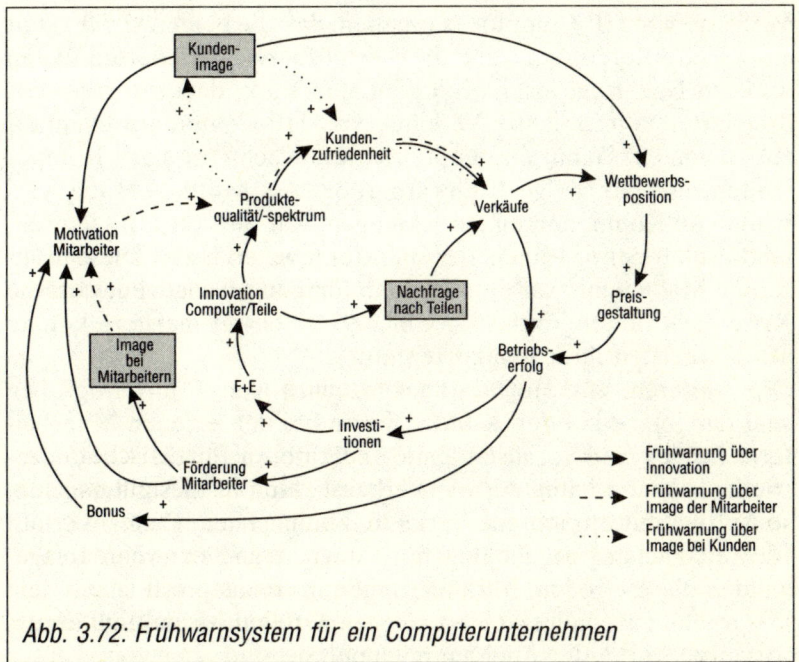

Abb. 3.72: Frühwarnsystem für ein Computerunternehmen

mens. Deiss und Dierolf (1991) haben gezeigt, wie das vernetzte Denken zur Frühwarnung bei der Umsetzung von Strategien bei Hewlett-Packard Deutschland eingesetzt worden ist. Hewlett-Packard (HP) hat drei Größen identifiziert, die sich besonders zur Frühwarnung eignen: Das HP-Image bei Kunden, das HP-Image bei Mitarbeitern sowie die Nachfrage nach Komponenten oder Teilen. Folgende Fragestellung führte zu diesem letzten Frühwarnindikator. Für Hewlett-Packard waren sowohl die Verkäufe wie auch der Auftragsbestand ungeeignete Frühwarngrößen, erlaubten es doch beide nicht, rechtzeitig auf ungünstige Entwicklungen zu reagieren. Deshalb stellte man sich die Frage, ob es einen dem Auftragsbestand vorgelagerten Indikator im Netzwerk geben würde. Man entdeckte die Innovation bei Computerkomponenten sowie die entsprechende Nachfrage durch externe Computerproduzenten. Eine nähere Untersuchung der Vergangenheitsdaten zur Entwicklung der Nachfrage nach Komponenten und ein Vergleich mit den entsprechenden Zahlen der Verkäufe von HP-Computern ergaben, daß die beiden Größen mit einer Zeitdifferenz von rund dreiviertel Jahren korrelierten. Wenn also die Nachfrage nach Komponenten sank, dauerte es jeweils dreiviertel Jahre, bis die Verkäufe von HP-Computern ebenfalls zurückgingen. Damit entpuppte sich die Nachfrage nach Komponenten als erstklassige Frühwarngröße. Als Mitte 1990 die Verkäufe von Komponenten zurückgingen, war dies für HP Deutschland Anlaß genug, einen Personalstopp zu erlassen. Diese frühzeitige Maßnahme war ein Grund dafür, daß Hewlett-Packard die Krise der Computerindustrie von 1991/92 besser meistern konnte als die meisten ihrer Konkurrenten.

Die weiteren, für Hewlett-Packard wichtigen Frühwarngrößen sind das Image bei den Kunden sowie bei den eigenen Mitarbeitern. Beides sind vorauslaufende Indikatoren für die Kundenzufriedenheit und damit für die Verkäufe. Nimmt dieses Image ab, so werden mittelfristig die Verkäufe zurückgehen. Deshalb erfaßt Hewlett-Packard regelmäßig mit internen und externen Imagestudien diese Größen. Veränderungen im Imageprofil lassen dem Unternehmen genügend Zeit, Gegenmaßnahmen zu entwickeln, bevor die Verkäufe zu leiden beginnen.

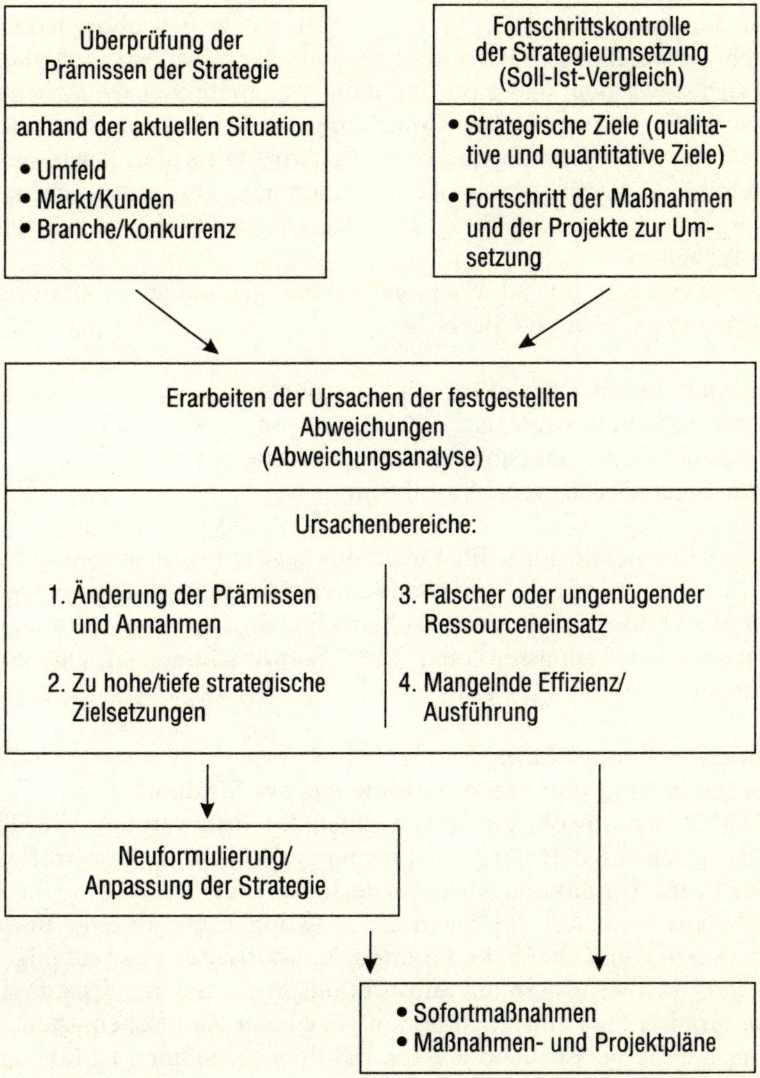

Überprüfung der
Prämissen der Strategie

anhand der aktuellen Situation
- Umfeld
- Markt/Kunden
- Branche/Konkurrenz

Fortschrittskontrolle
der Strategieumsetzung
(Soll-Ist-Vergleich)

- Strategische Ziele (qualitative und quantitative Ziele)
- Fortschritt der Maßnahmen und der Projekte zur Umsetzung

Erarbeiten der Ursachen der festgestellten
Abweichungen
(Abweichungsanalyse)

Ursachenbereiche:

1. Änderung der Prämissen und Annahmen

2. Zu hohe/tiefe strategische Zielsetzungen

3. Falscher oder ungenügender Ressourceneinsatz

4. Mangelnde Effizienz/Ausführung

Neuformulierung/
Anpassung der Strategie

- Sofortmaßnahmen
- Maßnahmen- und Projektpläne

Abb. 3.73: Vorgehen des strategischen Controlling
(Pümpin/Geilinger, 1988)

Schnelligkeit oder Rechtzeitigkeit im Sinne der Frühwarnung ist für den langfristigen Erfolg einer Strategie zwar wichtig, jedoch nicht ausreichend. Vielmehr muß auch hier die Nachhaltigkeit gesichert werden, und zwar durch ein systematisches *strategisches Controlling*. Strategisches Controlling heißt, die Prämissen der Strategie in regelmäßigen Abständen zu überprüfen sowie eine laufende Fortschrittskontrolle vorzunehmen. Das entsprechende Vorgehen ist in Abbildung 3.73 nach Pümpin/Geilinger (1988) festgehalten.

Die Ursachen für Abweichungen vom geplanten Kurs liegen normalerweise in vier Bereichen:

- Änderung der Prämissen und Annahmen,
- zu hohe/tiefe strategische Zielsetzungen,
- falscher oder ungenügender Ressourceneinsatz,
- mangelnde Effizienz/Ausführung.

Diese Entwicklungen sollten nicht nur bei der regelmäßigen Überprüfung der Strategie entdeckt werden. Vielmehr sollten sie stets im Blickfeld der Verantwortlichen sein, so daß sie die Strategie entsprechend anpassen oder aber Sofortmaßnahmen einleiten können.

Strategiestudie DELTA:
Sicherstellung und Weiterentwicklung der Strategie
DELTA hat sowohl auf dem Gebiet der Frühwarnung wie des strategischen Controlling entsprechende Vorkehrungen getroffen. Die Frühwarnfunktion wurde an verschiedenen Stellen des Unternehmens installiert. So sollen die Außendienstmitarbeiter Informationen von Kunden, Lieferanten, Konkurrenten oder allfälligen neuen Wettbewerbern mit Substitutionsprodukten möglichst rasch weiterleiten, um eine Reaktion in geeigneter Zeit sicherzustellen. Um die Gebietsschutzinteressen richtig wahrnehmen zu können, stellt DELTA den Präsidenten der entsprechenden europäischen Organisation und hat somit den sofortigen Zugang zu wichtiger Information. Schließlich finden laufend Verhandlungen mit Papierfabriken und integrierten Sackfabriken statt, damit allfällige

Probleme im Einkaufsbereich frühzeitig erkannt und bewältigt werden können.

Im Sinne eines strategischen Controlling wird für neue Problemstellungen – sogenannte Issues – jeweils eine Projektgruppe gebildet, die veränderte strategische Prämissen auf ihre Auswirkungen hin untersucht. Eine solche Gruppe betreut zum Beispiel den Gebietsschutz. Hier werden nicht nur neue Entwicklungen in der EG und ihren Gremien beobachtet, sondern intensiv Beziehungen zu ähnlich gelagerten Unternehmen geknüpft und wenn nötig direkt interveniert, wenn eine Auflösung dieses Gebietsschutzes sich abzeichnen sollte. Gleichzeitig werden aber auch Maßnahmenpakete bereitgestellt, falls der ungünstigste Fall eintreten sollte.

Mit der Gestaltung des Frühwarnsystems und des strategischen Controlling schließt sich der Kreis des Strategieprozesses. Daß es sich tatsächlich um einen Kreislauf handelt, hat schon die Charakterisierung des strategischen Controlling gezeigt. Prämissen ändern sich, neue strategische Konstellationen entstehen, kreative Ideen führen zu einer Kursänderung. Der Strategieprozeß wird immer wieder aufgenommen und durchlaufen. Sicher müssen nicht alle Schritte im gleichen Detaillierungsgrad neu erarbeitet werden. Vieles bleibt konstant, kann weiterhin beibehalten werden. Außer unser Verständnis für Strategien erfährt selbst einen radikalen Wandel. Mit dieser Frage setzt sich das letzte Kapitel dieses Buches auseinander.

4 Wertmanagement – »Back to basics« oder Aufbruch zu einem neuen Paradigma?

Wieso sucht die strategische Führung nach neuen Wegen und Konzepten? Die Antwort scheint auf der Hand zu liegen: zunehmende Komplexität des unternehmerischen Geschehens, steigende Ansprüche seitens der Stakeholders, Ungenügen der einseitigen Wettbewerbsorientierung, Versagen des Machbarkeitsdenkens. Auf einen Nenner gebracht: Wandel in allen unternehmerischen Belangen. So plausibel diese Erklärung klingt, so befriedigt sie doch nicht ganz. Ein Element fehlt, nämlich die Art und Weise, wie heute strategisch geführt wird. Für viele Unternehmen ist strategische Führung identisch mit strategischer Planung, und diese ist oft weitgehend zum Selbstzweck verkommen. Die wie Pilze aus dem Boden schießenden Strategiekonzepte wurden in den siebziger Jahren von den Unternehmen aufgenommen und enthusiastisch umgesetzt. Das Resultat waren frappante Anfangserfolge im Markt, und dies vor allem zu Lasten jener Unternehmen, die über dieses Instrumentarium noch nicht verfügten. Ermutigt durch diese Erfolge, begannen die Unternehmen ihre strategische Planung auszubauen und den Prozeß immer feiner abzustimmen. Dies führte vor allem in den großen Unternehmen zu einem massiven Ausbau der Planungsstäbe. Damit wechselte aber auch die Verantwortung für die Strategie von den Linienverantwortlichen zu den Stabsleuten, und die häufige Folge war die Degenerierung der Strategieplanung zum Selbstzweck. Zwar wurden Strategien in feinem Detail entwickelt, jedoch fand kaum eine Umsetzung statt.
Diese Entwicklung führt in den neunziger Jahren zu einem Umdenken in Theorie und Praxis. Dabei zeichnen sich zwei extreme Wege ab, wie Abbildung 4.1 zeigt.
Der eine Weg kann mit »Back to basics« charakterisiert werden.

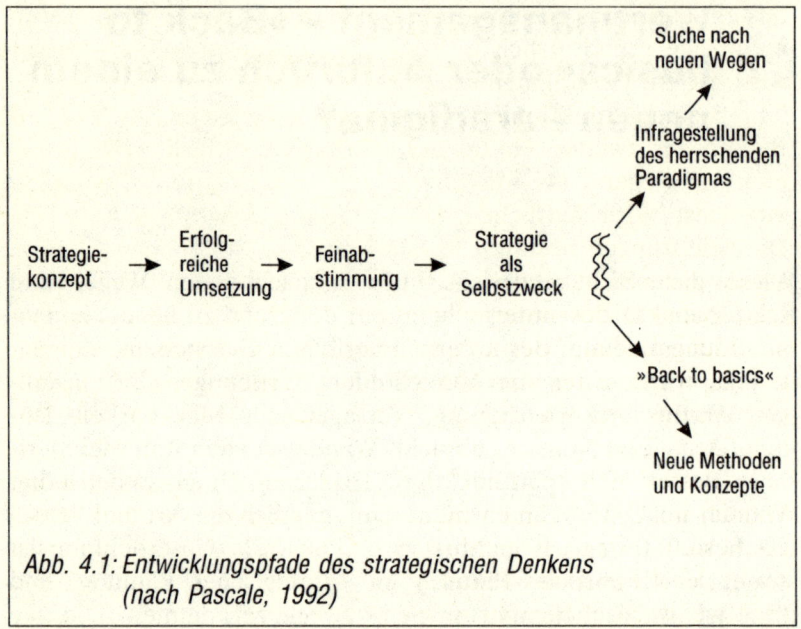

Abb. 4.1: Entwicklungspfade des strategischen Denkens (nach Pascale, 1992)

Hier geht es darum, das bisherige Vorgehen zu überdenken und Methoden und Konzepte weiterzuentwickeln. Zielsetzung ist es, dabei auch das Strategieinstrumentarium wieder auf die Bedürfnisse der Linienverantwortlichen auszurichten. Strategisches Denken ist eine Führungsaufgabe, und die Führungskräfte werden dabei von den Stabsleuten unterstützt. Die Anpassung muß dahin gehend erfolgen, daß den Denkmustern und der knapp bemessenen Zeit der Führungskräfte Rechnung getragen wird. Die neuen Konzepte und Methoden müssen aber andererseits den gewandelten Umweltbedingungen Rechnung tragen, wie sie schon verschiedentlich oben angesprochen wurden. Dies führt allerdings zu einem gewissen Dilemma. Strategiekonzepte und -instrumente sollen einfacher, handfester werden, gleichzeitig aber der gestiegenen Komplexität entsprechen. Es ist die schwierige Aufgabe heutiger und künftiger Strategieansätze, diese beiden Dinge unter ein Dach zu bringen.

Ein zweiter Ausweg aus der heute unbefriedigenden Situation

besteht darin, das gegenwärtige Denken über strategische Zusammenhänge grundsätzlich in Frage zu stellen. Was hier gefordert wird, ist ein Paradigmenwechsel. Das Verständnis dafür, wie ein Unternehmen funktioniert, soll sich grundlegend ändern. Noch zu Beginn der zweiten Hälfte des Jahrhunderts wurden Unternehmen vorwiegend als Maschinen verstanden, deren Ziel in der möglichst wirtschaftlichen Bereitstellung von Produkten und Dienstleistungen bestand. In den siebziger und achtziger Jahren wurde diese Sicht relativiert, indem soziale, kulturelle und politische Aspekte des unternehmerischen Geschehens bei der Entscheidungsfindung Berücksichtigung fanden. Etwas vereinfacht gesagt, wurden aus der Maschine »Unternehmen« ein sozialer Organismus und ein sinnstiftendes System (Morgan, 1986; Bolman/Deal, 1991).

In neuester Zeit zeichnet sich eine Entwicklung ab, die den Wandel im Unternehmen und seine Lernfähigkeit in den Mittelpunkt stellt (Senge, 1990; Moss-Kanter/Stein/Jick, 1992). Natürlich sollte der Begriff des Paradigmenwechsels nicht für jeden Perspektivenwechsel bemüht werden. Der Übergang von der Interpretation des unternehmerischen Geschehens als Maschine zur lernenden Organisation stellt aber einen so tiefgreifenden Wandel dar, daß diese Bezeichnung angebracht ist. Diese Entwicklung erfordert auch bezüglich der Strategiekonzepte und -methoden völlig neue Sichtweisen und Instrumente.

Welchen der zwei Wege ist der in diesem Buch entwickelte Ansatz des Wertmanagements zuzuordnen? Beinhaltet er weiterentwickelte Methoden und Konzepte im Sinne eines »Back to basics«, oder versteht er sich als Ausdruck eines Paradigmenwechsels? Die Positionierung in Abbildung 4.2 versucht, diese Frage zu beantworten.

Das Wertmanagement beschreitet einen Mittelweg zwischen den beiden Extremen »Back to basics« und Paradigmenwechsel. Hier werden zwar die herkömmlichen Konzepte weiterentwickelt, es erfolgt jedoch darüber hinaus eine Integration auf höherer Ebene. Der erste Baustein dazu ist ein neues Unternehmensmodell, das dem vernetzten Denken verpflichtet ist und im St. Galler Management-Konzept seinen Ausdruck findet. Der zweite Baustein

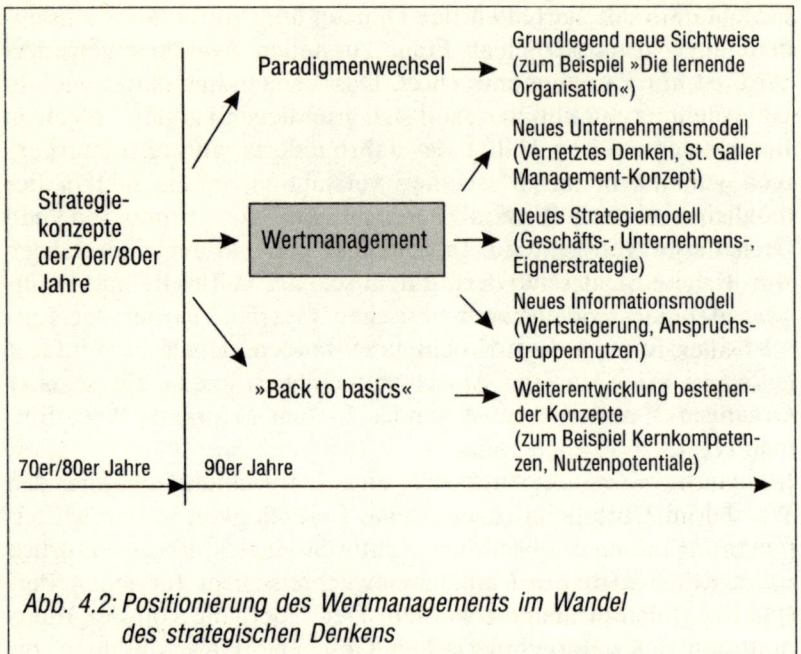

Abb. 4.2: Positionierung des Wertmanagements im Wandel des strategischen Denkens

ist ein neues Strategiemodell, das durch die Unterscheidung von Geschäfts-, Unternehmens- und Eignerstrategien charakterisiert ist. Der dritte Baustein schließlich ist ein neues Informationsmodell, das als Erfolgsmaßstab die Steigerung des Unternehmenswertes sowie die Nutzenstiftung für die Anspruchsgruppen bestimmt. Das Wertmanagement erhebt also nicht den Anspruch, eine grundlegend neue Sichtweise des Unternehmensgeschehens zu vermitteln; es ist damit kein neues Paradigma. Es geht aber bedeutend über das »Back to basics« hinaus, das einzelne Konzepte im Hinblick auf ein verändertes Umfeld neu gestaltet. Hauptsächliches Charakteristikum des Wertmanagements ist die integrierte Betrachtungsweise bei einem gleichzeitig praxistauglichen Instrumentarium.

Praxistauglichkeit – dies soll das Stichwort einiger abschließender Überlegungen zum Wertmanagement sein. Ein wesentliches Element bei der Beurteilung neuer Strategieansätze sind die Anfor-

derungen an das Verhalten der Führungskräfte und an die Infrastruktur des Unternehmens. Man geht heutzutage davon aus, daß
strategisches Denken und Handeln Aufgabe der Linienverantwortlichen ist und daß der Teamgedanke dabei eine ganz entscheidende Rolle spielen soll. Paßt die Strategiemethodik des Wertmanagements in diese neue Landschaft, oder geht sie an den
Bedürfnissen der Führungskräfte und des Unternehmens vorbei?
Diese Frage läßt sich wiederum am besten unter Einbeziehung der
drei Bausteine des Wertmanagements beantworten. Das neue
Unternehmensmodell kombiniert das vernetzte Denken mit dem
St. Galler Management-Konzept. Die Methodik des vernetzten
Denkens, wie sie in der Strategiemethodik angewandt wurde, ist
bewußt für Führungskräfte entwickelt worden. Sie sollen in die
Lage versetzt werden, ohne Zwischenschaltung eines Experten
selbständig komplexe Problemsituationen in ihren grundlegen-
den Zusammenhängen darzustellen und zu interpretieren. Die
Erfahrung einer Vielzahl von Praxisprojekten lehrt, daß Führungskräfte dieses Instrumentarium relativ rasch beherrschen.
Das St. Galler Management-Konzept wurde ebenfalls für Führungskräfte zur Kategorisierung unternehmerischer Problemstellung und zur Identifikation erster Lösungsansätze entwickelt.
Auch dieses Instrument hat den Praxistest bereits hinter sich,
und die Führungskräfte erweisen sich als sehr geschickt in seiner
Anwendung. Beide Konzepte fördern zudem den Teamgedanken,
zwingen sie doch geradezu zu einer interdisziplinären Zusammensetzung der Problemlösungsgruppe. Bei der Methodik des vernetzten Denkens ist dies ein wesentlicher Bestandteil des ersten
Schrittes.
Das Strategiemodell des zweiten Bausteins mit seiner Unterscheidung von Geschäfts-, Unternehmens- und Eignerstrategien ist
ebenfalls auf die Möglichkeiten und Grenzen von Führungskräften zugeschnitten. In den einzelnen Schritten der Strategiemethodik werden die Strategieinstrumente in einer Form beschrieben
und mit vielen Beispielen illustriert, so daß eine Vielzahl von
Anhaltspunkten zur Entwicklung der eigenen Strategie zur Verfügung stehen. Natürlich haben die Führungskräfte die Möglichkeit, ihre Strategien durch Stabsspezialisten weiter vertiefen und

untermauern zu lassen. Zur Initialzündung ist aber keine Zwischenschaltung von Experten notwendig.

Beim dritten Baustein des Erfolgsmaßstabes scheint es auf den ersten Blick für die Führungskraft schwierig zu sein, die durch eine Strategie erzielbare Wertsteigerung zu ermitteln. Doch auch hier gibt es heute – wie oben gezeigt – einfach zu bedienende Programme für den Personalcomputer, die das Berechnen von Sensitivitäten erlauben. Will man hier in die Tiefe steigen, ist es natürlich ratsam, einen Experten beizuziehen. Aber da das Programm Versionen mit verschiedenem Auflösungsgrad hat, ist der Einstieg für die Führungskraft nicht allzu schwierig. Voraussetzung ist allerdings ein gutes Verständnis für die Logik des Wertsteigerungsansatzes.

Zusammenfassend darf hier also festgehalten werden, daß die Strategiemethodik des Wertmanagements auf die Bedürfnisse der heutigen Führungskräfte zugeschnitten ist. Wenn sie den Willen haben, sich den Herausforderungen der strategischen Führung zu stellen, so werden sie nicht an einem untauglichen Instrumentarium scheitern.

Literaturverzeichnis

Alcar: The Value Planner, Skokie 1987.

Ansoff, I.: Corporate Strategy, New York 1965.

Barnevik, P.: The Logic of Global Business, in: *Harvard Business Review*, March/April, 1991, 91 ff.

Bartlett, Ch./Ghoshal, S.: Matrix Management: Not a Structure, a Frame of Mind, in: *Harvard Business Review*, July/August 1990, S. 144 ff.

Bilanz 5/92: Schmidheiny, S. 193

Bleicher, K.: Das Konzept Integriertes Management, Frankfurt [2]1992

Bleicher, K.: Leitbilder, Stuttgart/Zürich 1992

Bleicher, K.: Strategische Anreizsysteme, Stuttgart/Zürich 1992

Bolman L./Deal, T.: Reframing Organizations, San Francisco 1991

Brindisi, L.: Creating Shareholder Value, in: Stern, J. et al (Eds), Corporate Restructuring and Executive Compensation, New York 1989, S. 323 ff.

Bronder, Ch.: Unternehmensdynamisierung durch Strategische Allianzen, Dissertation, St. Gallen 1992

Brugger, R.: Entwicklung eines Frühwarnsystems für die Patria Versicherungen, in: Probst, G./Gomez, P. (Hrsg.), Vernetztes Denken, Wiesbaden [2]1991, S. 227 ff.

Bühner, R.: Das Management-Wertkonzept, Stuttgart 1990

Copeland, T./Koller, T./Murrin, J.: Valuation – Measuring and Managing the Value of Companies, New York 1990

Deiss, G./Dierolf, K.: Strategische Planung und Frühwarnung durch Netzwerke bei Hewlett-Packard, in: Probst, G./Gomez, P., Vernetztes Denken, Wiesbaden [2]1991, S. 211 ff.

Drucker, P.: Management, London 1974

Gälweiler, A.: Strategische Geschäftseinheiten und Aufbauorganisation der Unternehmung, in: *Zeitschrift für Organisation*, 48/1979, 5, S. 252 ff.

Ganz, M.: Diversifikationsstrategie, Stuttgart 1992

Geschka, H./Hammer, R.: Die Szenario-Technik in der strategischen Unternehmensplanung, in: Hahn, D./Taylor, B. (Hrsg.), Strategische Unternehmungsplanung – Strategische Unternehmensführung, Heidelberg [2]1990, S. 311 ff.

Gomez, P.: Neue Trends in der Konzernorganisation, in: *Zeitschrift Führung und Organisation* 3/1992, S. 166 ff.

Gomez, P.: Frühwarnung in der Unternehmung, Bern 1983

Gomez, P./Bleicher, K./Brauchlin, E./Haller, M.: Multilokales Management: Zur Integration eines vernetzten Systems, in: Haller, M. et al. (Hrsg.), Globalisierung der Wirtschaft – Einwirkungen auf die Betriebswirtschaftslehre, Tagungsband der 54. Wissenschaftlichen Jahrestagung des Verbandes der Hochschullehrer für Betriebswirtschaft, St. Gallen, 1993

Gomez, P./Ganz, M.: Diversifikation mit Konzept – den Unternehmenswert steigern, in *Harvard Manager* 1/1992, S. 44 ff.

Gomez, P./Probst, G.: Vernetztes Denken für die Strategische Führung eines Zeitschriftenverlages, in: Probst, G./Gomez, P., Vernetztes Denken – Ganzheitliches Führen in der Praxis, Wiesbaden [2]1991, S. 23 ff.

Gomez, P./Probst, G.: Vernetztes Denken im Management, Bern 1987

Gomez, P./Weber, B.: Akquisitionsstrategie, Zürich 1989

Gomez, P./Zimmermann, T.: Unternehmensorganisation – Profile, Dynamik, Methodik, Frankfurt [2]1992

Haerri, H.: Generating economic value through corporate restructuring: The Alusuisse-Lonza case, in: McKinsey (Eds), Economic Value and Market Capitalization in Switzerland, Erlenbach 1992, S. 10 ff.

Hahn, D.: Zweck und Entwicklung der Portfolio-Konzepte in der strategischen Unternehmungsplanung, in: Hahn, D./Taylor, B. (Hrsg.), Strategische Unternehmungsplanung – Strategische Unternehmungsführung, Heidelberg [5]1990, 221 ff.

Henderson, B.: Die Erfahrungskurve in der Unternehmensstrategie, Frankfurt 1974

Hinterhuber, H.: Strategische Unternehmungsführung, Berlin 1977

Janisch, M.: Das strategische Anspruchsgruppenmanagement, Dissertation Hochschule St. Gallen 1992

Lippuner, H.: Zukunftsstrategien eines multinationalen Konzerns, unveröffentlichtes Referat, gehalten am Zentrum für Unternehmungsführung, Thalwil 1991

Morgan, G.: Images of organization, Beverly Hills 1986

Moss Kanter, R./Stein, B./Jick, T.: The Challenge of Organizational Change, New York 1992

Müller-Stewens, G.: Der Fall Krupp-Hoesch, unveröffentlichtes Manuskript, St. Gallen 1992

Müller-Stewens, G./Krieg, W.: Das Management strategischer Programme, Frankfurt 1993

Müller-Stewens, G./Hillig, A.: Motive zur Bildung strategischer Allianzen, in: Bronder, Ch./Pritzl, R. (Hrsg.), Wegweiser für Strategische Allianzen, Frankfurt 1992, S. 65 ff.

New York Times: Anzeige: »USX stock hasn't stacked up in oil ... or steel«, 26. 4. 1990

Ostroff, F./Smith, D.: The horizontal organization, in: *McKinsey Quarterly* 1992/1, S. 148 ff.

Pascale, R.: Re-Inventing the Future: From change to Transformation, Vortrag, gehalten an der 12. Jahreskonferenz der Strategic Management Society, London 1992

Porter, M.: From Competitive Advantage to Corporate Strategy, in: *Harvard Business Review*, Mai/Juni 1987, S. 43

Porter, M.: Competitive Advantage, New York 1985

Porter, M.: Competitive Strategy, New York 1980

Prahalad, C./Hamel, G.: Nur Kernkompetenzen sichern das Überleben, in: *Harvard Manager* 2/1991, S. 66 ff.

Probst, G./Gomez, P.: Vernetztes Denken – Ganzheitliches Führen in der Praxis, Wiesbaden [2]1991

Pümpin, C.: Strategische Erfolgspositionen, Bern 1992

Pümpin, C.: Das Dynamik-Prinzip, Düsseldorf 1989

Pümpin, C.: Management strategischer Erfolgspositionen, Bern 1982

Pümpin, C./Geilinger, U.: Strategische Führung, Bern 1988

Pümpin, C./Prange, J.: Unternehmensentwicklung, Frankfurt 1991

Pümpin, C./Pritzl. R.: Unternehmenseigner brauchen eine ganz besondere Strategie, in: *Harvard Manager* 3/1991, S. 44 ff.

Rappaport, A.: Creating Shareholder Value, New York 1986

Schoeffler, S./Buzzell, R./Heany, D.: Impact of Strategic Planning on Profit Performance, in: *Harvard Business Review*, March/April 1974, S. 137 ff.

Schwaninger, M.: Managementsysteme, Frankfurt 1993

Schwaninger, M.: Integrale Unternehmungsplanung, Frankfurt 1989

Senge, P.: The Fifth Discipline – The Art and Practice of the Learning Organization, New York 1990

Stalk, G./Hout, Th.: Competing Against Time, New York 1990

Ulrich, H.: Unternehmungspolitik, Bern [2]1987

Ulrich, H.: Die Unternehmung als produktives soziales System, Bern 1968

Ulrich, H./Krieg, W.: Das St. Galler Management-Modell, Bern, [3]1974

Ulrich, H./Probst, G.: Anleitung zum ganzheitlichen Denken und Handeln, Bern 1988

Weber, B.: Wertsteigerung durch Restrukturierung, in: *Der Schweizer Treuhänder,* 11/1990, S. 579

Wirtschaftswoche 24/1992: »Letzter Versuch«, S. 148 ff.

Personen- und Sachregister

Wenn Sie Fragen, Anregungen oder Beschwerden haben, rufen Sie uns bitte an: Bettina Eltner, ECON Verlagsgruppe, Telefon 02 11 / 43 90 60, Fax 02 11 / 4 39 06 68.

Die Deutsche Bibliothek – CIP-Einheitsaufnahme

Gomez, Peter: Wertmanagement: Vernetzte Strategien für Unternehmen im Wandel / Peter Gomez. – Düsseldorf; Wien; New York; Moskau: ECON Verl., 1993. ISBN 3-430-13296-7.

Lektorat: Bettina Eltner. Gesetzt aus der Times und Helvetica, Linotype. Satz: Formsatz GmbH, Diepholz. Papier: Papierfabrik Schleipen GmbH, Bad Dürkheim. Druck und Bindearbeiten: Bercker Graphischer Betrieb GmbH, Kevelaer. Printed in Germany. ISBN 3-430-13296-7.